权威·前沿·原创

皮书系列为
"十二五""十三五""十四五"国家重点图书出版规划项目

BLUE BOOK

智库成果出版与传播平台

河北蓝皮书
BLUE BOOK OF HEBEI

河北旅游发展报告（2022）
ANNUAL REPORT ON TOURISM DEVELOPMENT OF HEBEI (2022)

构建新格局 开创新未来

主　编／康振海
执行主编／史广峰
副主编／陈　胜　张　葳　从佳琦　邢慧斌　李志勇

社会科学文献出版社
SOCIAL SCIENCES ACADEMIC PRESS (CHINA)

图书在版编目(CIP)数据

河北旅游发展报告.2022:构建新格局 开创新未来/康振海主编. --北京:社会科学文献出版社,2022.5
（河北蓝皮书）
ISBN 978-7-5201-9778-6

Ⅰ.①河… Ⅱ.①康… Ⅲ.①地方旅游业－旅游业发展－研究报告－河北－2022 Ⅳ.①F592.722

中国版本图书馆CIP数据核字（2022）第031544号

河北蓝皮书
河北旅游发展报告（2022）
——构建新格局 开创新未来

主　　编 / 康振海
执行主编 / 史广峰
副 主 编 / 陈　胜　张　葳　从佳琦　邢慧斌　李志勇

出 版 人 / 王利民
组稿编辑 / 高振华
责任编辑 / 王玉霞
文稿编辑 / 孙玉铖
责任印制 / 王京美

出　　版 / 社会科学文献出版社·城市和绿色发展分社（010）59367143
　　　　　　地址：北京市北三环中路甲29号院华龙大厦　邮编：100029
　　　　　　网址：www.ssap.com.cn
发　　行 / 社会科学文献出版社（010）59367028
印　　装 / 天津千鹤文化传播有限公司

规　　格 / 开　本：787mm×1092mm　1/16
　　　　　　印　张：19.25　字　数：285千字
版　　次 / 2022年5月第1版　2022年5月第1次印刷
书　　号 / ISBN 978-7-5201-9778-6
定　　价 / 128.00元

读者服务电话：4008918866

▲ 版权所有 翻印必究

河北蓝皮书（2022）
编辑委员会

主　　任　康振海

副 主 任　彭建强　张福兴　焦新旗　肖立峰　孟庆凯

委　　员　（按姓氏笔画排序）
　　　　　王建强　王亭亭　史广峰　李　靖　李鉴修
　　　　　张　芸　张　波　陈　璐　黄军毅　樊雅丽

主编简介

康振海 中共党员，1982年毕业于河北大学哲学系，获哲学学士学位；1987年9月至1990年7月在中共中央党校理论部中国现代哲学专业学习，获哲学硕士学位。

三十多年来，康振海同志长期工作在思想理论战线。曾任河北省委宣传部副部长；2016年3月至2017年6月任河北省作家协会党组书记、副主席；2017年6月至今任河北省社会科学院党组书记、院长，河北省社科联第一副主席。

康振海同志著述较多，在《人民日报》《光明日报》《经济日报》《中国社会科学报》《河北日报》《河北学刊》等重要报刊和社会科学文献出版社、河北人民出版社等发表、出版论著多篇（部），主持完成多项国家级、省部级课题。主要代表作有：《中国共产党思想政治工作九十年》《雄安新区经济社会发展报告》《让历史昭示未来——河北改革开放四十年》等著作；发表了《从百年党史中汲取奋进新征程的强大力量》《殷切期望指方向 燕赵大地结硕果》《传承中华优秀传统文化 推进文化强国建设》《以优势互补、区域协同促进高质量脱贫》《在推进高质量发展中育新机开新局》《构建京津冀协同发展新机制》《认识中国发展进入新阶段的历史和现实依据》《准确把握推进国家治理体系和治理能力现代化的目标任务》《奋力开启全面建设社会主义现代化国家新征程》等多篇理论调研文章；主持"新时代生态文明和党的建设阶段性特征及其发展规律研究""《宣传干部行为规范》可行性研究和草案初拟研究"等多项国家级、省部级立项课题。

摘　要

随着旅游大众化时代的到来，作为综合性产业和构建国家发展新格局的重要工程，旅游业已经成为推动国民经济社会发展的重要引擎。2021年，河北省文化和旅游系统以新发展理念加强顶层设计、指导创新实践，旅游领域新冠肺炎疫情防控和安全生产有力有序有效，行业监管水平不断提高，文旅治理能力实现新提升，全省文旅行业发展呈现稳中有进、稳中向好的局面，旅游业高质量发展迈上新台阶，实现"十四五"良好开局。2022年是进入全面建设社会主义现代化国家、向第二个百年奋斗目标进军新征程的重要一年，河北省文化和旅游系统如何准确把握新形势新要求，持续推进疫情防控、安全生产，抓项目、促发展、出精品、育人才，如何进一步提升文化和旅游治理现代化水平，推动文旅产业转型升级，提升河北文旅品牌影响力，构建新的发展格局，成为"十四五"时期必须要解答的时代之问。

围绕奋进新征程的时代背景，本书聚焦"构建新格局　开创新未来"这一研究主题，形成总报告、行业新未来、发展新格局、业态新融合、实践新探索5个研创板块，包含1篇总报告和18篇专题报告，力图探索新时期河北省旅游发展新思路，为河北省旅游业高质量发展提供借鉴与参考。

总报告部分回顾总结了2021年河北省旅游年度发展情况、梳理了存在的问题，进而研判未来发展形势，为2022年河北省旅游业高质量发展提供思路借鉴和理论指导。行业新未来部分从旅游景区、旅行社业、旅游酒店业、民宿业四个方面对"十四五"时期河北省旅游行业发展方向及态势进行了预测与分析。发展新格局部分从环京津文旅协同发展先行区建设、长城国

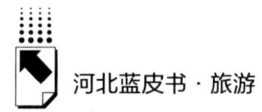

家文化公园（河北段）高质量发展、大运河国家文化公园（河北段）文旅深度融合、河北省太行山旅游资源整合与空间结构优化、河北省沿渤海文化和旅游带国际化发展路径、坝上草原文化旅游带绿色发展等六个方面进行了综合研究。业态新融合部分从河北省红色旅游创新发展、乡村旅游与乡村振兴融合发展、研学旅游创新发展、文旅产业数字化转型发展等方面进行了反思和总结。实践新探索部分以京张体育文化旅游带、河北定窑文化研学基地、河北太行红河谷旅游区为例对新时期文旅产业如何创新发展进行了实证研究。

关键词： 河北旅游　行业新未来　发展新格局　业态新融合

Abstract

With the emergence of the era of mass tourism, tourism has become an important engine of promoting the national economic and social development as a comprehensive industry and an important project to build a new pattern of national development. In 2021, the culture and tourism system of Hebei Province has strengthened the top-level design with the new development concept, guided the innovative practice, ensured the power, order and effectivity of COVID – 19 epidemic prevention and control in tourism industry and safety production, enhanced the industrial supervision level, and further improved culture and tourism governance capacity. The development of the culture and tourism industry of Hebei Province has shown a situation of progress and improvement in steadiness, and the quality development of tourism industry has stepped into a new phase, achieving a good start of the "14th Five-Year Plan". The year 2022 is an important year to start a new journey of comprehensively building a modern socialist country and marching towards the second centennial goal. The questions of the times that the culture and tourism system of Hebei Province has to answer during the "14th Five-Year Plan" period are how to accurately understand the new situation and new requirements, continue to promoting the COVID – 19 epidemic prevention and control, safety production, manage projects, promote development, produce high-quality goods and nurture talent, and how to further enhance the modernization level of culture and tourism governance, promote the transformation and upgrade of the culture and tourism industry, enhance the influence of Hebei's culture and tourism brand, and build a new development pattern.

Centering on the historical background of striving the new journey, the book focuses on the research theme of "building a new pattern and opening up a new future", forming a general report, the new future of the industry, the new pattern of development, the new integration of bussiness forms, and the new exploration of practice, including a general report and 18 special reports, in an attempt to explore new ideas for the development of tourism in Hebei Province in the new era, and to provide reference for the high-quality development of tourism in Hebei.

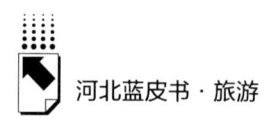

The general report reviews and summarizes the yearly development of tourism in Hebei in 2021, sorting out the existing problems, and then studying and judging the future development situation, providing reference and theoretical guidance for the high-quality development of tourism in Hebei in 2022. The new future of industry section forecasts and analyzes the development direction and situation of the tourism industry in Hebei Province during the "14th Five-Year Plan" period from four aspects of tourist attractions, travel agency industry, tourism hotel industry, and BNB industry. The new pattern of development section is a comprehensive study of six aspects of the construction of the Surrounding-Beijing-Tianjin Culture and Tourism Synergy Development Pilot Zone, the high-quality development of the Great Wall National Cultural Park (Hebei Section), the deeply integrate development of culture and tourism in the Grand Canal National Cultural Park (Hebei Section), the tourism resources integration and spatial structure optimization of Taihang Mountain in Hebei Province, the international development of culture and tourism belt along the Bohai Sea in Hebei Province, and the green development of the culture and tourism belt in Bashang Grassland. The new integration of business forms section reflects and summarizes from the aspects of Hebei Province, including innovative development of red tourism, the integrated development of rural tourism and rural revitalization, the innovative development of study tourism, and the digital transformation development of culture and tourism industry. The new exploration of practice section takes Beijing-Zhangjiakou sports culture tourism belt, Hebei Ding Kiln culture study base, and Hebei Taihang Red River Valley tourism area as examples to conduct empirical research on how to innovatively develop the culture and tourism industry in the new era.

Keywords: Hebei Tourism; New Future of the Industry; New Pattern of Development; New Integration of Industry Patterns

目 录

Ⅰ 总报告

B.1 2021~2022年河北省旅游业发展形势分析与展望
　　　　　　　　　　　　　　　　　　　　 史广峰　邢慧斌　佟　薇 / 001

Ⅱ 行业新未来

B.2 "十四五"时期河北省旅游景区发展新方向研究
　　　　　　　　　　　　　　　　　　　　　　　 梁　军　李晨静 / 026
B.3 "十四五"时期河北省旅行社业发展新形势研究
　　　　　　　　　　　　　　　　　　　　　　　 孙中伟　宋保平 / 039
B.4 "十四五"时期河北省旅游酒店业发展新趋势研究
　　　　　　　　　　　　　　　　　　　 马育倩　左晓丽　赵旭阳 / 060
B.5 "十四五"时期河北省民宿业发展新态势研究………… 高梦彤 / 077

Ⅲ 发展新格局

B.6 环京津文旅协同发展先行区建设研究………… 王　军　张茜茜 / 091

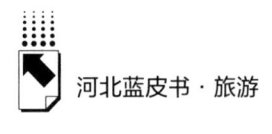

B.7 长城国家文化公园（河北段）高质量发展的战略思考
.... 李　晓 / 110
B.8 大运河国家文化公园（河北段）文旅深度融合发展研究
.... 蒋清文 / 122
B.9 河北省太行山旅游资源整合与空间结构优化研究......... 陈　胜 / 134
B.10 河北省沿渤海文化和旅游带国际化发展路径探索
.... 王翠清　谷金明 / 145
B.11 坝上草原文化旅游带绿色发展研究.................. 从佳琦 / 165

Ⅳ 业态新融合

B.12 河北省红色旅游创新发展研究 .... 王春蕾 / 177
B.13 河北省乡村旅游与乡村振兴融合发展研究 .... 陈　胜 / 195
B.14 河北省研学旅游创新发展研究 .... 贾子沛 / 207
B.15 河北省文旅产业数字化转型发展研究 .... 李　晓　王春蕾 / 219
B.16 河北省旅游休闲购物街区创新发展研究 .... 张　葳 / 231

Ⅴ 实践新探索

B.17 京张体育文化旅游带发展策略研究 .... 张　葳 / 245
B.18 河北定窑文化研学基地创新实践研究 .... 吉　利　李　佳 / 257
B.19 河北太行红河谷旅游区创新发展研究
.... 李志勇　沈和江　刘　爽 / 271

CONTENTS

Ⅰ General Report

B.1 2021-2022 Analysis and Prospect of Tourism Development in
Hebei Province　　　　　*Shi Guangfeng, Xing Huibin and Tong Wei* / 001

Ⅱ New Future of Industry

B.2 Research on the New Development Direction of Tourism Attractions in
Hebei Province during the "14th Five-Year Plan" Period
Liang Jun, Li Chenjing / 026

B.3 Research on the New Development Situation of Travel Agency Industry
in Hebei Province during the "14th Five-Year Plan" Period
Sun Zhongwei, Song Baoping / 039

B.4 Research on the New Development Trend of Tourism Hotel Industry
in Hebei Province during the "14th Five-Year Plan" Period
Ma Yuqian, Zuo Xiaoli and Zhao Xuyang / 060

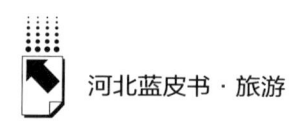

B.5 Research on the New Development Trend of BNB Industry in Hebei Province during the "14th Five-Year Plan" Period *Gao Mengtong* / 077

III New Pattern of Development

B.6 Research on the Construction of the Surrounding-Beijing-Tianjin Culture and Tourism Synergy Development Pilot Zone *Wang Jun, Zhang Xixi* / 091

B.7 Strategic Thinking for High-quality Development of the Great Wall National Cultural Park (Hebei Section) *Li Xiao* / 110

B.8 Research on the Deeply Integrated Development of Culture and Tourism Industry in the Grand Canal National Cultural Park (Hebei Section)
Jiang Qingwen / 122

B.9 Research on the Tourism Resources Integration and Spatial Structure Optimization of Taihang Mountain in Hebei Province *Chen Sheng* / 134

B.10 Exploration on the International Development Path of Culture and Tourism Belt along the Bohai Sea in Hebei Province
Wang Cuiqing, Gu Jinming / 145

B.11 Research on the Green Development of Culture and Tourism Belt in Bashang Grassland *Cong Jiaqi* / 165

IV New Integration of Business Forms

B.12 Research on the Innovative Development of Red Tourism in Hebei Province *Wang Chunlei* / 177

B.13 Research on the Integrated Development of Rural Tourism and Rural Revitalization in Hebei Province *Chen Sheng* / 195

B.14 Research on the Innovative Development of Study Tourism in Hebei Province *Jia Zipei* / 207

B.15 Research on the Digital Transformation Development of Culture and Tourism Industry in Hebei Province / *Li Xiao, Wang Chunlei* / 219

B.16 Research on the Innovative Development of Tourism and Leisure Shopping Street in Hebei Province / *Zhang Wei* / 231

V New Exploration of Practice

B.17 Research on the Development Strategy of Beijing-Zhangjiakou Sports Culture Tourism Belt / *Zhang Wei* / 245

B.18 Research on the Innovative Practice of Hebei Ding Kiln Culture Study Base / *Ji Li, Li Jia* / 257

B.19 Research on the Innovative Development of Hebei Taihang Red River Valley Tourism Area / *Li Zhiyong, Shen Hejiang and Liu Shuang* / 271

总报告
General Report

B.1 2021~2022年河北省旅游业发展形势分析与展望

史广峰 邢慧斌 佟薇*

摘　要： 2021年，新冠肺炎疫情防控常态化，各级文旅部门采取多种措施助力旅游企业强基固本，河北省旅游产业稳步复苏。围绕国家战略，全省重点旅游项目建设有序开展，京津冀协同发展战略持续深化，"旅发大会"释放多重效应，文旅融合深度推进，产业结构不断优化，公共服务体系提质升级，顶层设计进一步完善，旅游服务质量不断提升。展望2022年，尽管新冠肺炎疫情可能带来旅游经济复苏的不稳定性，但河北省将继续实施质量兴旅、质量强旅战略，通过深推科旅融合、枢纽项目引领、丰富产品供给、优化发展环境、创新品牌营销、办好"旅发大会"、加强招

---

* 史广峰，河北省社会科学院经济论坛杂志社社长、总编，博士，主要研究方向为旅游规划、旅游管理；邢慧斌，河北大学旅游管理系教授，博士生导师，主要研究方向为旅游规划和可持续旅游发展；佟薇，河北大学旅游管理系讲师，博士，主要研究方向为历史地理与旅游文化、社区旅游。

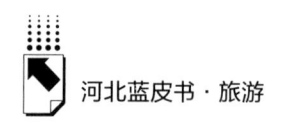

商引资、加大引才引智力度，为全省旅游产业实现高质量发展加油助力，加快从旅游大省向旅游强省的跨越步伐。

关键词： 文旅融合　科技引领　冰雪旅游　河北

一　2021年河北省旅游业发展总体形势

（一）疫情防控常态化，旅游产业稳步复苏

2021年，河北省各地文化和旅游部门、行业协会全面贯彻落实党中央国务院和省委、省政府关于统筹推进新冠肺炎疫情防控和经济社会发展的决策部署，并提出了具体的工作要求，相继出台了《关于进一步落实文化和旅游场所疫情防控措施的紧急通知》《关于开展旅游社团队相关情况排查的紧急通知》《关于做好风险人群排查管理工作的通知》《文化旅游行业新冠肺炎疫情防控指南》《关于加强出入冀游客行程管理工作的紧急通知》等专项文件，有效控制疫情蔓延。全年严格落实《河北省文化和旅游行业复工复产疫情防控工作指南》《关于统筹做好全省文化旅游行业疫情防控和复工复产工作方案》的要求，建立了旅游景区运营数据动态监测机制，跟踪统计上报A级景区开放数量、接待人数、旅游收入等关键数据，实时掌握疫情带来的新影响，为政策决策提供准确依据。

2021年，各级文旅部门采取多种措施助力旅游企业强基固本，利用景区、度假区防疫经营空档期，组织开展了"2021年河北省共助文旅线上分享会"，助力文旅企业练好"内功"。各地旅游景区充分利用"畅游冀"、"乐享冀"及自有分时预约平台，全面实行预约制度，更好地保证游客的安全和旅游便利性。2021年前三季度河北省共接待游客3.59亿人次，旅游总收入3469.37亿元，同比分别增长70.6%和48.79%，旅游产业稳步复苏。

（二）激活旅游市场活力，文旅赋能促进消费升级

截至2021年，河北省已建设11家5A级景区、140家4A级景区，7家国家全域旅游示范区，14家省级全域旅游示范区，2家国家级文化产业示范园区和试验园区、12家示范基地，188家省级示范园区（基地），10个省级以上旅游度假区。2021年新增6个首批国家级夜间文化和旅游消费集聚区、1个国家文化和旅游消费试点城市、10个全国旅游重点村镇，新认定省级旅游休闲街区15个，评定旅游特色商品购物店和文化旅游休闲购物街区各10个。

结合党史学习教育深入开展"我为群众办实事"活动，河北省推动全省文旅系统面向广大城乡居民发放文化惠民卡20余种31万余张、文化惠民券331万余张，4000余家文旅企业、社会组织积极参与，完成年度任务的177%；举办第十八届"幸福河北欢乐购"消费促进活动，推出了门票减免等惠民措施，有效拉动文化和旅游消费，促进文化和旅游产业繁荣发展。

（三）围绕国家战略，重点建设项目有序开展

2021年，河北省印发了《关于加强全省文化和旅游产业项目建设工作的通知》，发挥重大项目建设的带动作用，形成"建设一批、完工一批、谋划一批、招商一批"的发展局面，推动全省文化和旅游产业高质量发展。

长城重点项目建设获得河北省文化和旅游厅安排的4800万元旅游高质量发展资金。河北省文化和旅游厅制定了《长城国家文化公园对标建设任务书》，实施了《2021年长城国家文化公园建设重点工作任务及分工方案》。2021年11月29日在全国率先出台《长城国家文化公园（河北段）建设保护规划》和《长城国家文化公园（河北段）建设实施方案》，为河北省长城沿线推进长城国家公园建设谋划了发展蓝图、提供了科学指导。同时，进一步完善《河北省大运河文化遗产保护区划管理规定》，编制完成了《大运河—朱唐口险工修缮保护与环境治理工程》《景县大运河安陵桥遗址抢险工程》等设计方案。此外，围绕京张体育文化旅游带、长城国家文化公园举办了招商推

介会，分别推介65个招商项目和29个文化和旅游融合项目，成功签约12个文旅项目，签约金额近73亿元。[①]

（四）深化京津冀协同发展，"旅发大会"释放多重效应

1. 京津冀协同发展进一步深化

为贯彻习近平总书记考察冬奥时关于"加快建设京张体育文化旅游带"的重要指示精神，河北省文化和旅游厅会同相关部门和张家口市高质量编制完成《京张体育文化旅游带（张家口）建设规划（2021—2035年）》和《关于京张体育文化旅游带规划建设争取国家支持事项的报告》，积极配合国家开展《京张体育文化旅游带建设规划》编制工作，得到了文化和旅游部的充分肯定。京津冀三地建立了文旅行业信用协同监管机制，协同推进信用体系建设，落实《京津冀地区旅游信用协同监管合作备忘录》；成立京津冀数字经济联盟，促进数字经济赋能京津冀协同发展国家战略；继续加快推进京北生态（冰雪）旅游圈、京南休闲购物旅游区、京东休闲旅游示范区、京西南生态旅游带、滨海休闲旅游区五大京津冀旅游试点示范区建设，实现合作项目共建共享。

2. 旅游产业发展大会带动效应凸显

2021年第六届河北省旅游产业发展大会在邯郸举办，大会以"传承红色基因，创新绿色发展"为主题，重点推动"国家红色旅游经典景区"和"太行红河谷文化旅游经济带"建设。大会精心打造30个重点观摩项目，总投资163.4亿元，推动8个战略合作协议和26个重点产业项目签约，总额达253.71亿元。[②] 大会还成功举办"文创和旅游商品成果展"，以"文创市集"展览形式呈现，全面展示了河北文化创意产业发展的丰硕成果。

[①] 周禹佳：《京张体育文化旅游带国家文化公园重点项目招商推介活动在廊坊举行》，河北新闻网，2021年5月18日，http://m.hebnews.cn/hebei/2021-05/18/content_8513087.htm。

[②] 《第六届河北省旅游产业发展大会圆满落幕、成效显著》，河北省文化和旅游厅网站，2021年9月26日，http://www.hebeitour.gov.cn/Home/ArticleDetail?id=14739。

（五）深化文旅融合发展，提升产品供给质量

1. 加强文旅创意产业创新发展

2021年，河北省文创产品开发成效尤为显著，完成130家4A级以上景区文创购物店升级，推出29个大类2890个系列（套）22000余件文创和旅游商品；积极推进"文创进景区"活动，承德避暑山庄博物馆下设的文创店和文创展示馆已开发文创产品15类134款，同时，还开设了"河北游礼"产品专柜。秦皇岛市印发了《文化和旅游创意产品进景区工作实施方案》，明确了创意产品进景区的工作目标、重点任务、时间节点和推进措施，组织全市4A级以上旅游景区落实全省购物店建设指南，逐项完善标识、店面和服务功能。各地举办各类文创和旅游商品大赛，以赛促研，大力挖掘河北文化内涵，提升河北省文创产品的设计水平和产品价值，促进"文化+"跨界融合。

2. 挖掘"非遗+旅游"的市场价值

2021年，河北省非遗项目新入选第五批国家级非物质文化遗产代表性项目名录的有5个、扩展项目名录的有9个。河北省印发《关于进一步加强非物质文化遗产保护的实施意见》，为"十四五"时期乃至2035年非物质文化遗产保护事业发展提供政策依据，明确了主要举措和发展路径。河北省成功举办"一带一路"·长城国际民间文化艺术节，共展出"一带一路"相关省（区、市）及京津冀三地的74个非遗项目800余件作品；成功打造"乐享河北"非遗会客厅，展示了近20年河北省开展非物质文化遗产保护取得的成果。此外，河北省还通过非遗工坊建设助力乡村振兴，截至2021年，全省共建立527家非遗工坊，带动脱贫监测户数8392户、脱贫监测户人数21931人。

3. 红色文化促进文旅融合发展

2021年，河北省推出五大主题红色文化线路加强党史学习教育，启动了"河北省党史学习教育主题红色文化线路全媒体采访直播活动"，制作了庆祝建党百年MV《歌声献给党》，展示了河北丰富的红色文化旅游资源；出台了全国首个规范革命文物保护利用的省级地方性法规《河北省人民代表大会常务委员会关于加强革命文物保护利用的决定》，有利于红色旅游资源的保护利用。

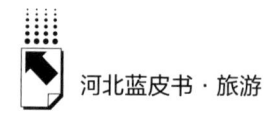

（六）旅游产业结构优化，供给侧改革提质升级

1. 体育旅游融合发展

借助2022年冬奥会的举办契机，利用奥运场馆设施和国家冰雪训练基地开展全民健身活动，推进发展冰雪旅游。结合国家文化公园（河北段）建设，开展主题性文化体育活动，建设京张体育文化旅游带、太行山燕山山地户外运动带、京津冀全民健身运动带和秦唐沧滨海全民健身运动带。

2. 乡村旅游助力乡村振兴

2021年，持续激发乡村旅游市场活力，制定乡村旅游重点村镇指导提升工作实施方案，策划11条乡村旅游精品主题线路，推出"河北乡村游"小程序，在全省大力培育发展了41个业态产品新、带动能力强、服务水平高的乡村旅游重点村镇，推介7个村、3个镇入选国家级乡村旅游重点村镇。贯彻落实习近平总书记给平山县北庄村的回信精神，指导编制《西柏坡北庄村乡村振兴规划》，认真学习贯彻习近平总书记重要指示和重要回信精神，制定全力推进平山县西柏坡镇北庄村打造乡村旅游示范村工作方案，全力推进北庄村乡村旅游示范村建设，推介北庄村入选全国乡村旅游重点村名录。乡村旅游带动就业59万人，接待人数1.02亿人次，约占全省旅游接待量的28%，乡村旅游综合收入265.8亿元，同比增长超过100%。

3. 旅游多业态创新发展

2021年，制定省级全域旅游示范区验收评定实施方案，有序推进省级全域旅游示范区创建工作。按照全省党史学习教育安排部署，举办"百名红色讲解员讲百年党史"宣讲活动，推动红色旅游创新发展。衡水市文化广电和旅游局组织筹备了以"研学旅游"为主题的文化进景区活动，搭建了"河北研学旅游联合体"的协作平台，助力全省研学旅游健康发展。

（七）完善公共服务体系，数字赋能旅游产业

1. 服务国家和区域战略，推进旅游公共服务品质提升

围绕国家战略和国家大事，统筹安排省级旅游发展专项资金1300万元，

重点支持、整体推进京张体育文化旅游带、雄安新区等重点区域旅游公共服务体系建设。一是推动雄安新区实施旅游公共服务提升工程，支持高水平建成白洋淀码头、景区智慧旅游指挥中心，会同省交投集团在荣乌高速新线雄安北服务区设置"河北游客服务中心"，协调中国铁路北京局集团支持在雄安高铁站建设旅游集散咨询服务中心，逐步提升雄安新区旅游服务品质。二是推动完善京张体育文化旅游带旅游公共服务设施，指导张家口在宁远机场等交通枢纽建设旅游集散游客服务中心，提升自助旅游服务功能；拓展京礼高速太子城等服务区的旅游服务功能；在京藏高速（张家口段）形成"布局合理、风格统一、内容规范"的旅游交通标识体系。三是以筹办第六届河北省旅游产业发展大会为契机，指导邯郸市成功打造串联30余个特色村落、美丽乡村；60多个旅游景区景点、全长230余公里的"太行山旅游风景道"，填补了河北省南部地区旅游风景道和自驾游产品空白。

2. 创新交旅融合，构建"快旅慢游"旅游交通网络体系

加快推进"河北省全域旅游交通发展规划"编制，初步构建较为完整的交通与旅游融合发展的政策制度体系，为推动全省旅游公共服务高质量发展提供了科学指南；发布了长城风景道建设的引领性文件《河北省长城风景道建设指南》，加快推进长城风景道建设，全省建成长城旅游风景道示范段40余公里，开工建设长城风景道20余段370余公里，旅游交通融合发展取得新突破。

2021年，全省共建设955公里旅游风景道、绿道，新建、改建110余公里旅游专用公路，打造11个旅游功能服务区，新建58个旅游休闲驿站，建成12座旅游集散中心（游客服务中心），开通17条景区直通车、旅游专线公交线路，建设9座自驾车旅居车营地，全省旅游公共服务体系日趋完善。

3. 加强旅游厕所示范工程，提升游客满意度

2021年，安排省级旅游发展专项资金1000万元，支持全省建设200座A级及以上示范性旅游厕所。开展示范性旅游厕所专项检查与质量等级评定暨旅游厕所"一厕一码"推广工作，完成"全国旅游厕所管理系统"景区端信息核实和景区管理员录入工作，共配备景区旅游厕所管理员484个，实现A

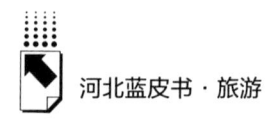

级景区全覆盖,旅游厕所建设管理服务质量和游客满意度得到持续提升。

4. 加强数字文旅建设,提升旅游业智能水平

一是持续推进"文化和旅游云"升级改造。河北省文化和旅游厅发布了《2021年全省文化和旅游数据整合提升专项行动实施方案》,共整合17个国家级平台、13个省级平台、31个市级系统网站、12个新媒体平台,实现系统与网站的一站式登录,平台共接入7大类近100小类34.75亿条数据。升级景区视频监控系统,实现对景区可视化、网络化管理,实现对全省359家3A级以上景区视频监控全覆盖,1381路摄像头画面接入云平台。

二是"一部手机游河北"(乐游冀)平台上线运行,为游客提供旅游全过程服务。"一部手机游河北"(乐游冀)平台入选"2020年河北省大数据应用最佳实践案例"。截至2021年,乐游冀平台注册用户40万人,游客访问量已经超过2000万人次,平均日访问游客达10万人次以上。

三是智慧酒店建设成果显著。目前,河北省内很多宾馆酒店都在引进数字化系统,通过大数据分析,为客人提供更为个性化、智能化的服务。

(八)提升旅游品牌形象,构建立体营销体系

2022年,河北省要积极拓展文旅消费场景,做深短途游、周边游市场,稳步拓展中远途市场,促进河北省文旅消费快速复苏。

1. 加强旅游跨界联合

2021年,河北省文化和旅游厅与河北广播电视台策划发布日播节目《我的家乡在河北》,共同制作的纪录片《大河之北》于2021年春节首播,全方位展示了河北的历史由来、地形地貌、丰饶物产。河北省文化和旅游厅继续与中石油河北销售公司合作推出"你出游,我出油"、与河北航空公司合作推广大美河北、与君乐宝乳业合作宣传河北文旅产品,汇聚社会力量,跨界合作实现互促共赢,更好地推广河北文旅品牌,展示"京畿福地·乐享河北"的魅力。

2. 实施多元化营销

河北省文化和旅游厅积极与传统媒体、新媒体合作,开展全媒体宣传、

全平台合作，共创河北文旅宣传推广新格局。2021年，继续开展"冬季游河北，福地过大年""这么近，那么美，周末游河北"等一系列宣传推广活动，相继推出"游长城，爱长城——京津冀车友自驾游长城""周末游廊坊·相约北运河""河北邀约""长城之约——长城国家文化公园宣传推广活动"，特别是在全国率先推出《长城国家文化公园（河北段）精品线路册》，包括4大主题12条精品线路，涵盖了长城河北段精华，为游客提供翔实便利的出行参考，线路册在"学习强国"全国总平台全本刊出。

3. 创新宣传推广形式

2021年春节期间，开展"欢乐春节·美丽河北"线上系列推广活动，推介河北旅游资源。河北省文化和旅游厅进一步深化冀藏交往，举办"冀情阿里·探秘象雄"河北省送客入藏自驾宣传活动，支持旅游新业态发展。此外，还举办了第四届京津冀（廊坊）自驾游与房车露营大会，赴广西作为主宾省参加2021中国—东盟博览会旅游展；组织衡水、沧州赴苏州参加第三届大运河文化旅游博览会；参加第十六届中国（义乌）文化和旅游产品交易博览会，充分推介河北旅游资源；成功举办摩洛哥"河北文化旅游月"线上推广活动，有力提升了"京畿福地·乐享河北"品牌的国际知名度和美誉度。

（九）强化旅游顶层设计，推进文旅高质量发展

1. "十四五"规划编制工作取得丰硕成果

2021年，河北省文化和旅游主管部门紧紧围绕全省文化和旅游事业发展大局，扎实推进规划编制、法规制定、政策调研、法治建设等各项工作，取得较好工作成效。目前已完成"1+7"个规划，其中1个省级重点规划（《河北省文化和旅游发展"十四五"规划》），3个省级一般规划（《河北旅游业"十四五"发展规划》《河北省文化产业发展规划（2021—2025年）》《河北省公共文化服务体系建设"十四五"规划》）和3个厅级专项规划（《河北省文化和旅游科技创新"十四五"规划》《"十四五"河北省非物质文化遗产保护规划》《河北省"十四五"艺术创作规划》），1个省级一般专项规划（《河北省文物事业发展"十四五"规划》）。同时，积极推动厅属

各单位和各地文化和旅游部门加快规划编制工作。

2. 加快推进文化旅游行业标准化管理和信用体系建设

2021年，河北省加强标准宣传，增强行业标准化意识和提升服务质量，制定《河北省冰雪旅游发展实施方案（2021—2023年）》，指导河北省冰雪旅游的发展；印发《河北省旅游产业发展大会举办成效评估办法（试行）》，提高旅游产业发展大会办会水平与成效；制定《河北省旅游民宿等级评定管理办法》《河北省旅游星级饭店管理若干办法》，规范指导全省旅游民宿和星级饭店等级评定工作；制定《河北省红色文创产品开发促进方案》，指导红色文创产品开发；起草"文创旅游商品研发生产示范基地评定规范"，形成了地方标准的送审稿；颁布了河北省第一个山岳景区管理法规《保定市白石山景区管理条例》。

2021年，河北省加快推进文化和旅游行业信用体系建设，加强行业信用信息梳理，建立行业主体信用档案。搭建完成了"河北省文化和旅游行业信用信息网"和"河北省文化和旅游行业信用监管平台"；推出《河北省文化和旅游行业信用分级分类管理办法》，得到文化和旅游部市场管理司、省信用办充分肯定，并被《中国旅游报》、"学习强国"、信用河北等媒体报道推广；起草《旅行社行业信用评价管理实施细则（试行）（征求意见稿)》《河北省导游人员信用评价管理实施细则（试行）（征求意见稿)》，积极开展全国文旅市场信用经济发展试点工作。

（十）加强旅游人才培养，提升旅游服务质量

1. 完善教育培训体系

2021年举办各类培训班、专题讲座14期，培训4600余人次；成立和升级"河北文化和旅游网络学院"，举办4期"河北文化和旅游大讲堂"，组建文旅产业指数实验室河北新媒体研究中心，邀请知名新媒体领域专家对相关人员进行专题培训；组建了"文创进景区"专家智库团队，为文创购物店建设升级、市场化运营、文创产品开发等提供指导；创新"开门办学"方式，采取线上直播、集中授课，广泛开展"设计云学院——文

创线上培训班",参与人次达到34714人次,有效提升了河北省文创人才的研发能力。

2.加强导游队伍建设

河北省文化和旅游厅持续开展了"全国优秀导游员来冀宣讲交流活动",加大对一线优秀导游的培养与支持力度,保持全省导游队伍稳定。广大导游和从业人员实行线上线下相结合的学习方式,仅线上参与学习人次就突破20万人次。2021年,河北省推荐的4名导游晋升2020年全国"金牌导游"行列,5名导游入围2021年全国"金牌导游"培养项目。在雄安新区和张家口举办了"全省优秀导游素质提升培训班",全面提升雄安新区和京张体育文化旅游带导游服务水平。

3.提高旅游职业教育能力和质量

成功举办"康旅杯"首届河北省大学生旅游创意策划大赛,燕山大学、河北经贸大学、河北师范大学等10多所河北省高校团队100余项作品参加比赛。开展提质培优行动,石家庄信息工程职业学院大学生团队实践扶持项目、石家庄信息工程学院"双师型"师资培养扶持项目,成功纳入文化和旅游部文化艺术职业教育和旅游职业教育提质培优行动计划。

二 2021年河北省旅游业发展主要特点

2021年适逢建党100周年,红色旅游引领景区行业新时尚,冬奥会倒计时助力冰雪类景区蓄势待发,乡村类旅游景区市场热度提升明显。受新冠肺炎疫情影响,面向中远途市场的旅游景区接待人次和综合收入下降明显,旅游发展受限;全省注重科技赋能,创新科技与旅游的深度融合;深挖文化内涵,促进业态创新;创新品牌营销,讲好河北故事;深推交旅融合,打造河北旅游新名片。

(一)疫情影响持续,旅游发展受限

2021年,河北省停止举办大型聚集性群众文化旅游活动,各地文化场馆、旅游景区等场所暂停关闭，旅行社及在线旅游企业暂停经营团队旅游及销售"机票+酒店"旅游产品。新冠肺炎疫情限制人们的空间移动，旅游市场复苏仍存在不确定因素。

（二）注重科技赋能，深化创新发展

1. 科技赋能加速旅游新业态演进

2021年3月30日，按照河北省委、省政府的要求，省文化和旅游厅重点打造的"一部手机游河北"（乐游冀）平台正式上线。河北省通过搭建"一部手机游河北"生态体系，加快推进智慧旅游服务工作，提升全省景区数字化、智慧化水平，为游客提供更便捷、更智能的服务。乐游冀平台不断强化文化内容建设，推出"魅力非遗"板块和"多彩非遗"栏目，用视频、图文的形式展示传统非遗技艺。2021年底，平台推动千余种非遗产品上架"乐游冀商城"，进一步促进非遗保护传承和创新发展落地生效，赋能河北省文化和旅游产业高质量发展。

2. 数字化赋能推进旅游大数据系统建设

河北省文化和旅游厅启用文旅分时预约平台，打造了"乐享冀""畅游冀"两个微信小程序，全面完成全省所有A级景区、公共文化服务场馆和剧院的预约及数据接入工作，推行门票预约管理制度，引导游客提早预约、错峰旅游，实施"一机一码游"保障游客出行安全；对接整合多个平台和媒体，实现数据互联互通，办公应用效能获得较大提升，实现3A级景区视频监控全覆盖，实现A级以上景区和县级以上公共文化场馆全部启用文旅分时预约平台。

3. 开发智慧产品，提升景区智能化水平

2021年，河北省开展智慧景区示范点创建评定工作，秦皇岛山海关、承德避暑山庄及周围寺庙等11家景区成为河北省首批智慧景区示范点创建单位。同时，借助科技力量，河北省不断创新数字再现的智慧化长城产品，以更加生动的方式讲述中国故事。目前，河北省可阅读长城数字云平台已经上线，可以通过数字化展示山海关、金山岭、大境门、崇礼等长城资源。

（三）挖掘文化内涵，深化业态融合

1. 文化遗产传承保护成效明显

2021年，河北省阳原泥河湾遗址群、武安磁山遗址、易县燕下都遗址、平山战国中山王墓、满城汉墓、临漳邺城遗址及磁县北朝墓群6项考古发现入选"百年百大考古发现"。14个非遗项目入选第五批国家级非物质文化遗产代表性项目名录和国家级非物质文化遗产代表性项目名录扩展项目名录，建成"乐享河北"非遗会客厅。同时将长城文化与非遗体验、乡村振兴、城乡融合等相结合，推进优质文化和旅游资源的一体化开发。张家口大境门景区"光影艺术空间"新型艺术炫酷体验项目和"蔚花园"3D裸眼沉浸剧场，不仅拓展了长城数字化再现新思路，也创新打造了更具时尚感和个性化的长城文旅产品，彰显长城文化的持久影响力和强大生命力。迁安依托长城风景道，结合沿线村镇实际情况，科学规划布局，将沿线乡村资源、乡村产业有机联系起来，挖掘培育了一批生态农业、健康养生、文创旅游等新业态，有力促进了农林文旅康产业融合发展与乡村振兴。

2. 产品创新促进文旅融合

保定通过采取培树标杆、整合资源、平台赋能、政策支持等务实举措，推进与河北大学联合建设"莲池书院"，将"书院之城"建设与现代城市公共文化服务体系建设同谋划、同部署、同推进，构建集阅读、展览、教育等功能于一体的市县乡村四级"书院"网络，打响"全国书院之城"品牌。石家庄加快推进白鹿泉戏剧小镇项目，通过首届鹿泉区特色产业发展大会，展示小镇形象，进一步促进文旅融合。

（四）创新品牌推广，传播河北声音

1. 创新开展媒体宣传

新冠肺炎疫情进入常态化防控阶段，为振兴旅游市场，河北省文旅部门组织创新开展形式多样、针对性强的品牌推广活动，持续深化与中央和省内主流媒体合作，共同策划搭建新媒体矩阵，创新开展品牌营销，河北省文旅新媒体综合传播力持续位居全国前十。河北省第六届旅游产业发展大会首次成功尝试以线下"文创集市"展陈和线上"云展馆"展销相结合的方式，进行文创和旅游商品的展览展销，以"主会场+175个分会场+线上直播"模式同步召开的开幕式，实现全省县（市、区）全覆盖，以"线下会议活动+线上云会议，5G云签约、云展览、云观摩，5G云直播带货"模式，多渠道汇聚流量、聚集人气、扩大影响，进一步提高河北的知名度和美誉度。

2. 精准开展品牌推广

一是开展"欢乐春节·美丽河北"河北经典艺术和优质旅游资源海外线上系列推广活动，包括文艺演出、非遗展览、旅游推广三个部分，累计观看人数达到10万人次；二是重点策划"河北邀约——全国旅行商大会""长城之约""太行之约"等"邀约"系列推广活动，进一步打响河北文旅品牌；三是与新西兰中国文化中心开展对口合作，开展线上文化交流和旅游线路宣传活动，河北省通过最美童声线上交流、河北非遗工艺线上传习、河北旅游精品线路推广等活动，为新西兰民众提供了多元化、多层次感知了解河北文化的机会，讲述河北故事；四是对香港青年开展"冀艺香江"河北非遗传习活动，活动讲授传统手工艺制作技法、开设非遗教学班、推介河北旅游资源，充分增进文化认同；五是开通脸书（Facebook）、推特（Twitter）国外社交媒体官方账号，通过设计制作主页、编辑翻译河北文旅视频和图文内容、发起线上话题等形式，提升河北文旅品牌的世界影响力，传播河北"好声音"。

（五）交旅融合发展，提升治理能力

河北省各地加强交旅融合发展，进一步完善公路网络、客运枢纽、高速服务区、邮轮游船码头等交通设施旅游服务功能。目前，河北省内的旅游风景道、高速公路、港口机场、水运枢纽等交通设施正在成为亮丽的"旅游名片"。邯郸以旅游产业发展大会观摩线路为基底，打造了六大主题景观漫游环线，秦皇岛海港区新建了5100米自行车专用绿道连接沿线村镇及景点，唐山"超级绿道"成为游客和市民新的热门打卡地。

2021年，河北省文化和旅游厅推行了《河北省旅游产业发展大会举办成效评估办法（试行）》，制定了《河北省旅游民宿等级评定管理办法》《河北省旅游星级饭店管理若干办法》，印发了《文创产品进景区活动工作方案》，实施了《河北省文化和旅游领域包容免罚清单》，有效加强行业管理，整治文旅行业违法行为，加快构建旅游市场治理体系，提升旅游市场治理能力。

三　2022年河北省旅游业发展形势分析

当前，世界正经历百年未有之大变局，新冠肺炎疫情影响较大，同时新一轮科技革命和产业革命正在发生深刻调整，我国进入全面建设社会主义现代化国家新征程。我国旅游业面临着40年来最严峻的挑战，经历着最艰难的复苏，但人民对美好生活的向往没有改变，市场主体的创业创新没有停止，纾困解难的政策从未弱化。"十四五"时期，河北省处于经济社会转型的关键时期，文化和旅游产业发展面临机遇与挑战叠加、成绩与问题并存的复杂局面。2022年，尽管疫情变数可能带来旅游经济复苏的不确定性，但河北省将大力实施质量兴旅、质量强旅战略，大力推进优质产品供给工程，加快补齐旅游要素短板，完善现代旅游业体系，旅游消费和本地休闲需求将稳步释放，旅游产业变革和动能集聚将会进一步加快，文化建设将继续为旅游业发展注入新动力，全域旅游进一步优化消费环境，消费回流将创造新市场，特色业态将呈现逆势增长态势，河北省将加快从旅游大省向旅游强省的跨越步伐。

（一）发展机遇

1. 国家战略部署助力旅游产业发展

《中华人民共和国国民经济和社会发展第十四个五年规划和2035年远景目标纲要》提出了坚持创新驱动发展、加快数字化发展、全面推进乡村振兴、提升社会公共服务水平等方面的规划和目标，有助于推动旅游产业转型升级，实现高质量发展。

《河北省文化和旅游发展"十四五"规划》提出构建京津冀文化和旅游发展协同体,形成以雄安新区、张北地区为核心的"两翼",打造环京津文化和旅游带、长城文化和旅游带、大运河文化和旅游带、太行山文化和旅游带、沿渤海文化和旅游带、坝上草原文化和旅游带。全力构筑河北文化和旅游"三大高地",即立足京津冀协同发展,打造环京津世界级文化和旅游高地;聚焦雄安新区建设,打造全国文化和旅游创新发展高地;抓住冬奥会契机,打造国际冰雪运动高地。全力建设国家文化公园的"示范样板",推进长城、大运河国家文化公园(河北段)重点项目。同时,深化文旅融合创新发展,建设"文化和旅游云"平台、升级"旅发大会"平台、搭建产业投融资平台,促进文化和旅游消费创新。

2. 科技赋能推进文旅产业深刻变革

党的十九届五中全会首次明确提出到2035年建成文化强国的远景目标,并提出实施文化产业数字化战略。新一轮科技革命和产业创新推动现代旅游产业体系不断优化,科技创新将对全部旅游产业创新和旅游经济增长产生深刻影响。旅游业作为战略性支柱产业,需要充分运用网络化、数字化、智能化科技创新成果,优化升级传统业态,创新产品和服务方式。"十四五"时期,河北省要大力推动旅游产业从资源驱动向创新驱动转变,让旅游业更好地发挥综合带动作用。

3. 文旅融合深化文化和旅游产业创新发展

在"双循环"新发展格局下,国内消费活力进一步释放,国外消费加快回流,产业自我循环能力和区域合作不断增强,为文化和旅游产业融合与创新带来新的契机。在旅游要素发展中融入河北特色的文化元素和资源,提升旅游的文化内涵;持续推进"文旅+""+文旅"战略实施,拓展发展领域,形成一批产业融合发展的综合体、产业集群;促进文化和旅游消费创新,发展智慧旅游景区、虚拟景区、数字博物馆等消费新业态;大力引进免税购物、文化餐饮、医疗养颜、邮轮等领域的国际品牌和机构,承接出境文化和旅游消费的转化。

（二）面临挑战

1. 国际局势叠加疫情影响入境旅游发展

"十四五"时期，新冠肺炎疫情影响持续存在，外部环境更加复杂。保护主义上升、世界经济低迷、全球市场萎缩、经济全球化遭遇逆流，入境旅游市场复苏更加艰难，旅游经济发展不确定性和挑战更多，外部环境不容乐观。

2. 需求变动加之竞争加剧影响国内旅游发展

中国正处于转变发展方式、优化经济结构、转换增长动力的关键时期，国内旅游市场需求呈现新趋势、新变化，为旅游产品优化升级提出了新要求。国内疫情防控压力犹存，接触性、聚集性旅游消费恢复相对滞后，旅游业恢复不平衡、基础不牢固问题仍较明显。新冠肺炎疫情影响仍存在，居民文化和旅游消费支出水平在短时间内难以恢复至以往水平。河北省同周边区域的旅游发展竞争加剧，河北省旅游业面临巨大挑战。

（三）主要问题

1. 河北旅游产品联动效应不足

文化产业基础比较薄弱，旅游产业结构不够合理，发展不平衡、不充分的矛盾比较突出。河北省旅游发展指数相对较低，城市旅游吸引物"多而不精"，缺乏具有品牌影响力的旅游产品，城市形象不鲜明、知名度不高、辐射力不强。

2. 旅游发展仍存在资金困境

目前，旅游企业运营压力依然较大、项目投资有所放缓、市场主体加速"洗牌"、门票经济"雪上加霜"、政策配套严重滞后等问题限制旅游经济的发展。

3. 产业融合程度较低

产业链条偏短，"旅游+"和"+旅游"在深度和广度上发展不充分，夜间旅游经济消费释放不足，市场主体不强，旅游投融资机制不灵活，多元

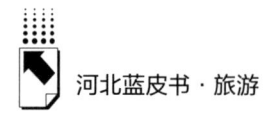

化融资渠道和旅游金融产品创新不足，发展质量效益有待提高。文化和旅游融合度不高，制约文化和旅游融合发展的体制机制障碍依然存在。

4. 创新发展支撑力不强

目前，河北省文化和旅游智慧化水平不高，充分运用创意思维、数字科技推动旅游业高质量发展的创新能力不强，与高质量发展要求存在差距，旅游业发展的短板依然存在。人才队伍基础与跨越发展的要求不相适应，文化和旅游行业高端人才短缺，人才服务保障体系不够完善。

（四）发展预测

综合研判河北省旅游发展的机遇和挑战，2022年是实施"十四五"规划的关键之年，随着冬奥会的举办、新冠肺炎疫苗接种规模不断扩大及接种速度加快，特别是应对危机的经验的丰富和措施的完善，国际旅游市场的外部环境正在发生积极的变化，国际旅游消费的信心正在恢复，国际旅游产业振兴的动能正在积聚。旅游业将在经历变革与重塑的同时实现复苏，旅游总收入和旅游总人次较2021年将呈现明显的回升。河北省为促进旅游业的高质量发展，需要做好理论建设、文化和旅游融合、优化供给、纾困解难、质量提升、人才建设、国际交流合作等若干工作任务。

1. 冬奥会的举办加速河北省冰雪旅游产业发展

2022年，张家口扎实推进首都两区建设，全方位融入京津冀协同发展，冰雪经济发展将获得新突破，打造冰雪奥运城市品牌，加快京张体育文化带建设；继续承办具有世界影响力的职业体育赛事，开发冰雪产业衍生品，推进张家口高新区冰雪装备产业园、宣化冰雪产业园建设；规划建设一批冰雪装备研发、展示、交易、服务和企业孵化平台，大力发展冰雪旅游业，谋划建设冰雪旅游度假区和冰雪特色小镇、冰雪体育综合体，培育一批国家级、省级冰雪体育产业示范基地。

2. 京津冀协同发展将向纵深推进

2022年，河北将加快北京大兴国际机场临空经济区建设，促进廊坊北三县与通州一体化发展，支持廊坊、保定、张家口、承德、唐山、沧州等环京津市县与北京、天津联动发展，建设一批重点承接平台，打造京津冀协同发展先行区；加快重点领域协同发展向纵深推进，建立产业转移承接重点平台；支持曹妃甸、芦台·汉沽协同发展示范区，渤海新区、正定新区、邢东新区、冀南新区、滨湖新区、北戴河生命健康产业创新示范区，保定、张家口、承德高新技术产业开发区，定州、辛集经济开发区等重点承接平台提升承接能力，加快聚集发展；高标准高质量推进雄安新区建设发展，有序有效承接北京非首都功能疏解。

3. 旅游产品主题化程度将加深

依托河北省丰富的文化旅游资源，以特色化、精品化为目标，探索推出更多定制式旅游产品供给，努力实现"人无我有、人有我新、人新我特"。推出一批国家级红色旅游精品线路。培育"乡景、乡居、乡味、乡礼、乡俗"等"冀忆乡情"乡村旅游品牌，大力培育精品民宿、智慧田园、共享农庄等乡村旅游新业态，推动乡村旅游升级。大力推进冰雪旅游的发展，完善冰雪旅游服务设施体系，培育打造一批冰雪特色小镇和旅游度假区。推进山地旅游、滨海旅游、草原旅游、温泉旅游、体育旅游、工业旅游、湖泊旅游等主题型旅游产品发展。着力加强生态旅游建设，加快推出一批生态旅游产品和线路，引导旅游企业绿色化、低碳化发展，加强生态旅游理念和产品宣传。

4. 旅游多业态发展进一步深化

2022年，在生育政策潜力充分释放的同时，老龄化已成为我国的基本国情，"一老一小"成为市场热点。研学旅行、亲子旅游、老年旅游、康养旅居等具有广阔市场前景。幸福产业与旅游深度融合，人民群众对美好生活的品质化、便利化、定制化需求不断增加，旅游与文化、体育、健康、养老等幸福产业进一步融合发展。碳中和催生绿色旅游发展。实现"双碳"目标带来旅游产业的结构调整和发展转型，将促进生态旅游、绿色旅游、低碳旅游等发展。

5. 旅游品牌影响力将持续提升

聚合"京畿福地·乐享河北"一大品牌，加快培育创新雄安、冬奥冰雪、锦绣长城、风情运河、壮美太行、红色胜地等6个子品牌；搭建旅游产

业发展大会、产业投融资、"文化和旅游云"等三大平台；围绕重点工作和重点工程，打造百强项目，成为河北省推动文化和旅游发展的重要支撑。全域联动、城乡一体、文旅融合、均衡协调的文化和旅游发展布局将逐步形成。

四 2022年河北省旅游业高质量发展的对策与建议

2022年，旅游业继续复苏回暖。面对新冠肺炎疫情，全行业共同经历了从恐慌、"阵痛"到审视、反思再到积极应对、重拾信心的过程，市场主体应继续加强市场研究、产品创新、人才培养等工作，为实现旅游业的高质量发展做好准备。深推科旅融合，枢纽项目引领，丰富产品供给，优化发展环境，创新品牌营销，办好旅游产业发展大会，加强招商引资，加大引才引智力度，为河北省旅游产业实现高质量发展加油助力。

（一）深推科旅融合，创新旅游数字化建设

按照文化和旅游部《"十四五"文化和旅游科技创新规划》部署，实施"科技+旅游"战略，大力提升文旅行业智慧水平；进一步梳理整合文化和旅游业相关数据，依托"国家文化大数据""公共文化云"建设工程，实现涉文、涉旅的数据整合，为文化和旅游系统市场运行、行业管理提供数据决策支持；逐步开展旅游资源、文物资源、非物质文化遗产资源、红色文化资源等专项数据库建设，实现文化和旅游资源的分类分级查询、检索、统计和分析应用；制定文旅系统数据的安全技术管控标准，实现数据全生命周期的安全保障；建设数据交换共享和数据开放平台，促进各级各部门数据共享应用。

逐步开展新型技术在文旅行业应用场景研究。开展5G在移动端云游平台、全景直播以及文化和旅游消费场景等方面的课题申报和应用研究，提升5G大数据创新实验室科技创新成果转化能力；开展景区客流、门禁票务、智能停车场、视频监控、Wi-Fi、厕所等领域内容数字孪生技术应用调研。抓住"元宇宙"兴起的机遇，整合资源，优势互补，让河北文化旅游高质量发展跃上一个新台阶。

（二）枢纽项目引领，促进产业转型升级

深入贯彻落实党的十九届六中全会精神，牢固树立新发展理念，深刻把握旅游业高质量发展的本质内涵，加快建设高品质、特色化、多元化旅游产品体系，实施引领性枢纽项目打造工程，促进旅游产业转型升级。编制出台《京张体育文化旅游带（张家口）建设规划（2021—2035年）》，推动京张体育文化旅游带建设，建立京张体育文化旅游带重点项目库，推动一批休闲度假、文化体验、体育运动等重大项目落地；以传承、弘扬塞罕坝精神为核心，结合塞罕坝在全国生态文明建设中的重要贡献，打造"两山"理念践行高地，高质量规划建设塞罕坝生态旅游；有序推进长城国家文化公园（河北段）、大运河国家文化公园（河北段）建设，落实系列相关规划；落实《太行山旅游业发展规划（2020—2035年）》和《河北省太行山旅游业发展实施方案（2020—2035年）》，提质升级太行红河谷地区红色记忆小镇、赤水湾古镇，重点打造赤水湾旅游度假区、庄子岭红叶谷景区，推动太行红河谷文化旅游带提质升级；高质量协调做好冬奥会的服务保障工作，同时借势冬奥会国际影响力，做好"京畿福地·乐享河北"旅游品牌宣传工作，提升河北旅游品牌国际知名度和美誉度，继续推进全省的冰雪旅游创新发展、均衡发展、高质量发展，将冰雪旅游打造成为河北旅游新名片。

（三）丰富产品供给，激发在地消费活力

2022年，大力推进优质旅游产品供给工程，打造世界级旅游景区和度假区，建成一批文化特色鲜明的国家级旅游休闲城市和街区，加快推出一批生态旅游产品和线路。同时，完善旅游要素配套设施，挖掘提升"燕赵美食"，推出多元住宿产品，大力开发文创和旅游商品，打造旅游演艺精品。继续推进文化和旅游消费试点城市、示范城市建设，开展国家级夜间文化和旅游消费集聚区建设。积极开展旅游特色商品购物店和休闲购物街区创建与评定，开展"百县千品"文创旅游商品巡礼活动，推出一批网红休闲购物

商店和街区。推动避暑山庄、山海关、金山岭长城创建世界级旅游景区，加快创建唐山南湖、衡水湖、正定古城等5A级景区和北戴河、唐山国际旅游岛等国家级旅游度假区；推动石家庄、唐山、保定建设国家文化和旅游消费试点城市。

受疫情影响，旅游消费呈现在地化、近程化发展趋势。实施城市更新旅游化打造、乡村旅游提质升级工程，增加在地高品质旅游消费产品的有效供给，实现供需平衡，激活在地文旅消费。鼓励各市因地制宜不断完善城市载体功能，将城市建设和旅游开发一体化发展，努力打造宜居宜业宜游的现代化休闲城市。盘活城市建设存量、提升城市人文追求、进行城市文化挖掘和促进城市消费转型四个途径，提升了城市的居住品质、旅游体验，扩大休憩空间，激活了城市居民在地消费活力。创新利用"产业思维""市场思维""文化思维"三大思维提升乡村旅游品质；协调好"政府""企业""村民"三大主体的关系，构建乡村旅游合作共赢的发展局面；扎实推进"美起来""富起来""文明起来"三大步骤，打造旅游名村名镇，开发一批知名乡村旅游景区、民宿产品，有序推进全省乡村休闲旅游业高质量发展，有效满足日益火爆的周末短途游、微度假、亲子家庭游、休闲农业旅游市场需求。

（四）优化发展环境，提质旅游公共服务

1. 优化资源配置，加强服务群众意识，深入实施旅游惠民工程

坚持政府主导、社会参与、重心下移、共建共享，丰富惠民产品，扩大惠民范围，推进旅游公共服务体系示范区创新发展，面向全省城乡居民发放旅游惠民卡、惠民券，积极推动民间文化艺术之乡与建设美丽乡村、发展乡村旅游有机融合，让传统文化赋能乡村振兴。

2. 深化交旅融合，构建"自驾游"和"自助游"服务体系

深入推进旅游交通融合创新发展，加快建设结构合理、功能完善、特色突出、服务优良的全域旅游公共服务体系。一方面，持续完善"自驾游"服务体系，落实《河北省全域旅游交通发展规划》，依托国家文化公园建设、省市旅游产业发展大会举办、全域旅游示范区创建等契机，会同交通运

输部门合力打造一批旅游风景道示范工程；另一方面，全域构建"自助游"服务体系，指导支持承德、张家口、秦皇岛、保定等旅游城市依托机场、高铁站、汽车客运站等交通枢纽建设一批标准化、示范性旅游集散咨询服务中心，完善自助旅游服务产品，打造精品旅游客运线路，实现外部交通与内部旅游客运无缝衔接，促进"运游结合"，提升旅游公共服务品质。

3. 实施质量强旅战略，持续深入推进旅游"厕所革命"

深入实施旅游厕所示范工程，按照《旅游厕所质量等级的划分与评定》新标准，开展旅游厕所质量等级评定工作，推广普及旅游厕所"一厕一码"评价监督工作，推动旅游厕所建设，提升管理和服务质量。

（五）创新品牌营销，健全宣传推广体系

1. 创新品牌推广，精准拓展旅游客源市场

整体提升"京畿福地·乐享河北"和"Enjoy Hebei"品牌，持续开展"邀约"系列品牌推广活动，全方位打造重大主题品牌活动。谋划长城、冬奥会、大运河、太行山、旅游产业发展大会等重大文旅品牌的宣传活动，构建全省城市品牌矩阵，指导各地推出各具特色的品牌宣传活动。借助共青团成立100周年契机，策划面向青年客群的文化和旅游推广活动；聚焦新业态策划营销活动，推出夜游、房车游等品牌推广活动；借助"一部手机游河北"平台，与OTA开展合作，做强"互联网＋文旅"营销，激活消费市场。

2. 强化媒体宣传，壮大文旅内容传播声势

筑牢主流媒体宣传阵地，全面打响河北省旅游品牌。以重点报道与媒体投放相结合的方式，增加央级媒体稿件刊发的数量，提升稿件品质；强化与河北省三大主流媒体的战略合作；用活新媒体宣传平台，构建新媒体创作生态群。河北文旅官方微博号、微信号、抖音号、快手号、百度号、今日头条号，聚焦热点、集中策划、联动发声，壮大宣传声势，打造宣传品牌。

3. 扩大对外交流，讲好河北故事

做好与共建"一带一路"国家的对外文化交流工作，持续打造"欢乐

春节·美丽河北"对外文化交流品牌；做好与新西兰、巴基斯坦中国文化中心的对口合作，传递"河北声音"，讲好河北故事；适应境外疫情防控形势，推动对外文化交流和文旅宣传线上化，以更完整的内容推送机制，为河北入境旅游市场振兴蓄势储能。

（六）办好"旅发大会"，打造城市旅游标杆

持续探索旅游产业发展大会平台机制的改革创新，办好第七届河北省旅游产业发展大会，以"旅游城市让生活更美好"为主题，打造河北省城市旅游示范标杆。持续深化规划评议、系统跟踪、大会评估、舆情监测等手段，引导各市对标相关规划进行创新、规范办好市级旅游产业发展大会，在更大空间、更宽领域发挥旅游产业发展大会平台优势和市场"引流效应"，增加优质增量供给，创新消费模式，培育"龙头产品"，引领和创造旅游消费新需求，加强品牌打造与宣传营销，提高企业和群众参与积极性，提高旅游产业发展大会质量和水平。

（七）落地纾困计划，推进项目招商引资

研究梳理国家发改委、自然资源部、商务部、生态环境部、工信部、科技部等部门的扶持政策，积极推动各项纾困政策落地实施。河北省通过贴息、补助等方式，帮助受疫情影响严重的文旅企业渡过难关、恢复市场活力，同时加大招商引资力度，依托河北文旅项目推广中心，面向粤港澳大湾区开展精准招商。河北省利用各地举办的旅游产业发展大会，以及参加海峡两岸（厦门）文化产业博览会、中国西部文化产业博览会等国内高端展会契机，务实开展宣传和招商活动。

依托河北省文化和旅游产业信息管理服务平台，不断优化完善平台内文旅项目库、招商项目库、投资信息库、重点企业库、经营数据直报系统等板块，对文旅项目进行全链条、数字化、精准化管理和服务；联合省内金融机构搭建"文旅+金融"合作平台，定期向金融机构发布优质文旅投融资项目；会同金融部门举办"精品项目对接交流会""产业专项债券及

产业基金融资对接交流活动"等，促进重点项目与金融机构、投资机构对接。

（八）夯实人才基础，创新旅游引智机制

继续举办"河北文化和旅游大讲堂"，实施"走出去"与"引进来"双轮驱动战略，加大线上线下培训力度；制订行业人才培养培训计划，通过讲座、实训、比赛等形式，提升从业人员素质，弥补学历教育与企业实践的能力缺口；加强市场调查、案例研究和专业指导，搭建知识管理平台，助力旅游从业人员"修炼内功"。

吸收全国文旅专业知名专家学者，搭建文化旅游高端智库平台，加强应用性研究，以项目形式对接河北省文化和旅游领域相关工作，形成聚焦文旅融合发展的项目科研体系，为全省文化和旅游系统提供智力支持。

行业新未来

New Future of Industry

B.2 "十四五"时期河北省旅游景区发展新方向研究

梁军 李晨静*

摘 要： "十三五"期间，河北省旅游景区建设得到飞速发展和提高，景区规模和质量不断扩大和跃升，品牌知名度与影响力显著提升。"十四五"期间，市场变化与消费升级、产业变革、科技创新、行业监管加强、国家相关战略的实施等为景区发展创造了良好的机遇。同时，创新投入不足、新冠肺炎疫情的影响、周边省份竞争加剧等为景区产品优化升级提出了新要求。在此基础上，本报告提出"十四五"时期，河北省旅游景区发展的新方向：文旅融合进入景区发展新阶段、产品多元化拓展景区发展新空间、科技创新催生景区发展新动能、深化改革激发景区发展新活力、提质升级开创景区发展新局面、疫情防控成为景区新常态。

---

* 梁军，石家庄学院教授，主要研究方向为旅游规划与设计；李晨静，石家庄学院讲师，主要研究方向为城乡空间规划。

"十四五"时期河北省旅游景区发展新方向研究

关键词： 旅游景区 文旅融合 高质量发展 "十四五"

一 "十三五"时期河北省旅游景区发展情况

"十三五"期间，随着河北省旅游业的不断发展，旅游景区的规模和质量也得到扩大和提升，旅游景区产品供给实现量质齐升，成为河北省拉动消费、扩大投资、稳定就业、促进发展的重要力量。

（一）旅游景区数量持续增加

河北省旅游景区数量的持续增加，主要取决于河北省近年来旅游业高速蓬勃发展的态势。"十三五"期间，河北各地市加快推进旅游业发展进程，将旅游业作为本地的主导产业或优势产业给予重点支持，各地加大力度开发旅游资源，借助传统景区优势旅游资源，不断开拓社会旅游资源，长效促进旅游景区发展，形成一批新的旅游景区。"十三五"期间，河北省A级景区创建工作走在全国前列，成功创建了广府古城、白石山、清西陵、金山岭长城4家5A级景区，复牌山海关5A级景区，创建以岭健康城、秦皇岛渔岛海洋温泉、秦皇岛联峰山、奥润顺达节能门窗工业旅游景区、易水湖、紫金山、华斯国际裘皮产业园、崇礼富龙四季小镇、元中都国家考古遗址公园、桑干河大峡谷·飞瀑峡、海坨山谷、崇礼太舞四季小镇、承德兴隆山、七彩森林、中国马镇旅游度假、平泉山庄老酒文化产业园、迁西凤凰山旅游区、花乡果巷、白羊峪长城旅游区、遵化尚禾源旅游综合体、唐县潭瀑峡、云花溪谷、南大港湿地、周窝音乐小镇、内丘邢窑文化旅游区、南和农业嘉年华、邢台德龙钢铁文化园、柏乡汉牡丹园、河北古武当山、武安东太行、肥乡丛台酒苑等31家4A级景区。截至"十三五"末，河北省共有A级旅游景区431家，其中5A级景区11家，4A级景区142家。

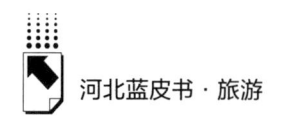

（二）旅游景区质量持续提升

"十三五"期间，河北省旅游景区建设已经由高速增长阶段向优质旅游发展阶段进行转型，质量和服务水平有了较大幅度提升，精品意识和品牌意识加强，高品质旅游产品体系更加完善，实现了由量向质的转变，体制机制创新有了新的突破；形成了一批代表河北旅游形象的精品景区，高等级景区创建取得新突破；连续几年对 A 级景区的整顿与规范，河北省旅游景区经营秩序明显规范，服务质量明显提升，综合环境明显改观，基本达到了旅游景区提质增效的目标。

（三）旅游景区发展不断创新

创新是时代进步的要求。旅游业的持续繁荣和旅游市场竞争的日益激烈促进河北省旅游景区在管理经营上不断创新。第一，景区类型创新。通过"旅游+""+旅游"的模式，旅游与其他产业深度融合，形成了一批农业、工业、康养、特色小镇等新业态旅游景区精品，重点打造了中国马镇、太行水镇、周窝音乐小镇、崇礼太舞四季小镇、正定古城、唐山南湖、以岭健康城、君乐宝、南和农业嘉年华、奥润顺达节能门窗工业旅游景区等一批新业态旅游景区。第二，景区旅游活动创新。景区的旅游活动更加多样化，更加注重游客的参与性；从传统的观光游发展丰富为休闲游、农业游、工业游、科技游、研学游、冰雪游等。

（四）智慧景区建设成效显著

"十三五"期间，河北省智慧景区建设取得长足发展，景区智慧化水平快速提升。第一，景区信息化水平不断提升。河北省实现半数以上 5A 级景区 5G 信号全覆盖，推动全省旅游景区市场监管信息化；实现 3A 级景区视频监控全覆盖；深入开展大数据研究分析，编制了 19 期包括 A 级旅游景区专项报告在内的《旅游大数据分析报告》。第二，智慧景区示范点创建。开展智慧景区示范点创建评定，首批 17 家智慧景区示范点建设单位通过初审，承德避暑山庄及周围寺庙、秦皇岛山海关等11家景区成为河北省首批智慧景区示范点创建单位。目前，河北省已经启动第二批智慧景区示范点创建工作，截至2021年底，全省有21家景区提出创建申请。第三，智慧景区管理创新。为配合国家和河北省新冠肺炎疫情防控工作，河北省旅游景区广泛实施"预约、错峰、分时、有序"管理。全省已有588家A级以上景区（包括5A级景区11家、4A级景区140家）接入河北省文旅分时预约平台，启用文旅分时预约功能。

"十三五"时期，河北省旅游景区发展虽然取得了一定的成效，进入了发展的快车道，但仍然面临发展不充分和不均衡的问题，主要表现为：景区产品整体竞争力不足，旅游资源分布零散，景区对资源的文化内涵发掘不够充分和深入、对资源开发利用的整合度和效率不高，特色不够突出，旅游项目创新、创意不足，旅游产品结构不合理；产业融合度低，旅游产业链条短，沉浸式、互动型、休闲型等旅游产品开发还不能满足游客消费需求；投融资机制不灵活，缺乏多元化的旅游融资渠道，缺少创新性的旅游金融产品；景区产品附加值低，部分景区经营项目种类匮乏，门票仍然是收入的主要来源；景区创新发展支撑力不强，景区应用创意思维、数字科技的创新能力不够，景区发展的短板依然存在。

二 河北省旅游景区发展机遇

（一）相关政策与战略

"十四五"时期，国家与河北省的多重政策与战略机遇相叠加，为河北省旅游景区发展提供了强力支撑：国家相继出台了一系列推动旅游产业改革、转型、投资等的举措，为河北旅游业发展提供了重要政策机遇；京津冀协同发展向纵深推进、雄安新区建设提速、冬奥会效应持续显现、庆祝建党100周年等一系列战略与大事件，提高了河北省旅游景区的知名度、美誉度和开放度，是河北省旅游景区高质量发展的重大历史机遇。

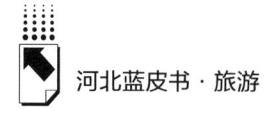

（二）市场变化与消费升级

旅游消费是带动旅游景区发展的重要力量。旅游市场的变化与消费升级为河北省旅游景区的发展带来机遇。其一，随着河北省以高铁、高速公路为主的立体交通体系不断完善，在新型城镇化、乡村振兴等重大战略背景下，旅游消费空间得到了极大拓展，自由行、自驾游等更为个性化的出游方式备受追捧，互联网旅游、在线平台下单、社交媒体游等多样化新旅游形式层出不穷。其二，受国内外疫情影响，境外游与省外游的限制条件较多，安全性较低，短距离的出行方式更受游客青睐，本地游和周边游的热度居高不下，扩大了本地游和周边游市场。"十四五"时期，本地游和周边游将成为常态化趋势，成为旅游业恢复和增长的主要依托，省内游和本地游的旅游产品需求旺盛，这些都为河北省旅游景区的发展提供了新机遇。其三，后疫情时代，人们对康体养生越来越重视，由此带来旅游观念的转变，康养旅游为大众的旅游需求转变提供了消费空间。"十四五"时期，康养产业预计将迎来爆发式增长，康养旅游迎来发展机遇期，这蕴含着无限商机。

（三）科技创新与产业变革

新一轮科技革命和产业转型已经成为重塑河北省旅游景区竞争格局的主力军，以大数据、AI、物联网等为核心的产业创新和技术革命将进入扩张期，这些变革将对河北省旅游景区的供应链、产业链、价值链产生空前的影响。新一轮科技革命和产业转型周期，为河北省旅游景区发展提供了重要时代机遇。科技创新推动河北省旅游景区体系不断优化。科技创新将对旅游景区的信息获取、景区选择、旅游场景营造、便利支付、社会分享，乃至景区产品创新和旅游经济增长产生深刻影响。智能化和数字化等技术创新成果，将助推景区传统业态优化升级，拓展景区产品和创新服务方式，为河北省旅游景区的发展提供强大动能。产业变革助推旅游景区提质发展。"十三五"时期，河北省全域旅游成效显著，硕果累累。全域旅游是适应内外环境变化而形成的重要产业变革，将推动旅游业和不同业态间形成良性互补，推动景区和周边区域共同发展。产业变革将为乡村旅游景区，冰雪、避暑主题景区，文化类景区，红色旅游景区等的优化转型和质量提升提供巨大的市场机遇。

（四）行业监管制度化与常态化

"十三五"时期，河北省旅游景区监管走向制度化和常态化。建立了优胜劣汰、有进有出的 A 级景区动态管理制度；规范了旅游市场秩序，为河北省旅游景区高质量发展营造了公平有序的旅游市场竞争环境。

三 河北省旅游景区发展面临的挑战

（一）市场需求的新趋势与新变化

河北旅游市场需求呈现新趋势与新变化，给旅游景区产品优化升级提出了新要求。景区产品结构直接影响旅游消费，旅游产品的供给形式和数量不足，限制景区行业长足发展。消费大众化、需求品质化已经成为旅游景区发展的新方向。进入新的时代，游客的消费需求从功能型消费升级为情感型消费，从物质追求提升为精神追求，传统旅游景区的产品、服务和业态都已不能跟上游客需求的新变化，这些为河北省旅游景区的未来发展带来挑战。

（二）景区创新投入不足

创新是旅游景区核心竞争力的重要来源。目前，河北省旅游景区在创新开发上还存在不足：景区产品开发方面，对景区横向、纵向的挖掘和开发极度缺乏，部分景区旅游项目缺乏创新和设计，缺少科技性、体验性、娱乐性的旅游产品，游客的参与度低、体验感差；景区服务与管理方面，管理和监督不到位，部分景区基础设施和配套服务不完善，游客的吃、住、行等基本需求无法得到充分满足；景区营销方面，存在营销渠道不畅通、市场定位不准确、采取措施不到位的问题，很多景区营销费用投入不够，专业营销人才不足，营销体系亟待完善。

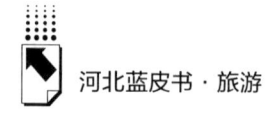

（三）疫情的冲击与影响

疫情对河北省旅游景区发展的冲击与影响普遍存在，短时间内居民旅游消费支出水平很难恢复到以往水平。其一，旅游景区供给端，景区行业整体受到疫情的冲击，部分景区停业，或者采取严格限制入园游客数量等防疫措施，盈收受到重创，景区旅游收入和现金流面临严峻挑战。其二，游客需求端，游客出游意愿明显锐减，最大限度避免流动与聚集。疫情发展的不确定性导致居民出游意愿何时恢复难以预测。

（四）周边省份的竞争加剧

周边省份的旅游发展竞争加剧。山东、辽宁、山西、河南等省份纷纷出台重磅政策，加大旅游开发力度，布局旅游新产品、新业态，发展动力极化现象日益突出。例如，2020年10月，辽宁省发布包括促进各类市场要素集聚、激发文化和旅游市场活力、提升旅游景区质量、加大文旅市场的宣传力度、丰富假日夜间文旅市场活动、推动旅游相关产业融合、改善文旅市场环境等多项措施，丰富活跃旅游市场，提振文化旅游业发展信心；山东省从2021年起实施的第一批46项新政策，多项惠及文旅行业。周边省份旅游发展进一步分化态势凸显，河北省旅游景区发展面临不进则退、慢进亦退的严峻挑战。

四 "十四五"时期河北省旅游景区发展新方向

"十四五"时期，河北省旅游景区发展正面临宝贵的历史"窗口"和战略机遇，要充分把握新阶段、新变革，把握河北旅游高质量发展的本质内涵，全面贯彻落实《河北省旅游业"十四五"发展规划》蓝图，加快建设品质化、特色化、多样化的旅游景区产品体系，构建全省旅游景区发展新格局，开创河北省旅游景区发展的美好未来。

（一）文旅融合，进入景区发展新阶段

文旅部发布的《"十四五"文化和旅游发展规划》提出，要坚持以文塑旅、以旅彰文，推动文化和旅游深度融合、创新发展，不断巩固优势叠加、双生共赢的良好局面。

1. 深化景区文旅融合

在文化和旅游融合发展新时期、消费者出现新需求的时代特征下，深入挖掘河北省旅游景区的文化内涵，将文化中蕴含的故事、符号等融入景区景点，在景区旅游路线线路设计中融入优秀传统文化、红色文化、地域特色文化和社会主义先进文化，让旅游景区更有文化味儿，更具魅力。丰富景区文化体验设计，让游客在旅游活动中感悟文化之美。

2. 深入开展文化进景区活动

坚持以文塑旅、以文铸魂，推动文化和旅游全要素、全产业链的深入融合，推动传统技艺、文化艺术、非遗项目、现代时尚进入景区，提高游客体验度。支持旅游景区引进培育一批旅游文创商品、旅游文艺演出、沉浸体验项目等新产品、新业态，提升景区的文化内涵。

3. 开展景区旅游品牌建设

旅游景区盈收情况的好坏，重点在于能否开创旅游新品牌。实施景区文旅融合 IP 建设项目，用景区原创文化 IP 讲好河北故事，打造文化内涵丰富的景区品牌，提高景区的竞争力和吸引力。

4. 景区文旅融合的实现路径

文化元素展现、文旅产品开发、文创商品研发等都是景区文旅融合的实施方式。推动非遗、文化、文物等要素融入景区，以景区产品创新带动产业创新，培育景区文旅融合新业态、新产品和新市场，长效提升景区文化内涵的"含金量"，扩大河北省旅游景区的世界影响力，提高国际竞争力。

（二）产品多元化，拓展景区发展新空间

景区竞争力的核心是旅游产品。伴随居民旅游消费升级，旅游需求也更

趋向多元化，多元化的景区产品能激发更大的旅游消费潜力。景区发展要适应多元化的市场需求，致力于打造多元化景区产品，丰富景区产品供给。第一，大众化旅游。充分协调供给和需求双方关系，充分满足游客多元化、个性化的旅游需求。全面改善旅游景区的消费环境，扩展旅游景区的消费范围。设计出更加个性化和定制化的旅游项目，推出满足游客体验性和互动性的旅游产品。对门票优惠补贴等政策实施加强引导。拓展旅游景区的时空范围，开展夜间旅游、假日旅游等旅游项目。第二，红色旅游。红色旅游将继续作为河北省旅游景区发展新引擎。促进红色旅游与工业游、研学游、生态游的融合发展，推出一批红色旅游景区，设计开发"建党百年"红色旅游精品线路，开展红色研学教育旅行，创新红色景区文化内涵展示方式，增强红色景区发展活力，提升红色景区的发展水平。第三，康养旅游。大力开发康养旅游项目，建设康养旅游示范景区。比如，发展建设国药养生旅游示范景区，促进国药康养旅游。康养旅游是深度旅游的优质旅游产品，以康养旅游为核心的景区产品开发，是未来河北省旅游景区旅游消费的主导方向之一。第四，研学旅行。加速河北研学旅行试点城市建设，成熟后尽快在全省推广。着力培育研学旅行项目，搭建"河北研学旅行联合体"协作平台，加强研学旅行基地建设。针对河北省研学旅行发展中存在的学生安全、食宿、旅行费用等问题，河北省教育厅联合相关部门通力协作，在保障学生安全的前提下建立有效的促进制度，加速推动河北省研学旅行工作。第五，冰雪旅游。借冬奥会举办的契机，鼓励并引导冰雪旅游景区完善拓展冬季冰雪旅游业态，实现由一季游向全年游延展，满足游客对冰雪旅游的多种需求。推动多景区联动，"唤醒"并提振河北省冬季旅游市场，通过资源整合、景区联动、发挥特色、创新业态等各种举措，推动冰雪运动与旅游产业融合发展。第六，其他专项旅游。加快景区旅游与教育、体育、生态、工业、大健康和未来产业等特色产业的融合发展，助推河北省旅游景区转型升级和培育旅游经济增长新动能。加速发展生态旅游、民俗旅游、体育旅游、摄影旅游、考察旅游、低空旅游、海洋及滨海旅游等专项旅游，为河北省旅游景区发展注入新动力。

(三）科技创新，催生景区发展新动能

科技创新对旅游景区开发新产品和抢占客源市场具有重要影响。要重点围绕河北省旅游景区发展的现实需求和战略要求，深入落实科技创新驱动战略，集中各项优势资源，加快对最新技术的研发和转化，全面提升河北省旅游景区的科技创新水平。第一，实施河北省旅游景区科技创新发展计划。促进"科技+旅游"融合发展，全面提升河北省旅游景区的信息化能力，推动景区数字化、智能化建设进程，推动AI、5G和云端处理能力等技术在河北省旅游景区的实践与应用，持续优化"一部手机游河北"的技术支持。第二，提升大数据分析与应用水平。一是搭建河北省旅游景区大数据研究平台。建立河北省旅游景区数据资源体系，建设河北省旅游景区旅游资源专项数据库，实现景区旅游资源的分类分级查询、检索、统计和分析应用，为景区市场运行、景区管理提供数据决策支持。二是开展河北省旅游景区大数据应用研究。常态化提供高质量数据分析报告，建立并完善数据信息的开放和共享机制，加强数据挖掘信息处理技术的运用，持续提高旅游景区的实时监测、风险预防和危机处置水平。第三，开展新型技术在景区应用场景研究。按照文旅部《"十四五"文化和旅游科技创新规划》部署，开展新型技术在河北省旅游景区应用场景研究。一是启动5G技术在旅游景区服务场景、消费场景的研究与应用，如5G自动驾驶服务平台、5G智慧场馆。二是开展景区客流、门禁票务、智能停车场、视频监控等内容的数字孪生技术应用研究。三是探索区块链技术在景区消费积分、游客忠诚度、行业诚信管理等领域的应用场景研究。第四，开展景区智慧服务。将数字化信息技术作为全面提高景区服务水平和游客旅游体验的重要抓手。从景区信息检索、旅游线路选择、旅游产品购买、旅游服务评价等多方面入手，让游客在旅游全过程中都能够深刻体会到景区智慧服务带来的便利。推动景区旅游模式创新，开发线上景区等数字化产品，利用互联网、虚拟现实、增强显示等技术打造个性化、互动式、智能化的景区旅游新项目，满足客群的多元化需求。第五，推动景区智慧管理。运用景区智慧管理系统，实时监测游客位置、景区活动等

各类信息，实现景区管理方式由事后被动处理向实时主动管理转变。第六，创新景区智慧营销。利用智慧营销系统，实时监控并分析处理景区舆情，深入发掘游客对景区的关注热点和兴趣点，有目的性地进行景区旅游产品设计，制定更有针对性的营销策略，实现景区产品在营销环节的智慧化和创新化。

（四）深化改革，激发景区发展新活力

"十四五"期间，河北省旅游景区处于高质量发展新要求和内循环大背景下，应依托新一轮科技革命和产业创新，着眼新阶段，立足新理念，助力构建景区发展新格局。第一，推动景区从资源驱动向创新驱动转变。打破传统景区旅游封闭、单一模式，开创开放、综合的旅游新格局，加快旅游资源创造性开发。发展新型旅游业态和旅游模式，完善旅游景区产品设计，推动旅游消费转型升级。第二，深化景区供给侧结构性改革。实施景区全要素吸引物升级创新战略，在更大空间、更宽领域发挥产业与旅游融合的优势和市场"引流效应"，以业态提升、要素集聚、产业融合、示范引领为目标，发展景区新业态，拓展旅游与产业融合新空间。第三，大力发展共享旅游。在 AI、大数据、云端处理能力等技术支撑下，提升游客的体验感和互动性，打破传统观光游的旅游方式，改变传统的旅游理念，丰富景区供给方式，推进景区发展方式的转型升级。第四，加强景区规范管理。继续完善 A 级旅游景区评定和复核机制，激发旅游市场主体活力。尊重景区企业的主体地位，创新景区管理体制和运营模式，支持景区企业搭建创新创业孵化、在线交易等平台，改善营商环境。

（五）提质升级，开创景区发展新局面

旅游景区高质量发展是大势所趋。"十四五"时期，河北省旅游景区发展空间巨大，消费市场的新变化、新趋势为旅游景区优化供给明确了新方向。要切实加大改革开放力度，以旅游需求引领景区产品供给，以优质供给促进旅游消费需求，全面提升旅游景区产品质量，全力打造一批高等级高水平的旅游景区。第一，创新景区开发模式。通过"景区+乡村""景区+乡镇""景区+田园"等模式，实现景区及其周边区域形成整体互动的联合发展体，

引领旅游消费新需求。新一代体验式、互动式旅游项目，不断更迭景区产品，创新景区业态，打造一系列具有示范性的智慧旅游景区。第二，突出重大项目引领带动作用。培育"龙头产品"，强力推进长城旅游风景道、大运河国家文化公园、京张体育文化旅游带、太行红河谷文化旅游经济带等重点片区的景区建设，发挥重大项目带动作用，扩大优质景区增量供给。第三，推动红色景区高质量发展。对全省红色文化和革命文化等旅游资源进行广泛调查，摸清红色旅游资源开发情况，更新全省红色旅游景区景点名录。指导西柏坡、一二九师司令部旧址、乐亭李大钊纪念馆等红色景区打造红色旅游研学产品，推出全省红色旅游研学精品线路。第四，实施高等级景区创建工程。以5A级景区为重点，提升景区基础设施和服务设施水平，提升景区创新技术运用能力，推动避暑山庄、山海关、金山岭长城创建世界级旅游景区。加快创建唐山南湖、衡水湖、正定古城、吴桥杂技大世界等5A级景区，在环京津、燕山太行山、滨海地区，打造一批主题突出、业态丰富、设施完备、管理规范的4A级景区。到2025年末，河北省4A级以上高等级旅游景区力争达到180家。

（六）疫情防控，成为景区新常态

疫情防控常态化时期，旅游消费信心逐渐恢复，压抑的旅游需求和旅游发展潜力将会迅速释放。第一，大力实施景区纾困振兴计划。积极推动和落实国家和省、市的各项纾困政策，通过贴息、补助等方式，化解景区资金流动性危机，帮助受疫情影响严重的旅游景区渡过难关、恢复市场活力。第二，充分利用停业空窗期对市场进行调研，开展多种线上营销活动，做好景区人员培训、物资储备和景区恢复游览预案，根据市场需求进行产品和服务重塑，迎接未来的旅游"井喷"。第三，加速景区信息化建设及应用。复工期，为应对"限流、预约、错峰、防疫"要求，应用线上预约订票、扫码入园、刷脸通行、红外线测温、电子围栏、电子导览等科技手段。常态化防控期，在景区服务、管理和营销等各个环节，利用无接触服务等技术创新手段广泛实施"预约、错峰、分时、有序"管理。第四，制定旅游景区疫情应急预案，做到景区疫情防控规范化。从制度、物资、人员、经费等层面提升危机应对的保障能力；

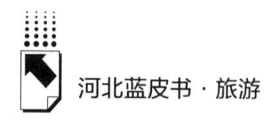

根据疫情防控要求，实现河北省旅游景区分时预约平台全覆盖，对旅游景区预约量、客流量进行实时监测和管理，通过技术手段对可能出现的大客流，采取远端分流、限流，近端疏导等防聚集措施，确保防疫和业务工作的顺利开展。

"十四五"时期，河北省旅游景区的发展迎来重大机遇，但也面临诸多挑战。要充分立足河北省情，在危机中培育先机、在变局中开创新局，以创新发展催生新动能、以深化改革激发新活力，开创河北省旅游景区发展新局面。

参考文献

《中华人民共和国旅游法》，国家法律法规数据库，2018年10月26日，https://flk.npc.gov.cn/detail2.html？MmM5MDlmZGQ2NzhiZjE3OTAxNjc4YmY4MzZmOTA5YTE%3D。

《文化和旅游部发布〈"十四五"文化和旅游发展规划〉》，中华人民共和国文化和旅游部网站，2021年6月4日，http://zwgk.mct.gov.cn/zfxxgkml/zcfg/zcjd/202106/t20210604_925006.html。

《文化和旅游部关于印发〈"十四五"文化和旅游科技创新规划〉的通知》，中华人民共和国文化和旅游部网站，2021年4月26日，http://zwgk.mct.gov.cn/zfxxgkml/kjjy/202106/t20210611_925154.html。

《河北省人民政府关于印发〈河北省旅游高质量发展规划（2018－2025年）〉的通知》，河北省人民政府网，2018年11月22日，http://info.hebei.gov.cn/hbszfxxgk/6806024/6807473/6806589/6839465/index.html。

《河北省文化和旅游厅关于印发〈河北省旅游业"十四五"发展规划〉的通知》，河北省文化和旅游厅网站，2021年12月8日，http://whly.hebei.gov.cn/Home/ArticleDetail？id＝15451。

《河北省人民政府办公厅关于印发河北省文化和旅游发展"十四五"规划的通知》，河北省人民政府网，2021年10月14日，http://info.hebei.gov.cn/hbszfxxgk/6898876/6898925/6899014/6907489/6991474/index.html。

《河北省文化和旅游厅关于印发〈河北省文化和旅游科技创新"十四五"规划〉的通知》，河北省文化和旅游厅网站，2021年12月8日，http://whly.hebei.gov.cn/Home/ArticleDetail？id＝15450。

《中国旅游研究院发布〈中国旅游景区发展报告2021〉》，新旅界网站，2021年12月8日，http://www.lvjie.com.cn/research/2021/1208/25103.html。

B.3 "十四五"时期河北省旅行社业发展新形势研究

孙中伟 宋保平[*]

摘 要： 本报告通过对全国和河北省"十三五"乃至"十二五"期间旅行社发展及接待情况进行分析，提出"十四五"时期河北省旅行社面临的主要困境和应对策略。研究表明"十四五"时期河北省旅行社发展面临新冠肺炎疫情影响将较长时间存在、在线旅行社冲击传统旅行社业务、国内游客激增下传统旅行社的"无助"、游客特别是国内游客的"去旅行社化"、信息技术重塑传统旅行社营销模式等五个主要困境；旅行社应通过明确未来发展趋势与方向、采取合理措施应对疫情影响、深入分析游客特别是国内游客的旅游需求、积极针对外部变化开发旅游新产品、充分利用现代信息技术进行营销、重点维系旅行社接待过的游客资源等六个主要措施促进生存与发展。

关键词： 旅行社 在线旅行社 旅游需求

一 "十三五"时期全国旅行社发展及接待情况

通过"十三五"乃至"十二五"全国旅行社发展情况分析，本报告可

---

[*] 孙中伟，石家庄学院资源与环境科学学院教授、副院长，主要研究方向为旅游开发与规划、信息与通信地理学；宋保平，石家庄学院资源与环境科学学院副教授、博士、院长，主要研究方向为旅游资源评价、水文与水资源。

以了解全国的旅行社发展现状与趋势，进而帮助准确把握"十四五"时期河北省旅行社业发展的新形势。

（一）全国旅行社发展状况

"十三五"时期，我国旅行社总数呈不断上涨趋势。2016年最初为27939家，2017年为29717家，2018年超过了3.5万家达到35845家，2019年为38781家，2020年则超过了4万家达到40520家。2020年全国旅行社总数实为40682家，其中包括新疆生产建设兵团的162家。旅行社增长率呈现先上升再下降的趋势。2018年增长率达到最高，为20.62%，2016年、2017年、2019年和2020年的增长率分别为1.15%、6.36%、8.19%和4.48%（见图1）。

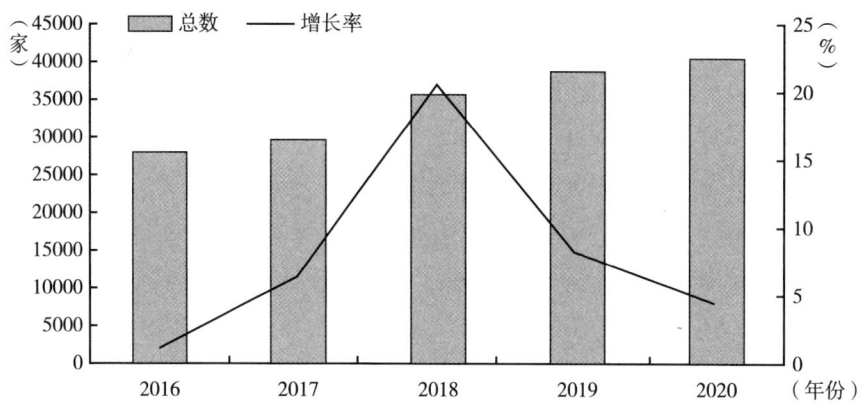

图1　"十三五"时期我国旅行社总数变化情况（不含新疆生产建设兵团）

资料来源：《中国旅游统计年鉴（2018）》《文化和旅游部2019年度全国旅行社统计调查报告》《文化和旅游部2020年度全国旅行社统计调查报告》。

从旅行社分布来看，31个省（区、市）空间分布差异显著。2016年超过2000家的省份为江苏、山东、浙江和广东，其中最高的江苏达到2241家；超过1000家的有河北、北京、上海、辽宁、安徽、湖北和河南；500家以上的包括内蒙古、云南、福建、湖南、山西、江西、陕西、黑龙江、吉林、广西和重庆；其余省（区、市）都在500家以下，最少的宁夏仅有115家，是唯一低于200家的省（区、市）。2020年超过3000家的为广东、北京和江苏，其中最高的广东达到了3390家；超过2000家的为浙江和山东；超过1000家的为上海、河北、辽宁、安徽、四川、湖南、湖北、福建、河南、内蒙古和云南；最低的西藏和宁夏分别为310家和173家；其余省（区、市）都在500~1000家。

与全国旅行社总数不断增长相一致，31个省（区、市）旅行社数量在"十三五"时期也实现了不同程度的增长，但其增长幅度有较大差异。其中，四川、北京和青海的增长率超过了100%，分别达到了175.46%、137.65%和128.14%；海南、贵州、甘肃、广东、新疆、广西、湖南、西藏、福建和宁夏等10个省（区）增长率超过了50%；上海、安徽、浙江、江苏、云南、江西、天津和重庆等8个省（市）增长率在30%以上；剩余10个省（区、市）的增长率在30%以下；最低的为吉林，增长率仅有9.78%。从31个省（区、市）"十三五"时期的变化来看，27个省（区、市）旅行社数量呈逐年上涨趋势，西藏、云南、内蒙古和吉林4个省（区）相对特殊。其中，西藏2016~2019年逐年上升；云南最高年份是2018年的1191家，2019年和2020年则分别为1105家和1147家；黑龙江2016~2019年逐渐上涨，最后一年则略有下降，由2019年的837家降到了2020年的824家；吉林旅行社数量相对稳定，2016~2020年的旅行社数量分别为634家、615家、690家、701家和696家（见图2）。

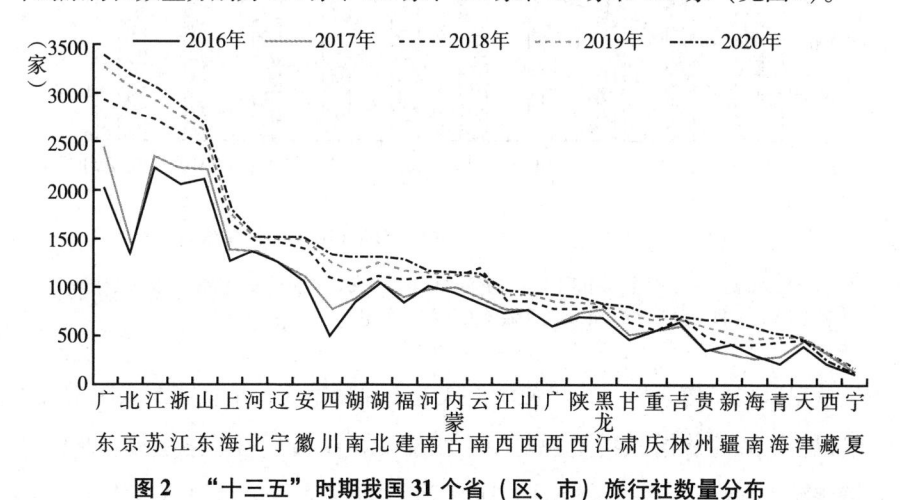

图2　"十三五"时期我国31个省（区、市）旅行社数量分布

资料来源：《中国旅游统计年鉴（2018）》《文化和旅游部2019年度全国旅行社统计调查报告》《文化和旅游部2020年度全国旅行社统计调查报告》。

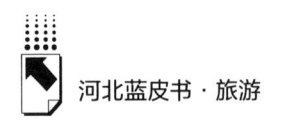

（二）全国旅行社接待情况

从国内旅游来看，"十二五"和"十三五"时期除了2020年受到疫情影响外，其余年份呈持续上涨趋势。国内旅游人次从2011年的26.41亿人次急剧上升，2013年超过了30亿人次，2016年超过了40亿人次，2017年超过了50亿人次，2019年则超过了60亿人次，2020年由于疫情原因降到了28.79亿人次。从国内旅游收入来看，2011年为1.93万亿元，2012年超过2万亿元，2014年超过3万亿元，2017年超过4万亿元，2018年超过5万亿元，2019年达到了5.73万亿元，2020年则降到了2.23万亿元（见图3）。从国内旅游来看，我国公民国内游需求旺盛，为旅行社发展提供了巨大的市场潜力。

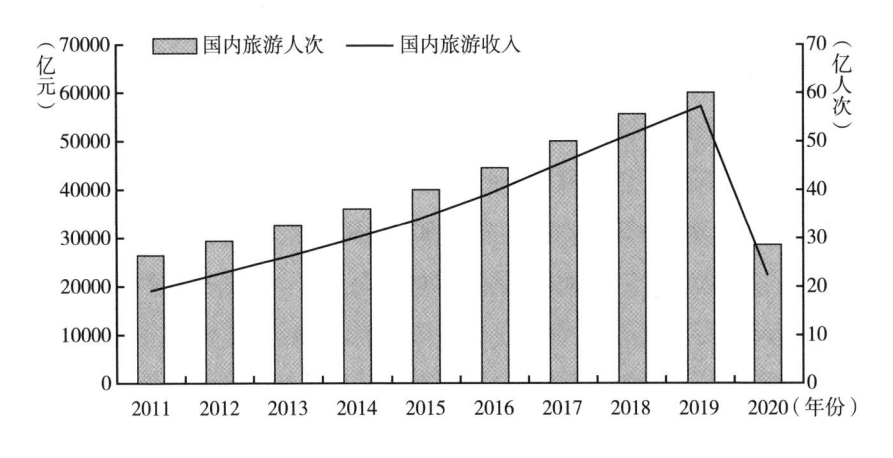

图3 "十二五"和"十三五"时期我国国内旅游情况

资料来源：《中华人民共和国文化和旅游部2019年文化和旅游发展统计公报》《中华人民共和国文化和旅游部2020年文化和旅游发展统计公报》。

从出入境旅游来看，入境旅游人次基本保持稳定，出境旅游人次增长了一倍以上。入境旅游人次呈现前期小幅降低，后期小幅上扬趋势。2011年入境旅游1.35亿人次，最低的2014年为1.29亿人次，2019年为1.45亿人次。出境旅游人次一直呈现较快增长趋势。2011年为7025万人次，2014年超过了1亿人次,2019年则达到了1.55亿人次。2020年由于疫情原因,基本上可以认为没有出入境旅游(见图4)。从出入境旅游来看,旅行社入境旅游业务保持稳定即可,应把业务提升重点放到出境旅游上。

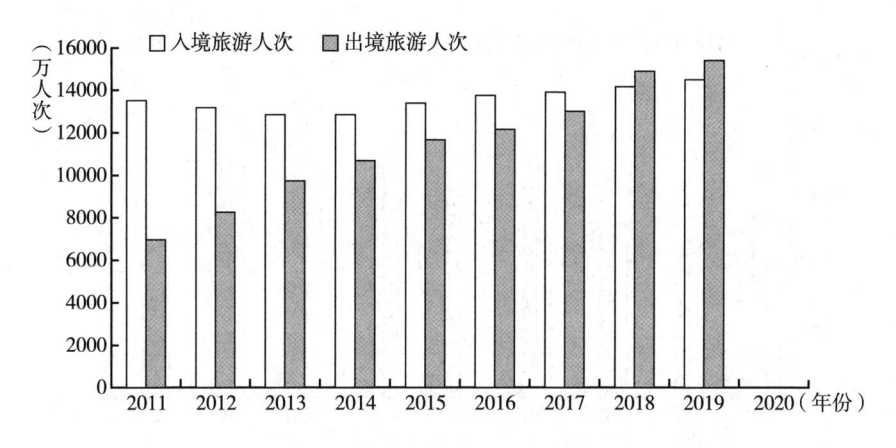

图4 "十二五"和"十三五"时期我国出入境旅游情况

资料来源:《中华人民共和国文化和旅游部2019年文化和旅游发展统计公报》《中华人民共和国文化和旅游部2020年文化和旅游发展统计公报》。

"十二五"和"十三五"时期,旅行社在国内游客和入境游客接待方面呈现如下特征。第一,2020年受疫情影响,组织和接待国内游客、外联和接待入境游客数量都急剧降低,为非正常年份。第二,2011~2019年组织国内游客数量虽略有波动和小幅上涨,但整体变化不大。2011年,组织国内游客1.37亿人次,2019年达到了1.77亿人次,整体涨幅仅有29.2%。第三,2011~2019年接待国内游客整体变化与组织国内游客基本一致,除了2017年接待国内游客为2.46亿人次外,最低的2014年为1.45亿人次,2011年为1.69亿人次,2019年则为1.85亿人次。2011~2019年涨幅仅为9.50%。第四,2011~2019年外联入境游客基本保持在1400万~1500万人次,最低为2019年的1227万人次,最高为2012年的1644万人次。第五,2011~2019年接待入境游客也变化不大,保持在2000万人次左右,最低为2019年的1830万人次,最高为2017年的2389万人次(见图5)。从旅行社组织国内外游客来看,其外联和接待入境游客基本稳定，与全国入境旅游人次变化趋势基本保持一致，但组织和接待国内游客出现了非常奇怪的现象，即其几乎未受到全国快速增长的国内旅游人次影响。

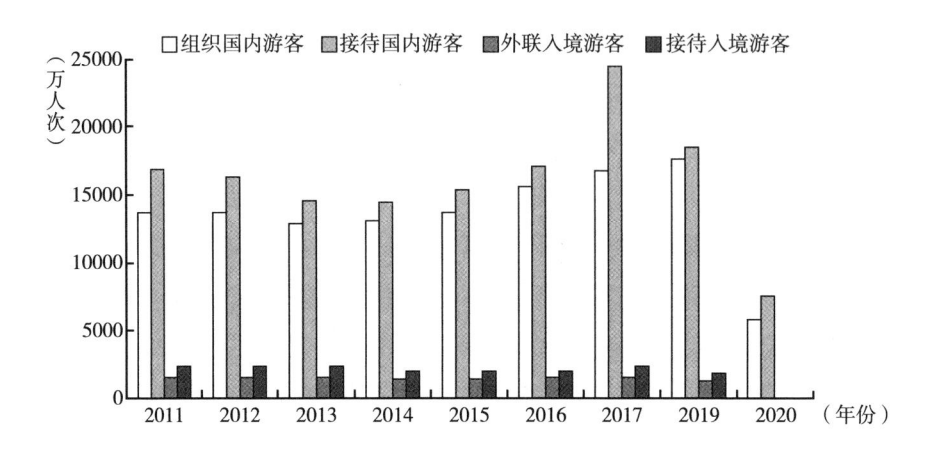

图5 "十二五"和"十三五"时期我国旅行社接待游客情况

注：2018年数据缺失。

资料来源：2012~2018年《中国旅游统计年鉴》、《中国文化文物和旅游统计年鉴2020》、《文化和旅游部2020年度全国旅行社统计调查报告》。

（三）全国旅行社营业收入情况

2019年全国旅行社营业收入7103.38亿元，旅游业务营业收入5165.72亿元，旅游业务利润233.27亿元。其中，国内旅游营业收入2750.96亿元，出境旅游营业收入2145.56亿元，入境旅游营业收入269.20亿元，分别占全国旅行社旅游业务营业收入总量的53.25%、41.53%和5.21%；国内旅游业务利润123.50亿元，出境旅游业务利润89.58亿元，入境旅游业务利润20.19亿元，分别占全国旅行社旅游业务利润总量的52.94%、38.40%和8.66%。

31个省（区、市）旅行社的旅游业务营业收入和旅游业务利润空间差异较大。旅游业务营业收入超过500亿元的包括上海、北京、广东和江苏4个省（市），最高的上海达到了851亿元；100亿元以上的包括浙江、重庆、福建、山东、湖南、天津、湖北、云南和陕西等9个省（市）；50亿元以上的包括辽宁、安徽、四川、海南、广西和江西等6个省（区）；其余均在50亿元以下，最低的西藏仅有7.2亿元。旅游业务利润超过10亿元的省（市）分别为上海50.2亿元、广东43.7亿元、北京29.2亿元、浙江15.1亿元和江苏12.4亿元；超过5亿元的省（市）为福建、山东、重庆、湖南、湖北；超过2亿元的有辽宁等11个省（区、市）；超过1亿元的有河北等5个省（区、市）；其余省（区、市）都在1亿元以下，最低的西藏仅有2457万元（见图6）。

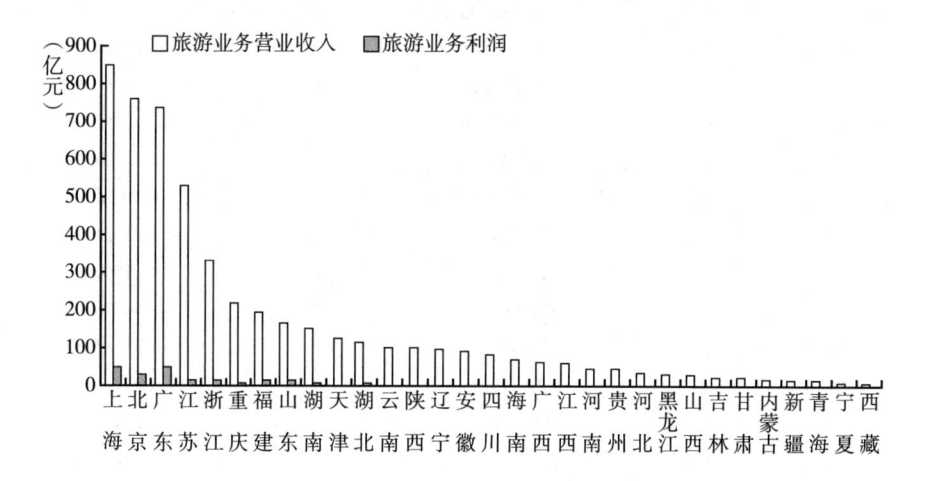

图6　2019年我国31个省（区、市）旅行社营业收入情况

资料来源：《文化和旅游部2019年度全国旅行社统计调查报告》。

2020年由于受到疫情的持续影响，31个省（区、市）旅行社的旅游业务营业收入和旅游业务营业利润都比正常年份显著减少，特别是后者，这对旅行社正常经营造成了严重阻碍。除了北京相关数据缺失外，其余30个省（区、市）中仅有广东等9个省旅行社的旅游业务营业利润为正值，最高的广东为973307.91千元，其他21个省（区、市）旅行社的旅游业务营业利润均为负数，最低的重庆为-201593.24千元（见表1）。

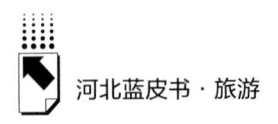

表1 2020年我国31个省（区、市）旅行社营业收入情况

单位：千元

省（区、市）	旅游业务营业收入 名次	旅游业务营业收入 金额	旅游业务营业利润 名次	旅游业务营业利润 金额
广 东	1	20622044.90	1	973307.91
上 海	2	20444090.18	10	-2593.32
浙 江	3	13238622.43	2	149696.04
江 苏	4	12132552.81	29	-164703.26
天 津	5	10309179.46	30	-200515.53
重 庆	6	8839398.96	31	-201593.24
北 京	7	7634130.00	32	—
湖 南	8	4595903.45	5	75469.38
福 建	9	4008210.18	3	98053.90
湖 北	10	3981062.56	27	-78749.45
云 南	11	3530805.38	25	-53700.17
海 南	12	3374007.90	21	-45024.44
陕 西	13	3292424.33	26	-78603.91
安 徽	14	3270118.59	7	44560.99
山 东	15	2517695.85	22	-46538.99
四 川	16	2225463.81	6	51912.86
江 西	17	1798319.89	4	92217.22
贵 州	18	1669968.75	24	-52301.97
广 西	19	1623761.49	20	-32385.68
河 南	20	1247055.04	17	-17880.20
辽 宁	21	1159457.88	23	-51381.76
甘 肃	22	1133399.63	9	20731.38
山 西	23	771599.66	12	-7779.98
河 北	24	752497.36	19	-26115.98
黑龙江	25	617583.06	28	-84576.08
青 海	26	574627.58	8	36250.88
西 藏	27	501749.18	11	-4150.41
内蒙古	28	461190.15	14	-9944.17
吉 林	29	373560.09	13	-9499.83
宁 夏	30	284694.27	16	-13368.88
新 疆	31	257371.84	18	-21668.35

注：北京缺失2020年度旅游业务营业利润数据。

资料来源：《文化和旅游部2020年度全国旅行社统计调查报告》。

二 "十三五"时期河北省旅行社发展及接待情况

(一)河北省旅行社发展状况

"十三五"时期,河北省旅行社数量增长幅度不大,处于缓慢增长阶段。旅行社数量由2016年的1373家,增长到了2020年的1531家,增长率为11.51%;2017~2019年的旅行社数量分别为1382家、1446家和1513家。2016~2020年增长率分别为0.96%、0.66%、4.63%、4.63%和1.19%(见图7)。从全国旅行社位序来看,2016~2020年河北省旅行社数量分别位于全国的第5、第6、第8、第8和第7,基本保持稳定。

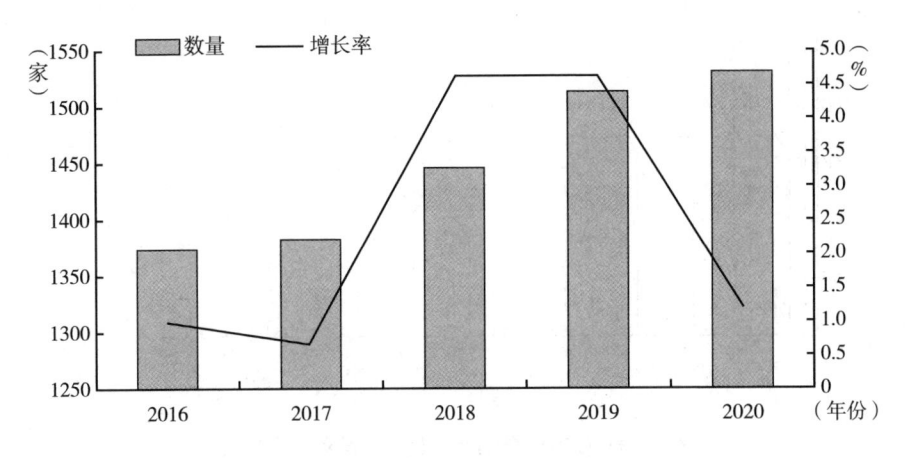

图7 "十三五"时期河北省旅行社数量变化情况

资料来源:《中国旅游统计年鉴(2018)》《文化和旅游部2019年度全国旅行社统计调查报告》《文化和旅游部2020年度全国旅行社统计调查报告》。

(二)河北省旅行社地区分布

截至2020年,河北省各地区旅行社数量分布差异显著。从旅行社数量来看,石家庄市为300家,秦皇岛市超过了200家,唐山市、保定市、承德市和沧州市超过了100家,张家口市、廊坊市、邯郸市和衡水市超过了50家,邢台市和雄安新区超过了30家，作为省直管县级市的定州市和辛集市都在10家以下。河北省共有经营出境旅游资质的旅行社137家，占其旅行社总数的9.1%，所占比重偏低。从各地分布来看，石家庄市拥有出境旅行社43家，占其旅行社总数的14.4%；唐山市拥有出境旅行社21家，占其旅行社总数的12.0%；秦皇岛市拥有出境旅行社15家，占其旅行社总数的6.9%；保定市拥有出境旅行社14家，占其旅行社总数的8.6%；承德市、张家口市和邯郸市分别拥有9家出境旅行社，占各自旅行社总数的10%左右；沧州市和廊坊市分别拥有7家和6家出境旅行社，占各自旅行社总数的6.7%；邢台市拥有出境旅行社3家，占其旅行社总数的6.3%；衡水市拥有出境旅行社1家，占其旅行社总数的1.9%；雄安新区、定州市和辛集市没有出境旅行社（见图8）。

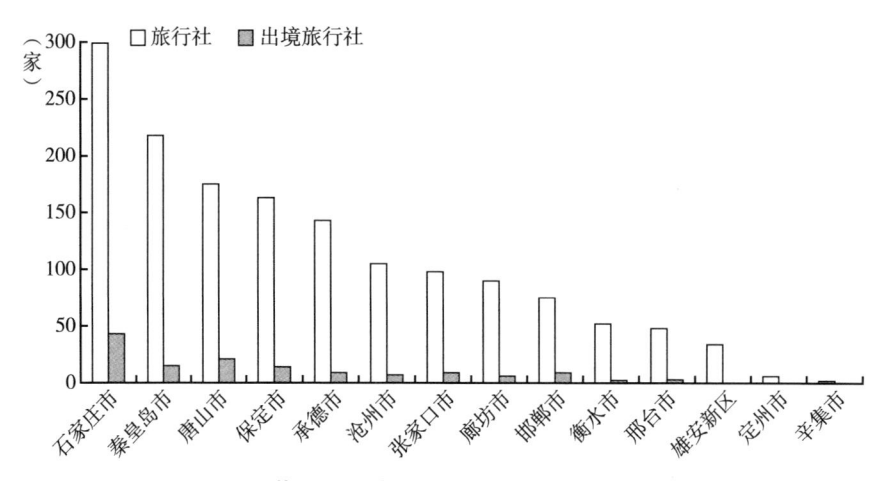

图8 截至2020年河北省旅行社地区分布情况

资料来源：河北省文化和旅游厅统计数据。

（三）河北省旅行社接待情况

河北省"十二五"和"十三五"时期接待国内外游客呈现以下特征。第一，2020年疫情导致了接待国内外游客的数量大幅减少，但国内外影响不同。其中，国内游客仍有3.8亿人次，较2019年降低了51.28%；入境游客急剧减少，仅有7.9万人次，较2019年减少了180万人次。第二，2011~2019年接待国内游客数量快速增长，2011年仅有1.86亿人次，到2019年达到了7.8亿人次，增长率高达319.35%，年均增长率也达到了39.92%。第三，2011~2019年接待入境游客数量呈逐年增长趋势，但增长幅度不大。2011年接待入境游客114.14万人次，2019年达到了187.9万人次（见图9），增长率为64.62%，年均增长率为6.43%。第四，2011~2019年，河北省接待国内游客规模庞大，入境游客数量则稳中有升，为旅行社发展提供了巨大的市场潜能。

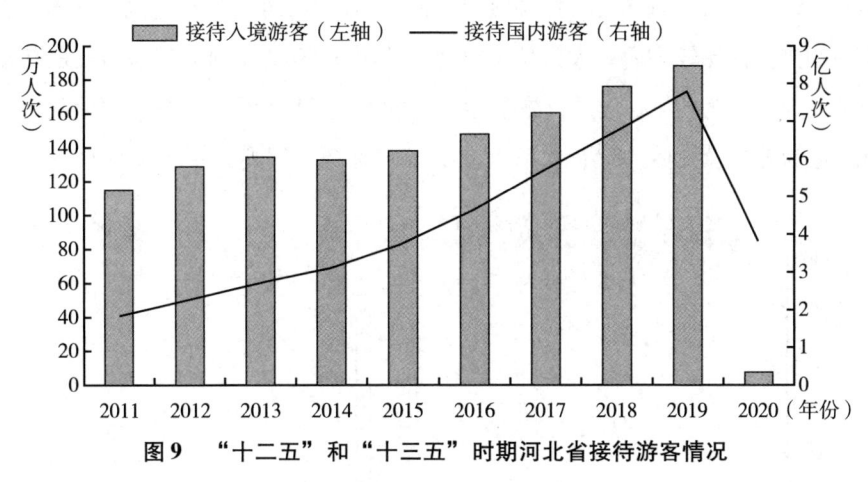

图9 "十二五"和"十三五"时期河北省接待游客情况

资料来源：2011~2018年《河北省旅游经济运行情况》、《河北省2019年国民经济和社会发展统计公报》、《河北省2020年国民经济和社会发展统计公报》。

"十二五"和"十三五"时期，河北省旅行社在接待国内游客和入境游客方面呈现以下特征。第一，2020年受疫情影响情况特殊，组织国内游客40.07万人次，接待国内游客35.61万人次，没有外联和接待入境游客。第二，2011~2019年，河北省旅行社组织国内游客数量变化较大，最低年份为2013年的259.30万人次，最高年份为2015年的377.84万人次。第三，2016年接待国内游客明显高于其他年份，年接待游客数量高达1250.75万人次。之所以该年为特殊年份，接待游客数量是正常年份的6倍多，是因为2016年唐山世界园艺博览会的举办。其余年份河北省旅行社接待国内游客都在200万人次左右，最少的为2019年的148.51万人次，最多的为2011年的235.13万人次。第四，外联入境游客在10万人次左右，其中最多的为

2012年的14.15万人次，最少的为2019年的5.72万人次。第五，接待入境游客变化较大，最多的为2011年的18.16万人次，最少的为2017年的7.69万人次。第六，从整体上看，2011~2019年河北省旅行社组织和接待国内游客相对稳定，但外联和接待入境游客下降都较为明显。其中，外联入境游客整体呈下降趋势，2012年以来的降幅达到了一半以上；接待入境游客自2011年开始下降显著，2016年以后都未超过10万人次（见图10）。第七，从2019年和2020年河北省旅行社的旅游业务营业收入和旅游业务营业利润来看，在全国的排位都比较靠后，大致位于第20。其中，2019年河北省旅行社的旅游业务营业收入为34.08亿元，旅游业务利润为1.79亿元；2020年河北省旅行社的旅游业务营业收入仅有7.52亿元，旅游业务利润则为-2612万元。

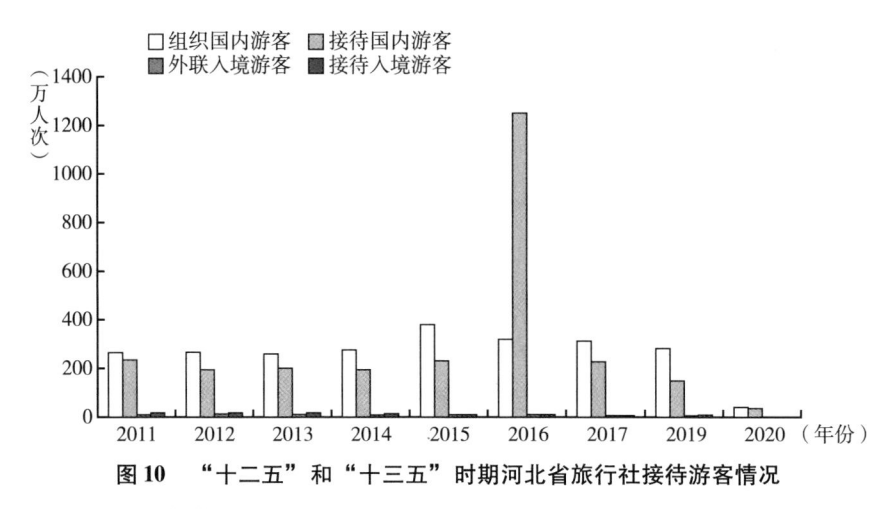

图10 "十二五"和"十三五"时期河北省旅行社接待游客情况

注：2018年数据缺失。

资料来源：2012~2018年《中国旅游统计年鉴》、《中国文化文物和旅游统计年鉴（2020）》、《文化和旅游部2020年度全国旅行社统计调查报告》。

三 "十四五"时期河北省旅行社面临的主要困境

（一）新冠肺炎疫情影响将较长时间存在

2020年3月11日，新型冠状病毒被世界卫生组织认定为已具备全球大流行特征，包括河北省在内的全国旅行社业务都遭受了致命打击。虽然后期研发出了疫苗，但由于国际上很多国家疫情控制不力、病毒不断变异、人流与物流带来病毒传播、疫苗并非完全免疫以及特效治疗药研发迟缓等，疫情并未按照人们最初的设想在短期消失，而是在全球范围引发大流行，国内和河北疫情也是时有发生，直接限制了游客的正常出行。目前，出入境旅游已处于停滞状态，国内游同样受到了极大影响，直接导致旅行社运营和业务开展举步维艰。按照目前疫情的发展态势来推测，2022年仍不能恢复正常，乐观预期，2023年能够完全控制疫情并使旅游业恢复正常。为此，河北省旅行社要做好至少"十四五"前三年，甚至更长时间旅游业务不能恢复正常的心理准备。

（二）在线旅行社冲击传统旅行社业务

在线旅行社（Online Travel Agency，OTA）的兴起对传统旅行社业务产生了强大冲击。我国在线旅行社的发展至2021年已有20多年时间。其前期对传统旅行社业务影响更大，近年来由于智能手机及App的普及，12306及酒店、景区网站预订越发便捷，网民对电脑上网依赖度降低。在线旅行社充分借助互联网及其网站信息容量大、计算速度快、传播速度快、交互功能强大等特点，将各项旅游资源进行整合，并为游客提供飞机票、车船票、酒店、景区门票等预订，以及旅游度假产品（如出境游、国内游、自由行、周边游、省内游等）等的预订。这些原来都是传统旅行社的基本业务，目前发生了三方面的变化。一是很多业务被在线旅行社"抢走"，传统旅行社业务量相对减少；二是很多旅游产品价格透明化，传统旅行社所具有的信息不对称优势大幅降低，价格和利润空间被不断压缩；三是传统旅行社间的竞争演变为传统旅行社之间（线下），以及传统旅行社和在线旅行社间（线下与线上）的多元竞争。信息时代，在线旅行社发展是大势所趋。传统旅行社必须正视其存在，并采取正确的应对策略。

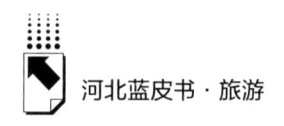

(三)国内游客激增下传统旅行社的"无助"

本报告通过对"十二五"和"十三五"时期全国和河北省旅游接待情况与旅行社旅游接待情况对比发现,无论是全国还是河北省,国内游客数量增长都非常迅猛,但旅行社接待却始终未有大的起色。全国国内旅游人次从2011年的26.41亿人次增长到了2019年的超60亿人次,旅行社组织国内游客仅从1.37亿人次增长到了2019年的1.77亿人次,接待国内游客则由2011年的1.69亿人次上升到了2019年的1.85亿人次。河北省接待国内游客由2011年的1.86亿人次激增到2019年的7.8亿人次,但旅行社组织国内游客从没超过400万人次,接待国内游客则始终保持在200万人次左右。我国旅游市场已经进入了散客时代,团队旅游只占20%~30%,包括自驾游在内的自助游占比达70%~80%。这与当前世界范围的游客出游规律是一致的,且短期内不会有太大变化。一方面是国内旅游的"蛋糕"越来越大,另一方面则是传统旅行社只能看却不能"吃"。这种"无助"感将长期存在,需要传统旅行社从自身寻求突破。

(四)游客特别是国内游客的"去旅行社化"

作为购买旅行社服务的消费者,即游客也发生了重大变化,其旅行中"去旅行社化"趋势越来越显著,需要引起旅行社的足够关注,并有针对性地调整旅游产品设计和营销方式。游客有底气"去旅行社化"的原因主要源于以下七个方面。第一,互联网上有大量的旅游信息可以检索,包括景区信息、线路信息、旅游攻略、吃住信息等,其基本可以满足游客正常的旅游决策和出行需求。以往这些信息绝大部分通过旅行社获取。第二,游客的收入也在不断提高,其对旅游价格的关注度和敏感度越来越低。第三,酒店、机票、火车票、长途汽车票、船票、景区门票等预订越来越便利,且价格和旅行社相差不大。第四,随着私家车越来越普及,游客近距离或中距离出行选择"自驾游"形式的越来越多,即其对旅行社的交通依赖度越来越低。同时,我国交通网络日渐完善和交通工具的不断更新也大大提高了游客出行的交通便利度。第五,景区为游客提供了越来越细致的服务,比如智慧景区、景区讲解器、扫码自动讲解等。第六，手机导航越来越便利和准确，游客可以不再为"怎么走"犯难。第七，游客出游经验越来越丰富，其对基本的出游事项越来越了解、对旅游信息的辨识能力有所提高和对旅游线路的要求越来越高，有些游客甚至达到了"半导游"的水平。上述原因再加上现在游客越来越崇尚"自由"，就直接导致了游客越来越不愿意选择旅行社出行的窘况。综合来看，旅行社和游客间由于信息不对称和旅游经验所导致的供需双方地位不平等正在发生重构。这需要传统旅行社经营者尽快调整固有的旅行社思维定式，适时推出让信息时代游客满意的旅游产品。

（五）信息技术重塑传统旅行社营销模式

以互联网技术为代表的现代信息技术作为信息传播和交互的媒介，已经深刻重构了工业时代相对传统的工作、生活和交流方式，并将其带入了信息时代。旅行社也身处其中。首先，游客获知旅行社的方式发生了改变，在先前亲朋好友介绍、旅行社线下宣传、见过旅行社门店等方式基础上，旅行社网站和微信推送等新方式也加入进来。其次，在游客知道旅行社后，咨询旅行社并确认购买其产品过程中，先前是直接去门店或是打电话，现在还可以通过微信、QQ、网站留言板等。再次，合同可以采用电子合同，支付也可以通过微信、支付宝或银行卡在线转账功能实现。复次，出行前与游客的联系、出行中召集游客和信息发布，都可以通过微信实现。最后，行程结束后，售后服务、新产品推送、游客咨询等也可以通过微信、QQ等方式实现。也就是说，除了游客跟随导游实际出游之外，其他旅行社和游客间的联系和交流，只要游客愿意，都可以通过信息技术实现。与之相对应，旅行社传统的经营模式和宣传方式都需要改变，以适应互联网时代的新需求。

四 "十四五"时期河北省旅行社发展的应对策略

（一）明确未来旅行社发展趋势与方向

对传统旅行社经营者而言，"躺着把钱挣了"的时代已经一去不返，要想生存与发展就必须明确未来旅行社发展的趋势和方向，主动求变，否则就只能被市场淘汰。未来旅行社发展的趋势与方向最根本的就是以下三个方面。一是在线旅行社与传统旅行社将在很长时间内共存，但二者并非完全界定清晰、永恒不变，很多大型旅行社已向线上延伸，甚至可能出现在线旅行社的"线下化"，特别是随着网站建设与运行日益便捷，以及信息普及化、票务多渠道化、手机智能化导致网民对包括在线旅行社在内的旅游网站逐渐"疏离"，在线旅行社的优势正逐渐减弱，传统旅行社更应抓住机会。二是"散客时代"来临是大势所趋。欧美发达国家已经历了从50年前游客90%以上参加跟团游到现在70%以上选择自由行的转变。目前，全国和河北省旅游市场已迈入"散客时代"。这就要求传统旅行社以积极态度面对、迎接和应对"散客时代"，转变经营模式与理念，特别是尽快重新梳理当前游客的特点及其旅游需求变化，这样才能在竞争中占得先机，否则只能被市场淘汰。三是旅行社存在的必要性和向游客提供专业服务的本色不会变。传统旅行社存在时间和发展取决于各自的应变速度和满足游客新需求的能力。随着提供旅游信息、订酒店、订景区门票和预订各种交通业务被在线旅行社及相关景区或交通网站与App"侵蚀"，部分导游业务也被景点二维码、自助导游讲解器或是导游App替代，传统旅行社的存在价值越发突出强调回归旅游本质，即做好产品和服务。同时，拥抱互联网也不可或缺。

（二）采取合理措施应对新冠肺炎疫情影响

疫情对旅游业产生了灾难性的影响，并且这种影响至少在"十四五"前半段将持续存在。旅行社采取的应对措施是否合理，对其能否挺过旅行社业的"寒冬"至关重要。对旅行社而言，疫情影响下首要考虑的是能够生存下来的问题，而不是盈利多少。主要应对措施包括以下三点。一是完善旅行社持续性突发事件影响应急预案。近年来，全球出现的多次疫情为旅行社业发展敲响了警钟。根据世界卫生组织数据，世界上每周平均有2起紧急疫情暴发。2003年的SARS疫情和目前的新冠肺炎疫情具有持续时间长、影响范围广、危害严重的特性。其对旅行社业有突发性、作用时间长、业务停滞彻底的影响，针对新形势下的需求，制定完善持续性突发事件影响应急预案，是旅行社业持续健康发展的客观要求。二是疫情对各国旅游业特别是旅行社业发展的影响存在差异。对我国而言，出入境旅游处于停滞状态，国内旅游虽然受到了较大影响，但基本上还可以在非疫情地区开展。为此，旅行社应该重点针对国内游客，推出相关的产品和服务，争取维持旅行社的正常运营，至少不要陷入倒闭的境况。三是疫情下旅行社可以在国家和省（区、市）政策允许的情况下，开展目的地为外省（区、市）的小团队出游、外地游客来本地的旅游接待、组织本地近距离团队出游，以及其他一些旅游附加值或超值预售业务。如石家庄国旅就推出了1年有效期的多款旅游产品。总之，疫情防控常态化时期，旅行社开展业务的基本原则就是在注意防护和疫情安全的前提下，尽可能积极开展业务。

国内部分旅行社在疫情下尝试了一些新业务，取得了比较好的效果和收益。如北京一家出境旅行社，在出境遥遥无期的情况下，认真分析游客需求，打造生态食物供应链，以邮政连万家，利用邮政振兴计划，通过邮政系统采购渠道，直接对接偏远地区供应商，为游客提供纯生态食品的采购；长沙一家旅行社精准定位，瞄准中秋市场，着力打造茶文化礼品，精选祁门红茶配以中秋月饼，塑造高品质礼品，在自己原有客户群体中精选享受高端旅游的客群，以线上推送、社群推广、活动促销等多种形式，与客户发生关联，产生复合效应；西安一家旅行社抓住国家"双减"政策出台的有利时机，与心理工作室的导师合作，开辟了空中家庭课堂，用老师的实力和家长的信任作为自己发展的恒动力，把家庭教育、亲子关系等培育作为自己的发展方向，为亲子旅游的复苏奠定了良好基础。

（三）深入分析游客特别是国内游客的旅游需求

了解游客需求是旅行社业务开展的基本前提。近年来特别是"十三五"以来，游客特别是国内游客旅游需求发生了巨大变化。从目前的情况来看，以下五点是比较明确的。一是出境游和入境游变化相对较小，特别是入境游，只需要提高接待水平与品质就可以。二是国内旅游变化大，越来越多的游客出游不通过旅行社组织，而倾向于选择自由行，并且随着时代的发展，年龄段层次将越来越多。从年龄上看，崇尚自由、懂互联网的年轻人更不愿意选择旅行社组团出行，相对而言，中老年人则更为信任旅行社。从这个角度看，年龄偏大且没有私家车的游客是旅行社重点关注对象。三是从出行距离和景区分布特点来看，国内游客对于目的地不熟悉且自驾不便的中远距离出行更倾向于选择旅行社，公共交通不便的近距离出行更容易选择负责提供交通工具的旅行社。相对而言，自驾或是公共交通便利的近距离出行，高铁或飞机直达且景区分布在公共交通便捷的城市内部或城市周边的中远距离出行选择自由行的游客更多。比如从石家庄坐高铁出发，到北京、上海、苏州、杭州、南京、西安、广州等著名旅游目的地城市的自由行就非常简单。四是无论是国内游还是出入境游，随着游客经济收入的提高和出游经验的不断丰富，其对旅游产品品质和旅游接待水平要求越来越高。传统组团式、被动适应模式的旅行方式日益向自主、自助、自由的旅行方式转变。个性化、重体验的高品质旅游线路将得到更多游客的选择与认可。面对上述变化，旅行社应主动把握游客变化，在迎合与预测市场需求上下功夫，推出满足游客需求的非大众化专业线路。其中关键是旅行社要有一支由优秀旅行社设计师和高素质导游组成的专业队伍，只有这样才能设计出高品质的旅游产品，并引导游客完成具有深度和高度的旅游，赢得良好口碑和取得不俗的业绩与利润。五是政府部门和事业单位的组团公务旅游急剧减少，且不可能再有回升，企业的组团旅游将是攻关重点；大规模团队已经越来越少，以家庭或亲朋为单位的散客将逐渐成为市场的主体。

（四）积极针对外部变化开发旅游新产品

针对近十年来国家及地区旅游政策、游客、交通方式、电脑与手机通信、在线旅行社等多重外部变化，旅行社应该摒弃多年形成的固化思维并重构传统产品或推出适销对路的新产品，以满足新时代游客的需求。旅行社新产品研发及新业务拓展可以重点从四个方面展开。一是在仍拥有市场的传统经典旅游线路基础上，重点推出不同层次的定制化产品。今后，不选择旅行社出行的游客只会越来越多，唯有提供专业化、个性化的产品与服务才是取胜之道。由于标准化产品往往只能满足游客60%以上的诉求，因此旅行社要在自身产品供应链基础上按照游客需要予以优化组合，积极主动地推出游客满意的产品。需要注意的是，这里的定制化并非传统意义上的高端产品，而是既包括面向高净值人群的高端定制游，也包括面向更广大用户及定制自由行客户的大众定制游。二是紧跟国家和社会发展形势，推出一些受游客欢迎的新旅游产品。比如随着人口老龄化趋势和"三胎"政策带来的银发游和亲子游市场，北京冬奥会、乡村振兴战略、建党100周年等带来的冰雪游、乡村游和红色游。三是部分旅行社可以根据自身优势，在某些专业产品上做出特色和优势，逐渐发展成为专注某类产品的专业型旅行社。比如可以开发茶旅游、葡萄酒旅游、温泉游，或是开发一些更有深度、更强调体验的深度游产品。四是在传统业务基础上，旅行社也可以适当介入自助游市场，如提供部分预订服务。预订服务除传统的订票和预订酒店外，还可包括旅游目的地接送以及增值服务。例如优惠门票、接送用车、代办保险与旅行签证等。南昌市不少旅行社积极应对散客市场，纷纷推出自驾游、自助游预订服务；漳州市中旅开通了市区到南靖土楼的直通车。此模式在国外、北京、上海等地已经很成熟，但在河北省还有待进一步推广。

（五）充分利用现代信息技术进行营销

旅行社在互联网时代必须要与时俱进，时刻关注现代信息技术的进步，并采取正确应对措施。首先，有条件的旅行社应建立旅行社网站，作为旅行社和游客信息交互以及旅行社展示的窗口之一。旅行社网站具有信息量大、产品展示全面、图片精美、界面利于检索和阅读、在线预订便捷等多方面优点。旅行社网站至少要在产品展示、在线预订、在线交流等方面下大力气并做出亮点。目前，跨国旅行社集团纷纷建立了自己的企业网站，利用网络把分散在各地的零散客源汇集成团队，形成了稳定的客源市场。同时发挥了网络的便捷优势，逐步将业务渗透到航空、住宿、餐饮、娱乐等方面，逐步走向经营多元化。此外，大旅游集团利用网络积极开展单项委托服务、自助旅游服务、个性化旅游服务等业务，充分满足不同旅客的需求，使经营产品不断多元化。其次，旅行社要特别重视旅游网站手机版、微信公众号、手机App 的开发，让游客可以轻易检索到并能顺利登录，最终实现对旅行社及其产品的宣传推广。最后，微信和 QQ 是目前我国游客使用最广泛的在线社交软件，特别是前者，导游要充分利用这两个平台，在游前、游中和游后与游客实时沟通交流，提供让游客满意的服务，并完成老游客维系、新产品推送和旅行社宣传等任务。

（六）重点维系旅行社接待过的游客资源

对旅行社来说，获取新客户的成本在不断增加。一般认为，企业开发一个新客户的成本是运营一个老客户成本的 5~6 倍甚至更高，而企业 80% 的利润来源于 20% 老客户的重复购买。目前，我国游客正常年出游次数已经超过 4 次。无论是从节约成本的角度，还是从深挖老客户旅游潜力的角度，旅行社都有必要在提供高品质旅游产品和服务的基础上维系好老客户，因为只有满意的游客才会有重复购买的可能，才能源源不断获得相关收益。旅行社主要是构建和利用会员体系，通过培养客户忠诚度，把客户"沉淀"到旅行社的私域"流量池"。湖南省中青旅的做法是客户成为会员后，每次购买平台内的旅游产品都可以累计积分，当积分累计至一定数量之后，可以兑换礼品、现金抵用券或是赠送温泉体验卡等增值服务。湖南省中青旅还推出了定制游服务的品牌"鹿友会"，针对追求旅行体验和享受，且一般旅行社无法满足的游客群体，湖南省中青旅通过会员方式，为他们提供能够满足其个性化需求的专属线路，专注提供有温度、高品质的服务。

参考文献

《文化和旅游部 2020 年度全国旅行社统计调查报告》，中华人民共和国文化和旅游部网站，2021 年 4 月 16 日，http：//zwgk.mct.gov.cn/zfxxgkml/tjxx/202104/t20210416_

923778. html。

《文化和旅游部 2019 年度全国旅行社统计调查报告》，中华人民共和国文化和旅游部网站，2020 年 8 月 24 日，http://zwgk.mct.gov.cn/zfxxgkml/tjxx/202012/t20201204_906493. html。

《中国旅游统计年鉴（2018）》，中国旅游出版社，2019。

《中国文化和旅游统计年鉴（2019）》，国家图书馆出版社，2019。

《中国文化文物和旅游统计年鉴（2020）》，国家图书馆出版社，2020。

B.4 "十四五"时期河北省旅游酒店业发展新趋势研究

马育倩 左晓丽 赵旭阳[*]

摘　要： 旅游酒店通常是指全国旅游星级饭店评定委员会评定的星级酒店，也称星级饭店。本报告通过对2017~2021年河北省星级饭店相关经营数据进行整理和分析，结合问卷调查和电话访谈，从规模结构、经营指标、数字化建设、低碳管理等方面对全省旅游酒店行业发展现状和面临的挑战进行了深入分析。研究对"十四五"期间河北省旅游酒店行业的宏观环境、未来发展动向及应对策略做了基本预判，以期对旅游酒店企业、旅游主管部门和相关机构了解和把握旅游酒店行业动态提供参考。

关键词： 旅游酒店　数字化建设　河北省

一　河北省旅游酒店行业发展现状

（一）总体规模下降，旅游酒店进入转型发展阶段

本研究中旅游酒店是指全国旅游星级饭店评定委员会评定的星级饭店。受消费需求转变、新冠肺炎疫情等多重因素影响，星级饭店规模呈现下降趋

---

[*] 马育倩，石家庄学院经济管理学院教授，主要研究方向为旅游目的地管理；左晓丽，石家庄学院经济管理学院讲师，主要研究方向为旅游与酒店管理；赵旭阳，石家庄学院资源与环境科学学院教授，主要研究方向为区域研究与旅游开发。

势。全国星级饭店统计管理系统数据显示,近五年来全省星级饭店的数量持续减少。截至2021年,河北省星级饭店数量从2017年的432家减少到356家,客房数从51438间/套减少到45850间/套,床位数从94651张减少到87635张,同比分别下降5.07%、3.22%和4.30%(见表1、图1)。

表1 2017~2021年河北省星级饭店规模情况

年份	饭店数量（家）	饭店数量同比变化(%)	客房数（间/套）	客房数同比变化(%)	床位数（张）	床位数同比变化(%)
2017	432	—	51438	—	94651	—
2018	431	-0.23	51627	0.37	95322	0.71
2019	424	-1.62	50260	-2.65	94083	-1.30
2020	375	-11.56	47377	-5.74	91571	-2.67
2021	356	-5.07	45850	-3.22	87635	-4.30

资料来源:2017~2021年全国星级饭店统计管理系统。

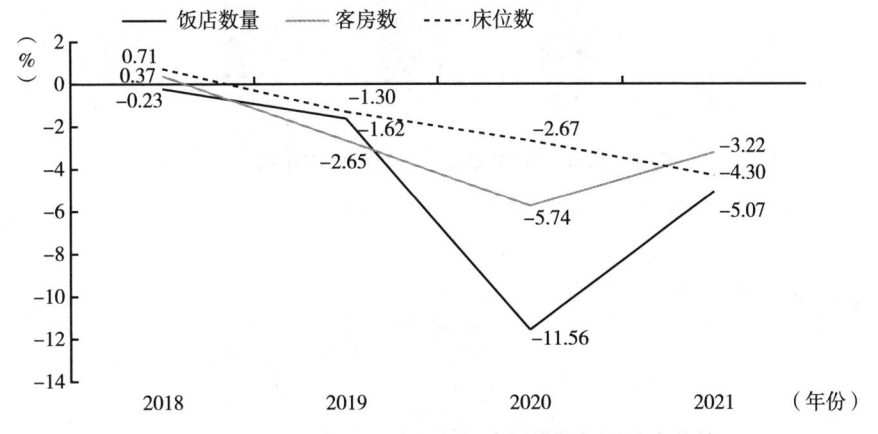

图1 2017~2021年河北省星级饭店规模指标同比变化情况

资料来源:2017~2021年全国星级饭店统计管理系统。

(二)中端酒店占主导地位,高端酒店占比稳中有增

从全省旅游酒店的星级结构来看,截至2021年,河北省共有星级饭店356家,以三星级饭店为代表的中端酒店数量最多,为152家,占比达42.70%。虽然近五年来三星级饭店数量整体呈下降趋势,但从星级构成看,仍是河北省星级饭店的主要组成部分(见表2、图2、图3)。

表 2　2021年河北省星级饭店规模结构情况

指标	一星级	二星级	三星级	四星级	五星级	合计
饭店数量（家）	1	57	152	125	21	356
客房数（间/套）	87	3319	17821	18597	6026	45850
床位数（张）	191	6874	34177	35269	11124	87635

资料来源：2021年全国星级饭店统计管理系统。

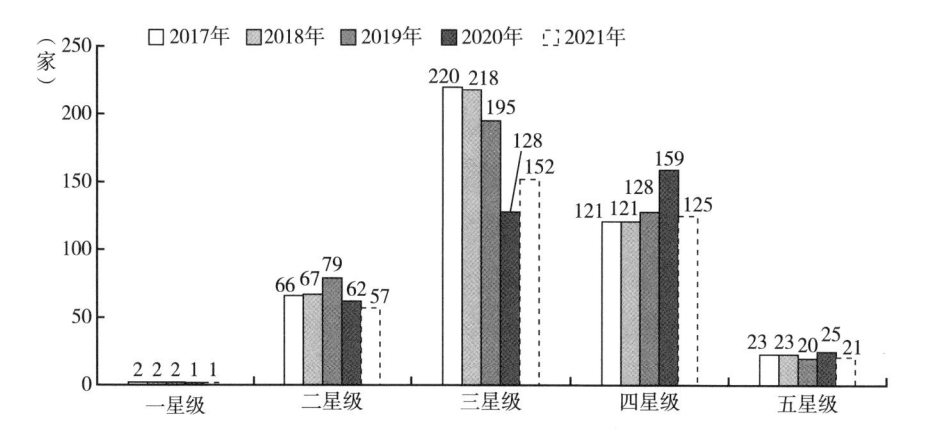

图 2　2017~2021年河北省星级饭店结构分布

资料来源：2017~2021年全国星级饭店统计管理系统。

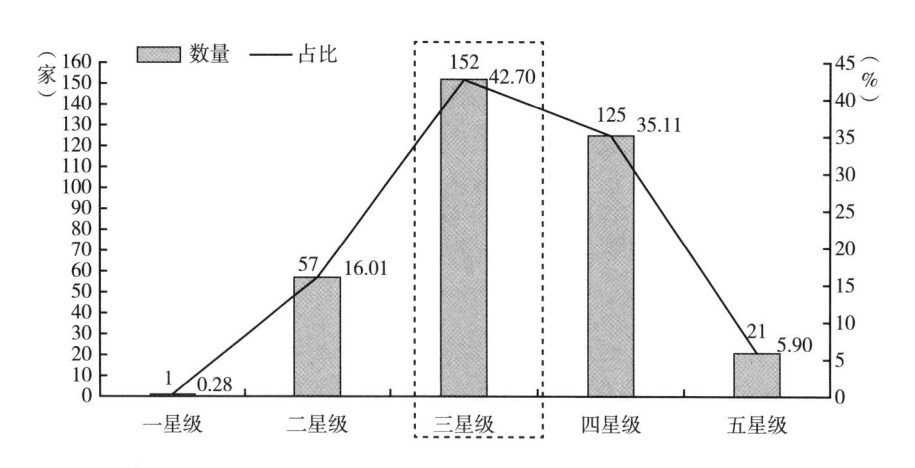

图 3　2021年河北省星级饭店星级结构分布

资料来源：2021年全国星级饭店统计管理系统。

高端酒店包括四星级和五星级饭店，其数量的多寡间接反映出一个地方旅游接待能力的高低。近五年来，河北省高端酒店数量整体稳中有增，占比呈现增长态势，由2017年的33.3%增长到2021年的41.01%（见表3）。从区域分布看，高端酒店数量排名前三的是张家口、石家庄和秦皇岛三市，数量分别为28家、23家和16家，分别占全省的19.2%、15.8%和11.0%（见图4）。

表3　2017~2021年河北省高端酒店规模情况

单位：家，%

年份	星级饭店数量	四星级	五星级	高端酒店	高端酒店占比
2017	432	121	23	144	33.3
2018	431	121	23	144	33.3
2019	424	128	20	148	34.9
2020	375	128	25	153	40.8
2021	356	125	21	146	41.01

资料来源：2017~2021年全国星级饭店统计管理系统。

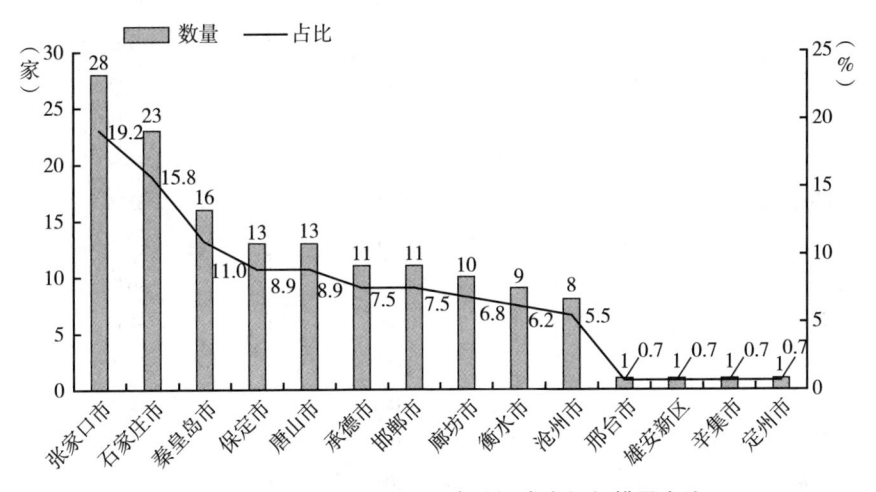

图4　2017~2021年河北省高端酒店市场规模及占比

资料来源：2017~2021年全国星级饭店统计管理系统。

（三）从区域结构来看，旅游酒店相对集中于省会和环京津地区

从全省星级饭店的区域结构来看，数量排名前六的是张家口、石家庄、

秦皇岛、保定、唐山和承德六市，主要分布在省会和环京津地区。其中，张家口、石家庄两地的星级饭店数量均在50家以上，位列第一梯队，两地星级饭店数量合计占比为全省总量的36.5%，秦皇岛、保定、唐山三地的星级饭店数量位列第二梯队，均在30家以上；从星级饭店客房数的区域排名来看，位居全省前三的是张家口、石家庄、秦皇岛三市，客房数量分别为9903间/套、8766间/套和5506间/套，三市客房总数占全省星级饭店客房总量的52.7%；从星级饭店床位数的区域排名来看，位居全省前三的是张家口、石家庄、秦皇岛三市，床位数分别为21475张、15942张和10166张，三地床位数合计占全省总量的54.3%（见表4）。

表4　2021年河北省星级饭店规模地区排名

地区	饭店数量（家）	客房数（间/套）	床位数（张）
张家口市	75	9903	21475
石家庄市	55	8766	15942
秦皇岛市	38	5506	10166
保定市	36	4058	8118
唐山市	35	3623	6248
承德市	25	2739	4849
邯郸市	23	2021	3375
邢台市	19	2651	4705
沧州市	17	2129	4632
廊坊市	15	2269	3756
衡水市	11	1151	2276
雄安新区	4	466	934
辛集市	2	362	724
定州市	1	206	435

资料来源：2021年全国星级饭店统计管理系统。

（四）县域旅游酒店分布与旅游业发展水平相关

从城乡分布来看，目前河北省星级饭店较多分布在设区市及县级市，其饭店数量、房间数及床位数分别占全省的71.35%、77.56%和76.66%;分布于县域的星级饭店以上三项指标仅分别占全省的28.65%、22.44%和23.34%(见表5)。全省有星级饭店分布的县共计52个,多分布在旅游资源较富集、旅游业发展较成熟的区域。其中,平山县最多,域内有星级饭店14家,排在第二位的是昌黎县,星级饭店数量为7家(见表6)。拥有2家星级饭店的县有11个,只有1家星级饭店的县最多,为32个。

表5 2021年河北省星级饭店地域分布结构

分布	饭店数量(家)	饭店数量占比(%)	房间数(间/套)	房间数占比(%)	床位数(张)	床位数占比(%)
县	102	28.65	10287	22.44	20456	23.34
市区、县级市	254	71.35	35563	77.56	67179	76.66

资料来源:2021年全国星级饭店统计管理系统。

表6 2021年河北省星级饭店县域规模TOP 9情况

县域	饭店数量(家)	饭店数量占比(%)	房间数(间/套)	房间数占比(%)	床位数(张)	床位数占比(%)
平山县	14	13.73	1708	16.60	3721	18.19
昌黎县	7	6.86	791	7.69	1575	7.70
怀来县	5	4.90	736	7.15	1459	7.13
正定县	4	3.92	553	5.38	1108	5.42
蔚县	4	3.92	540	5.25	1197	5.85
乐亭县	4	3.92	212	2.06	387	1.89
涉县	4	3.92	189	1.84	368	1.80
丰宁县	3	2.94	394	3.83	647	3.16
涞水县	3	2.94	317	3.08	695	3.40
合计	48	47.05	5440	52.88	11157	54.54

资料来源:2021年全国星级饭店统计管理系统。

(五)冬奥会效应显现,张家口星级饭店群逐步形成

从供给量来看,2017~2021年全省各地市星级饭店数量有不同程度减少,除张家口市、保定市、雄安新区、辛集市、定州市之外,2020年以后

河北省其他地市星级饭店数量下降明显。张家口市星级饭店数量从2017年的42家增长到2021年的75家，同比增长78.57%（见表7）。张家口市现有的75家星级饭店中，崇礼区数量最多，为42家，占全市的56.0%（见图5），另有12家星级饭店即将挂牌。以张家口崇礼区为中心的星级饭店群逐步形成，冬奥会的影响带动效应明显。

表7 2017~2021年河北省各地市星级饭店规模变化情况

单位：家

年份	张家口市	石家庄市	秦皇岛市	保定市	唐山市	承德市	邯郸市	邢台市	沧州市	廊坊市	衡水市	雄安新区	辛集市	定州市
2017	42	64	53	42	52	42	24	21	28	33	18	5	3	5
2018	42	65	53	42	51	41	24	21	28	33	18	5	3	5
2019	70	61	43	43	46	31	27	24	26	20	22	8	2	1
2020	73	60	39	35	38	26	24	22	19	16	16	4	2	1
2021	75	55	38	36	35	25	23	19	17	15	11	4	2	1

资料来源：2017~2021年全国星级饭店统计管理系统。

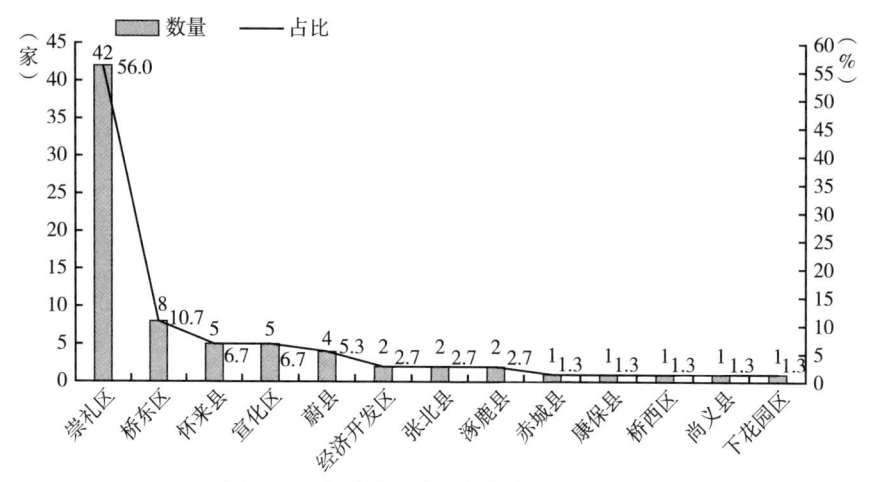

图5 2021年张家口市星级饭店县区分布情况

资料来源：2021年全国星级饭店统计管理系统。

（六）营收位列全国前十，餐饮收入高于全国平均水平

2021年前三季度，河北省星级饭店营业收入总计为32.44亿元，同期

全国星级饭店经营总收入为997.55亿元（见表8），河北省占比3.25%，在全国33个统计区域（32个省级行政区加新疆生产建设兵团）中排名第九。

从2021年前三季度河北省星级饭店营业收入构成来看，餐饮收入占比为47.99%，同期全国平均占比为41.10%；客房收入占比为37.37%，同期全国平均占比为41.79%；其他收入占比14.64%，同期全国平均占比为17.11%。全省餐饮收入占比高于客房收入占比10.62个百分点，并且高于同期全国平均水平。（见表8、图6）。

表8　2021年前三季度全国及河北省星级饭店营业收入结构

	饭店数量（家）	营业收入（亿元）	餐饮收入占比（%）	客房收入占比（%）	其他收入占比（%）
全国	—	997.55	41.10	41.79	17.11
河北	—	32.44	47.99	37.37	14.64
第一季度	280	8.07	46.67	37.93	8.07
第二季度	277	12.24	47.89	37.83	12.24
第三季度	272	12.13	49.42	36.35	12.13

资料来源：2021年全国星级饭店统计管理系统。

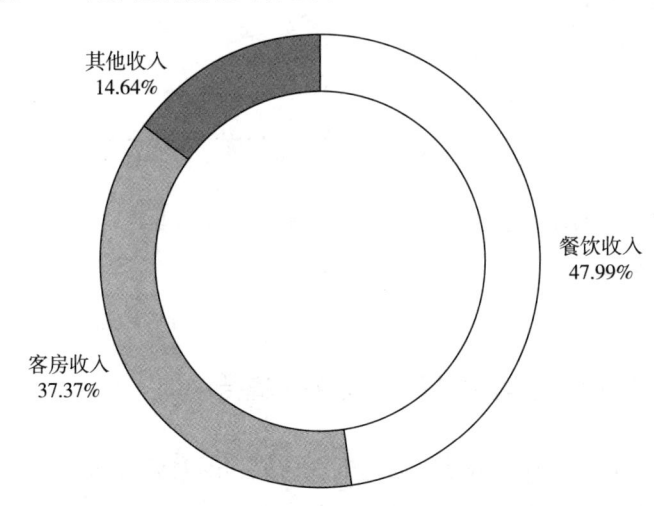

图6　2021年前三季度河北省星级饭店营业收入结构

资料来源：2021年全国星级饭店统计管理系统。

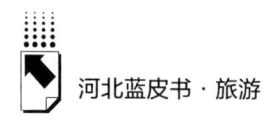

（七）地区间经营效益差异明显，营业收入差距较大

2021年前三季度，河北省星级饭店营业收入地区间差异较大。受疫情影响，跨行政区域出行受到限制，导致环京津地区星级饭店营业收入锐减。石家庄市作为省内的政治经济活动中心，相较其他地区情况略好，前三季度营业收入总额为11.86亿元，占比达36.56%，处于绝对优势；排在第二位的是张家口市，营业收入为4.07亿元，占比12.55%；排在第三位的保定市，营业收入为3.46亿元，占比为10.67%。石家庄、张家口、保定三地营业收入总额占全省总额的59.78%，其他11个地市营收总额占比合计为40.22%（见图7）。

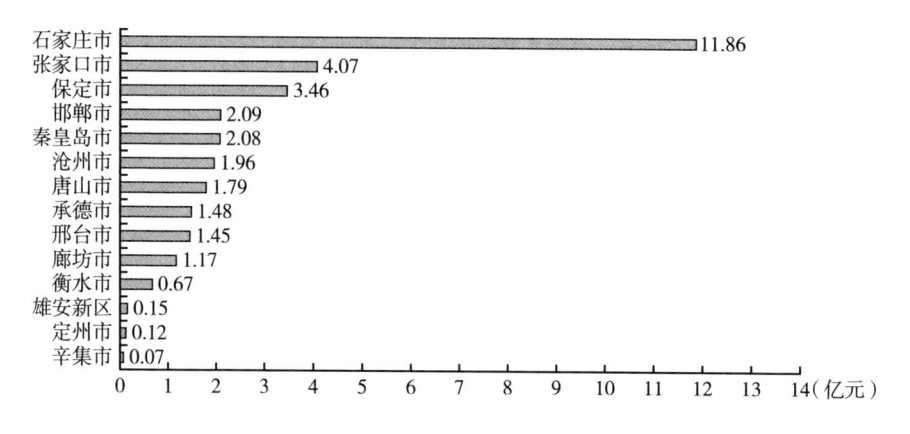

图7 2021年前三季度河北省星级饭店营业收入排名（按地区）

资料来源：2021年全国星级饭店统计管理系统。

（八）数字化营销能力增强，营销渠道持续优化

2021年11~12月，课题组通过电话访谈和问卷调查的方式对河北省98家星级饭店管理层进行了随机抽样调查。调查结果显示，62.24%的受访者认为饭店数字化建设能够提升管理及服务效率，数字化营销能力不断增强。73.47%的受访企业已完全或部分建立官方App、微信公众号、微信小程序

等数字化营销渠道；77.55%的受访企业经常利用直播或短视频等方式进行饭店宣传和产品推销；65.31%的受访企业表示，饭店内部能够提供无接触服务。疫情冲击和市场变化对星级饭店数字化营销渠道的建立具有明显的刺激作用，星级饭店借助"微信公众号+小程序+视频号"等方式进行了大量私域流量数字化营销方面的尝试，官网（微）和社交媒体流量突飞猛进，饭店的营销渠道不断优化。

（九）低碳意识增强，多项低碳措施实施

随机抽样调查结果显示，受访的98家星级饭店中，已取得绿色饭店称号的饭店有53家，占比为54.08%。89%的企业认为低碳经营是饭店的社会责任，61.22%的饭店表示愿意牺牲一定的利益实施低碳经营，河北省星级饭店企业低碳绿色发展意识较强。全省星级饭店行业在电子化办公（83.67%）、使用有节水、节电标识的设施（85.71%）、定期对用能设备进行检查和保养（80.61%）、提供纸质或可降解材料吸管（62.24%）、宾客减少床上用品及毛巾更换频率提示卡的使用（70.41%）等方面践行低碳经营理念。

二 "十四五"时期河北省旅游酒店业发展面临的挑战

（一）疫情影响持续存在，住宿业消费依然乏力

受疫情影响，全省星级饭店行业面临的形势依然非常严峻，各项经营指标下滑严重。2021年前三季度，平均房价、平均出租率、每间可供出租客房收入、每间客房平摊营业收入分别为292.84元/间夜、39.09%、114.77元/间夜、23588.69元/间夜，均低于同期全国平均水平（见表9）。在疫情持续多点散发的背景下，人员跨区域流动受限、会议会展受限、商务活动减少，旅游星级饭店在未来一段时间仍将继续面临巨大的经营挑战。

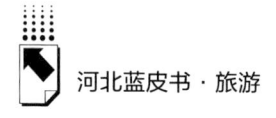

表9　2021年前三季度全国及河北省星级饭店经营指标统计情况

	平均房价（元/间夜）	平均出租率（%）	每间可供出租客房收入（元/间夜）	每间客房平摊营业收入（元/间夜）
全国	335.42	43.04	145.30	24674.26
河北	292.84	39.09	114.77	23588.69
第一季度	282.83	31.40	88.80	18240.25
第二季度	292.19	45.18	132.03	26179.69
第三季度	303.49	40.68	123.47	26346.13

资料来源：2021年全国星级饭店统计管理系统。

（二）经济发展的不确定性增强，企业面临巨大运营压力

受国际政治环境变化、地缘政治以及全球疫情的多重影响，经济下行明显，经济发展的不确定性明显增强，旅游业、旅游饭店受到的冲击尤其突出。调查结果显示，81.63%的受访星级饭店表示疫情发生以来的两年，企业运营面临巨大压力，主要表现为商务会议、婚宴接待等消费市场一直未被激活，饭店面临运营成本增加、现金流收缩、饭店租金居高不下、各项防疫用品开支较大等问题。

（三）行业发展动力不足，人才流失问题加剧

职业发展空间不足、薪酬外部竞争力不足、工作与生活不平衡、未来发展不明、饭店消费市场疲软等因素加重了星级饭店人才的流失。调查结果显示，68.37%的饭店管理层认为饭店现在面临人才流失的问题，一线部门的许多工作岗位仍有较大空缺。这一问题的长期存在，极易导致经济复苏后消费需求迅速反弹而带来的用工荒。饭店需要在组织构架、用工模式等方面创新思路，探索建立灵活且流动性强的组织机构，提升人员效率和组织效能。

（四）市场竞争加剧，星级饭店经营收益堪忧

随着近些年休闲旅游市场需求的不断增加，住宿业态供给也呈现多样化

特征,省内的精品、特色、民宿、公寓等非标酒店增长态势明显,住宿业外部市场竞争加剧,加之星级饭店自身经营模式创新不够、收益管理控制不佳等问题,最终导致客房经营质量不高、投资回报率较低等,其集中表现在客房营收占比及客房收益双低两方面。由于平均出租率、平均房价两项经营指标偏低,近五年来河北省星级饭店每间客房的平均实际营收(RevPAR)一直低于全国平均水平,2021 年前三季度河北省星级饭店 RevPAR 为 117.62元/间夜,远低于同期全国平均水平的 196.53 元/间夜(见图8)。

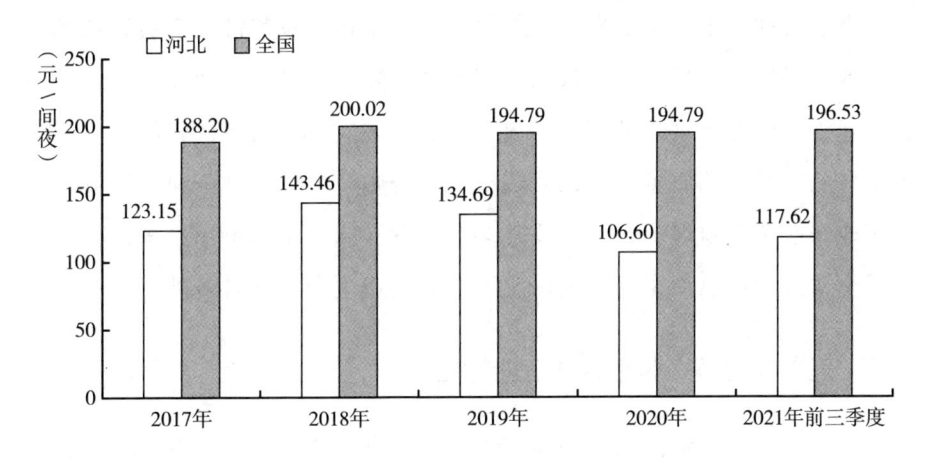

图 8　2017 年至 2021 年前三季度河北省与全国星级饭店 RevPAR 水平

资料来源:2017~2021 年全国星级饭店统计管理系统。

三　"十四五"时期河北省旅游酒店业发展的宏观环境

旅游酒店行业受政治环境、经济状况、社会安全、国家政策、技术进步等诸多因素的影响,具有高度敏感性。旅游酒店是经济社会发展的"晴雨表"。"十四五"期间,河北省旅游酒店行业发展的宏观环境发生变化。

(一)疫情逐步向好发展的趋势

随着常态化防控的推进和持续,疫情防控更加科学精准,经济向好趋势明显，为我国各行各业发展奠定了基础。中央提出的保稳定、扩内需、促消费政策，也是推动旅游饭店业发展的强劲动力。预计到"十四五"中后期，即2023年开始，疫情基本得到控制，人员流动和经济活动得以恢复，人民群众旅游消费意愿升温，旅游饭店行业将会迎来跨越式发展。

（二）北京冬奥会的溢出和延续效应

北京冬奥会带动我国冰雪运动和冰雪旅游的发展，河北省体育产业、旅游产业将迎来重大历史发展机遇，也为旅游业的复苏带来千载难逢的历史机遇。场馆在赛后如果能够进行统筹规划、综合利用，发展赛事经济、会展经济、论坛经济等，扩大冬奥会的溢出效应以及未来的延续效应，将为全省的旅游饭店服务业带来发展机遇。否则，冬奥会对于河北和崇礼的酒店业未必全是机遇。在疫情反复多点散发、冰雪旅游市场尚未成熟以及崇礼全季旅游产品尚未完善的情况下，酒店业也会面临诸多挑战。

（三）乡村振兴对旅游住宿业的推动

全面实施乡村振兴战略，将会持续推动乡村旅游的发展，给酒店住宿业带来发展机遇。随着乡村旅游消费升级和需求增加，酒店的工具化属性逐步下降，目的地属性不断提高。乡村有优良的生态环境和轻松的人文环境，随着经济活动和旅游活动向乡村转移，越来越多的高端度假酒店布局乡村会成为诸多品牌的战略选择，这将为旅游酒店业的发展提供空间。

（四）教育改革和人口老龄化的影响

党的十九大以来的教育改革，中小学"双减"、初中中考分流等政策的落地实施，以及职业教育将成为未来教育改革的方向，这些改革变化对旅游业的发展将是极大的利好。同时伴随人口老龄化加速，"十四五"时期河北省将进入中度老龄化阶段。"一老""一小"两大市场将对旅游产业、酒店服务业产生影响。

（五）技术进步为酒店业带来深刻变革

技术进步，智慧旅游、大数据的应用对促进旅游饭店业转型发展起到推动作用。大数据、智能化将驱动酒店服务转型升级。智能酒店是酒店管理服务与以通信新技术、计算机智能化、信息处理、宽带交互式多媒体网络技术为核心的信息网络系统相结合的新型酒店服务模式，特别是5G技术的应用，能使消费者体验酒店服务新技术，提高酒店管理、促进服务升级，解放员工劳动力，提高酒店综合效益。

（六）"双碳"政策对旅游酒店业的影响

碳达峰、碳中和、二氧化碳减排是影响未来经济社会发展的重要方面。节能减排降耗对旅游饭店的经营将会产生一定的影响。这种影响主要表现在低碳消费与低碳行动，一是旅游饭店经营中的节能降耗，包括夏季空调、冬季取暖、餐饮节能、照明、消耗品等，可能对旅游饭店服务设施和服务质量产生影响；二是游客的低碳消费行为可能影响旅游消费，从而对旅游饭店经营产生影响。

四 "十四五"时期河北省旅游酒店业发展预判及对策

（一）冬奥会后张家口旅游酒店或将出现阶段性过剩

张家口特别是崇礼地区的旅游酒店对滑雪运动和滑雪旅游活动有较强的依赖性。以目前该地区的滑雪市场规模和结构来看，冬奥会结束后，在疫情持续影响下，张家口特别是崇礼地区的旅游酒店或将出现阶段性过剩，遭遇发展后劲不足的问题。部分签约酒店在运营支援团队撤离后，后续管理运营也将面临考验。有挑战也有机遇，张家口凭借紧邻首都的区位优势，随着交通便捷性的提高、张家口全域旅游示范区的建设、崇礼地区全时全季旅游产品的打造、多元市场的开发以及旅游酒店的积极作为，困境终将突破。

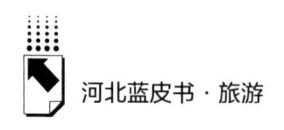

（二）雄安新区旅游酒店建设将成为增长极

"十四五"时期，河北将加快建设雄安新区旅游创新发展示范区。在这一背景下，雄安新区旅游酒店建设也将成为增长极。现阶段的酒店布局，以中心商务区和交通集散地的中低端酒店为主，中高端品牌酒店开始进入。未来五年，进入建设中期，中高端会议型酒店将迎来红利期，将会有多个高端品牌旅游酒店进驻，而后再将引来奢华级别的商务和度假类型酒店。

（三）下沉市场将成为战略发展方向

三线、四线城市和乡村有着庞大的人口基数，随着乡村振兴战略的实施、城镇化的加速推进，居民可支配收入和消费需求不断增加，下沉市场的价值逐渐显现。未来五年，三线、四线城市和乡村也将成为酒店市场的主要扩展地。旅游酒店应充分考虑下沉市场现阶段对价格的敏感性，突出地域文化，合理布局，逐步推进。

（四）适老化和亲子游成为热点命题

预计"十四五"期间我国将进入中度老龄化阶段，河北省内老年人口规模庞大，占比逐年递增。老年人口旅游消费的增长，使研究针对老年人口的旅游消费对策，成为全省旅游酒店业的重要命题。2021年7月，"双减"政策落地实施，虽然对旅游行业的影响缓慢且长久，但是"双减"政策将会催热亲子家庭游市场，旅游酒店行业如何打造亲子活动场景、开发以"亲子+生态+研学+文化体验"为主的复合产品以满足全部家庭成员的需求，成为旅游酒店业的热点命题。

（五）用户体验升级带来服务模式创新

新生代客群对体验感的追求、移动互联网时代服务迭代的速度、疫情防控常态化时期防疫要求条款，将推动旅游酒店行业服务模式的持续创新。旅游酒店应高度关注消费市场需求，快速广泛收集顾客反馈信息，从细节着手,提高产品品质。用较低成本创造新体验,提升服务质量,赢得用户的忠诚度,扩大市场份额。

(六)跨界经营成为突破困境的尝试

面对当前复杂多变的环境,旅游酒店增强社区意识,与其他行业融合发展、跨界经营成为突破困境的有益尝试。在"住宿＋X"业态多元化趋势背景下,全省星级饭店应创新业态,与卖场、中央厨房、奢侈品、汽车、艺术、环保、历史、文化相融合,将社交、休闲、娱乐等功能与传统住宿业态相融合,提振消费者的重购意愿,稳定市场客源,从而提升客房收入在整个营收中的占比。针对细分市场开发新型服务热点和类型,通过创新服务,增加客源数量,缓解旅游饭店经营压力,培育新的经营模式。

(七)低碳发展将成为重要的转型方向

从问卷调查情况来看,省内旅游酒店的低碳意识和实践已经具备良好的基础,但是还存在不深入的问题。现阶段,能耗以及碳排放并非酒店行业的最大成本,因此多数酒店尚未将低碳酒店建设提上重要日程。在"双碳"目标的推动下,越来越多的酒店将在低碳和零碳酒店的打造上有更多的实践。未来旅游酒店行业在确认碳排放基线、低碳管理机制,以及能源和碳管理数字化改造、可再生能源项目的开发等方面有更多的行动。

(八)职业教育大发展或突破人员流失困境

党的十九大以来的教育改革明确提出,加强职业教育是未来教育改革的方向。中考后普通高中和职业高中5∶5分流政策的实施,对旅游业将是极大的利好。中考分流政策启动后,将带来中高等职业学校生源的增长。旅游酒店积极与职业院校做好对接,做好产教融合,把课程延伸到酒店,酒店服务技能深入课堂,能够在一定程度上为酒店提供劳动力支撑,突破旅游酒店人员流失的困境,进而为旅游酒店行业储备人才。

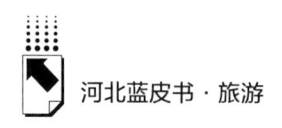

（九）大数据、智能化将驱动酒店服务转型升级

星级饭店的数字化建设包括数字化运营能力、数字化管理能力和数字化营销能力三个方面。访谈中发现，全省星级饭店在数字化营销方面做了较多的尝试，取得了明显的效果。但饭店业在数字化的运营和管理决策上的建设不足、应用程度不高，还有待进一步加强和提高。在数字化管理层面，饭店要充分利用数字化体系，对数字化收集的数据进行客源分析、渠道分析、定价分析，适时调整和进行产品服务的再造，从而满足顾客期望。在数字化运营方面，饭店通过数字化的客户体验以及移动化的管理应用来优化顾客的体验，提高饭店的运营管理效率。智能化是酒店业重要的发展趋势，有助于提高酒店管理与服务升级，解放员工劳动力，提高酒店综合效益。

参考文献

《2017年度全国星级饭店统计公报》，中华人民共和国文化和旅游部网站，2018年9月25日，http：//zwgk.mct.gov.cn/zfxxgkml/tjxx/202012/t20201204_906478.html。

《2018年度全国星级饭店统计报告》，中华人民共和国文化和旅游部网站，2019年11月14日，http：//zwgk.mct.gov.cn/zfxxgkml/tjxx/202012/t20201204_906485.html。

《2019年度全国星级饭店统计报告》，中华人民共和国文化和旅游部网站，2020年8月14日，http：//zwgk.mct.gov.cn/zfxxgkml/tjxx/202012/t20201204_906492.html。

《2020年度全国星级饭店统计报告》，中华人民共和国文化和旅游部网站，2021年5月7日，http：//zwgk.mct.gov.cn/zfxxgkml/tjxx/202105/t20210507_924310.html。

范会珍：《浅析智慧酒店的服务与管理创新》，《山西农经》2020年第19期。

王乾：《酒店绿色信息对消费者绿色实践意愿的影响》，硕士学位论文，东北师范大学，2020。

魏普：《旅客对酒店绿色管理态度与亲环境行为意愿研究》，硕士学位论文，中南林业科技大学，2019。

徐杨：《绿色感知价值对绿色酒店消费意向的影响研究》，硕士学位论文，武汉理工大学，2019。

胡洁菲、丁雅雯：《酒店业数字化重塑产业链》，《经济参考报》2021年9月2日。

B.5 "十四五"时期河北省民宿业发展新态势研究

高梦彤[*]

摘　要： 在国内文旅市场持续繁荣的背景下，政策环境接续发力，鼓励支持民宿创新业态发展，民宿业兴盛有了经济基础，在"十四五"时期迎来发展新格局。现阶段河北省民宿业发展具有多层次、多元化的特征，"主人文化"属性开始增强，经营模式逐渐创新。乡村旅游兴起和冬奥会在河北省设立赛区为形成民宿集聚区和促进高端民宿旅游、精品民宿建设带来了新机遇，研究对民宿业在"十四五"时期的发展趋势进行展望，河北省民宿业应丰富民宿文化价值内涵等附加价值、建立健全民宿经营体系和标准，围绕京津冀民宿旅游等重要市场打造冰雪民宿、智能民宿等特色民宿，切实提升民宿管理水平和民宿服务质量。

关键词： 民宿业　特色民宿　旅游

　　民宿是由提供住宿和早餐的家庭旅馆模式演变而来，其性质和建立初衷有别于传统酒店和旅馆，不在于用高级奢华的设施留住游客，而是由民宿主人参与接待，将居住者带入当地生活和生产方式中，感受民宿主人热情的招待和服务，体验本土风俗文化。国家鼓励民宿行业发展，我国"十四五"规划纲要提出壮大休闲农业、乡村旅游、民宿经济等特色产业。此外，15

---

[*] 高梦彤，河北省社会科学院经济论坛杂志社实习编辑，主要研究方向为文化产业和文旅市场。

个省（区、市）将民宿写入"十四五"规划纲要，要求培育发展旅游民宿等新兴业态，加强对乡村客栈及民宿的标准化建设和管理，深入推进民宿高质量发展。《河北省文化和旅游发展"十四五"规划》中提到，建设一批休闲农庄、特色村镇等产品，培育农业嘉年华、星级农（林、牧、渔）家乐等品牌，重点建设中国美丽休闲乡村，打造环京津生态休闲农业示范带。

河北省民宿业发展正处于起步阶段，行业标准维护、经营模式迭代、业内市场环境等方面还存在许多不足。民宿作为旅游市场的一部分，是带动旅游相关产业链发展的有生力量，更是当下大力发展乡村旅游，助力乡村振兴战略的有效抓手。相关部门要做好蓄力支持，从政策上持续发力，鼓励支持大企业、特色企业做大做强，借鉴浙江、江苏等先进省份的优秀经验，做好良性引导，培育精品民宿，发挥文旅消费的支撑服务功能，提升文旅住宿服务体验，加深美好旅游印象。

一 河北省民宿业发展的时代背景

（一）文旅赋能，为民宿业发展带来新契机

1. 河北省文旅市场全面优化布局，"民宿+"业态发展迎契机

2021年1~10月全省共接待游客4.03亿人次，旅游总收入3891.36亿元，同比分别增长36.52%和24.99%。河北省以创建国家全域旅游示范省为契机、以旅游业供给侧结构性改革为主线、以旅游发展大会为抓手、以产业融合发展为路径、以基础设施和公共服务全面提升为重点，全面推进旅游业高质量发展。河北省首先从产品供给提质增量，深度挖掘河北特色文化资源，促进文旅深度融合，打造了红色旅游、体育旅游、养生小镇游、休闲自驾游等精品路线，并对武强年画、皇家琉璃灯盏等制作精良的非遗、文创产品进行推介宣传和销售，打响"京畿福地·乐享河北"品牌，助力河北文旅消费市场升级。其次，基础设施建设不断加强，在立足新发展阶段、贯彻新发展理念、构建新发展格局的基础上，回顾"十三五"时期文化和旅游

公共服务发展情况,积极开展制定《河北省基本公共服务标准》(2021年版)工作,部署"十四五"时期重点工作,切实把文化惠民理念贯彻落实到实践,提升旅游效率和质量,促进旅游业公平和可持续化,让群众真正受益,公众对文化权益满足感明显增强,公共服务标准化水平显著提升。

2. 民宿成为出行住宿选择新风尚,全国民宿业发展活力持续释放

民宿业开拓文旅产业新阵地,民宿企业数量激增,全方位推动乡村旅游大繁荣。2017~2020年,中国在线短租用户分别为0.8亿人、1.47亿人、2.28亿人、1.82亿人,预计2021年将达到3.04亿人,2020年在线房东增长16.5%(45.8万人)。目前,国内主流民宿平台包括途家民宿、木鸟民宿和爱彼迎,从房东学历和年龄上看,高学历年轻房东数量居多,2020年本科以上学历房东占比达到35%,37%的民宿房东年龄分布在25~31岁;从房源选择上看,根据选择偏好,游客依次选择价格优惠、出行方便、配套设施完备、卫生和服务良好的民宿。由于新冠肺炎疫情影响,跨省(市)出行受到限制,城市周边短途游成主流,且未来很长一段时间,周边游将是游客出行的主要方向,因此拥有自然风光、舒适休息场所的民宿就成了游客心目中的首选。

(二)政策先行,为民宿业发展打造新格局

国家鼓励和支持民宿业发展,从法制层面对民宿行业进行规范和支持,进一步完善了民宿行业的相关管理标准和标准规章制度。2015年11月,国务院办公厅印发《关于加快发展生活性服务业促进消费结构升级的指导意见》中首次肯定民宿这一业态,并推动民宿行业合法化。国家陆续在相关政策文件中提到乡村休闲旅游、旅游度假小镇等旅游业态中有关民宿的规定,并就如何引导民宿业良性发展提出各项建议(见表1),为我国民宿业健康稳定发展营造良好的政策环境。2020年初,新冠肺炎疫情突袭而至,给酒店和餐饮业的发展按下了暂停键,民宿业发展也不可避免地受到了影响。各省(市)纷纷制定应对新冠肺炎疫情、支持民宿产业发展的政策文件,一是加大财政方面支持力度,鼓励金融机构降低对民宿行业贷款利率,并采取民宿贷款延期和续贷措施,给予供水、供电补贴和民宿行业从业人员

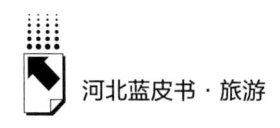

社会保险补贴。二是提高民宿自身吸引投融资能力,推进多渠道合作行动。三是打造品牌影响力高的项目,多次举办具有重要影响力的活动,推广主题民宿,县级政府发放民宿旅游消费优惠券,刺激消费需求的恢复。

表1 中央以及河北省与民宿相关的主要政策

时间	发布单位	政策名称	主要内容
2015年11月	国务院	《国务院办公厅关于加快发展生活性服务业促进消费结构升级的指导意见》	首次点名"积极发展客栈民宿、短租公寓、长租公寓等细分业态",推动民宿合法化
2016年1月	国务院	《中共中央 国务院关于落实发展新理念加快农业现代化实现全面小康目标的若干意见》	明确指出要有规划地开发休闲农庄、乡村酒店、特色民宿等乡村休闲度假产品
2018年3月	国务院	《关于促进全域旅游发展的指导意见》	城乡居民可以利用自有住宅依法从事民宿等旅游经营
2018年10月	国务院	《完善促进消费体制机制实施方案(2018—2020年)》	鼓励发展租赁式公寓、民宿客栈等旅游短租服务
2020年7月	农业农村部	《全国乡村产业发展规划(2020－2025年)》	发展民宿康养等乡村休闲旅游项目,建设综合性休闲农业园区
2016年3月	河北省政府	《河北省人民政府办公厅关于加快燕山—太行山地区旅游业发展的意见》	创意文化民宿和山地休闲度假产品
2018年3月	河北省政府	《关于实施旅游产业化战略建设旅游强省的意见》	重点发展一批乡村休闲度假基地和特色旅游小镇,加快建成一批乡村民宿等项目
2019年1月	河北省政府	《河北省关于完善促进消费体制机制实施方案(2019－2020年)》	推进短期租赁与互联网融合,支持家庭、农户等主体依托旅游景区、特色小镇等不同形式提供民宿服务,不断丰富住房领域
2021年8月	河北省政府	《关于服务"六稳""六保"进一步做好"放管服"改革有关工作的实施方案》	鼓励各地制定出台民宿管理办法,建立联合审批和备案机制,强化事中事后监管;加大旅游民宿行业标准和地方标准宣传实施力度,开展民宿质量等级评定

二 河北省民宿业发展的基本特点

(一) 新需求加速多元化民宿新业态发展,文化属性开始增强

随着消费升级转移优化,游客对品质民宿的需求更加旺盛,文化属性价值逐渐释放。在选择民宿时,游客更倾向于选择装饰摆设能够体现当地原汁原味文化元素的民宿,注重较强的体验感。纯粹的民宿已经不能满足消费需求,特色服务型民宿新业态激增,"民宿+康养""民宿+体育""民宿+农业"多元化民宿业态成为民宿发展新态势。新业态充分利用各种资源,盘活文化资源,让民宿风格趋向差异化和个性化。

民宿文化属性增强,建筑设计更加注重文化元素的融合,凸显当地文化特征。民宿风格能与城市建筑和周边居住环境融为一体,让人有置身其中、成为当地居民的体验感,这与酒店标准化、一体化的风格区分开来。如秦皇岛市抚宁区大新寨镇冰塘峪长城风情大峡谷景区内的山间木屋民宿,位置隐秘,藏于山间,周围一片群山,还有静谧的溪流环绕,住在山间木屋,一睁眼就是美如画的风景,将自然风光和旅途紧密地融合在一起,廊坊市第什里风筝小镇民宿、保定市顺平县神南镇太行山处的青籽树民宿也是如出一辙。

(二) 民宿建设与消费习惯仍在磨合,住宿仍是主要功能

当下,民宿消费的主要群体还是中端消费的旅游群体,酒店有酒店的优势,民宿有民宿的特色,游客选择民宿的主要目的在于体验不同的住宿方式,但游客出游的大部分时间还是外出游览,民宿主要发挥了休息居住功能。首先吸引和留住游客的是民宿的低价格优势和快消费形式,有的游客喜欢在住宿屋内与民宿主交流周围的旅游胜地,从交谈中感受当地文化氛围,能够让自身更贴近当地生活,一晚的住宿就能听到久居本地的民宿主人对当地文化的解说,并且感受到当地文化特色,还能向熟知地理位置

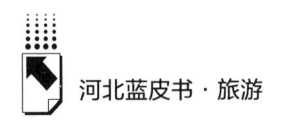

的民宿主人了解适宜游览的地点，相较于咨询虚拟网站和游客服务中心要便捷。有的游客甚至能在短短几天内与民宿主成为朋友，随后有什么问题也能方便联系。

实际上，大部分游客选择民宿只是怀着尝鲜的心理，民宿行业的法规目前不健全，某些消费者权益不能得到完全保障，有些游客害怕侵权行为的发生而将民宿排除在住宿选项之外，害怕被骗所以不敢轻易与民宿主人交流过多，对当地文化了解不甚多。有些游客选择民宿是因为共享民宿成本较低，价格实惠，再加上居住时间不长，对居住环境设施要求不高，但又想住在景点附近，这种情况下民宿就成为游客出行的最佳选择。

（三）围绕服务京津冀旅游消费市场，经营模式推陈出新

河北省承接京津旅游高端服务水平辐射带动作用，近年来接待京津游客数量持续上涨，为京津冀旅游市场做出巨大贡献，极大丰富了小众旅游出行选择，尤其是疫情防控期间游客出行基本都选择小范围旅行，河北省景点大多在京津1~2小时交通圈内，因此成为京津旅游的首选。加之进入冬季后，张家口滑雪场就极受欢迎，许多因为疫情不能去日韩、欧美等国家的滑雪爱好者纷纷选择来张家口旅游。

为满足不同群体住宿需求，河北省涌现了一批小众民宿经营者，同时各大民宿运营平台也入驻河北，参与线上和线下经营管理。根据民宿的运营规模、品质档次、服务水准等方面，河北省民宿主要分为以下四种经营模式。

一是独立经营型。其是民宿主个人承担和独立拥有的经营模式，也是目前省内民宿最普遍的经营方式，依托附近旅游景区，民宿主人利用自有或者租用的民宅进行简单改造和装修，接待到访游客。这种经营模式的特点是投资门槛低、规模小且价格亲民，主要以服务中低端游客为主。

二是集体经营型。其通常在乡村旅游景区实行，依托环境幽静、地质风貌特点突出的古老村落，村民通过土地出租、土地入股等形式参与经营，经过统一装修改造，将村集体打造成乡村旅游度假区或度假小镇。这种经营方式前期投入较多且规模化程度较高，促使乡村民宿长期稳定发展，能为当地

居民带来收益，且对其原来的生产生活方式影响不大，接待的游客面广，具有较强的延续性。

三是连锁酒店型。其需要依靠成熟酒店或管理平台等专业化运营团队，通过其客户群系统实现接待、营销、管理、售后一体化维持后续经营活动，一般定位中高端目标客户群，需要雄厚的资金支持。

四是专业托管型。托管型民宿与连锁酒店型相似，但不同的是托管型民宿只是在运营层面合作，运营方并不具有房屋产权。房东仍然主持接待，但民宿运营方面的工作，如装修设计、营销宣传、管家保洁等服务均由运营方负责，房东只需要支付相关服务费。该运营模式基于成熟的产业运营链和线上平台，如途家、携程、艺龙、爱彼迎等，为民宿行业提供了广阔的发展空间，为房东和房客都提供了便利。精细化运营和管家式服务为房东和租客均提供了安全保障和多样化的选择（见表2）。

表2　河北省民宿主要经营模式

类型	运营规模	品质档次	投资成本	案例
独立经营型	个体小户	中低端	低	景区周围的个体民宿
集体经营型	初具规模化	中低端到中高端	较大	涞水金华山下九龙湾
连锁酒店型	规模化程度较高	中高端	大	寒舍文旅集团
专业托管型	规模化程度高	低端到高端	大	城宿

三　河北省民宿业发展面临的机遇和挑战

（一）乡村旅游振兴推进民宿集聚区建设

乡村旅游和民宿发展是互促共荣的关系。乡村旅游振兴催生乡村特色民宿多元化发展，乡村民宿规模扩张促进乡村旅游的繁荣兴旺，同时为乡村旅游增添了浓墨重彩的一笔，成为旅游中滋味甚浓的一部分。浙江的民宿业起步早、发展快，已经形成具有品牌效应的莫干山民宿集聚区、西湖民宿集聚区、乌镇民宿集聚区、西塘古镇民宿集聚区等知名民宿集聚区，成为业内民宿建设的标杆，宁波、温州、建德等地也在积极推进新兴民宿集聚区建设。河北省着力建设一批乡村民宿集聚区，秦皇岛海景民宿拓展高端路线、唐山"宅艺民宿"打造温柔家园、邢台"绿色民宿"回归质朴、衡水"社区型民宿群"匠心独具。以秦皇岛民宿发展为例，2021年北戴河区乡村民宿共208家，其中高端民宿达到91家，① 极力打造全国最具人气和品质最好的精品民宿集聚区，精品民宿纷纷落户陆庄村、丁庄村、大薄荷寨村等，以民宿旅游的兴盛带动乡村振兴发展。在旅游旺季，民宿房间需要提前预订，天天爆满，游客好评率也不断上升，不同主题的房间让游客获得出行的最佳体验。未来河北省民宿集聚区将全面提高业内服务质量，由规模化向精品化发展，最大化满足不同游客对住宿的个性化需求。

（二）冬奥会举办催生民宿旅游精品线路

冬奥会举办带来新机遇，吸引全世界各地的游客将关注点放到河北省，尤其是冰雪体育及其周边产业。借助冰雪旅游的热度，大力发展冰雪民宿、推广特色民宿，将竞技精神、民族精神等精神文明元素融入民宿，与国家战略相结合，是当前河北省民宿业发展的重点内容。冬奥会为张家口旅游产业的发展带来了动力，不但可以打响河北省冰雪旅游的品牌，还可以帮助当地村民创收，同时开发农产品伴手礼等周边产业，利用产品联动效应带动农产品销售，进而优化和调整乡村旅游产业结构，提高当地产业经济效益。北京2022年冬奥会召开前，延庆将打造一批地方特色的乡村民宿，打造"奇迹长城""缤纷世园""激情冰雪""生态画廊"四大民宿集聚区，形成100个民宿村、1000个精品民宿小院、3000间精品客栈客房、20000张中高端住宿床位。② 在2020年河北省第二届冰雪运动上，河北省评审和发布了"河北省冰雪体育旅游十佳精品线

---

① 孙也达等：《北戴河区打造精品民宿聚集区》，《河北日报》2021年5月10日。
② 章文君：《第三届北方民宿大会在延庆举办 助力"绿水青山"变"金山银山"》，光明网，2019年9月5日，https://politics.gmw.cn/2019-09/05/content_33139474.htm。

路"，线路主题明确、规模宏大、特色鲜明、配套设施完备。为了迎合冰雪旅游需求，河北省抓住机遇，鼓励和支持冰雪民宿的发展，各大平台也纷纷投资民宿产业，打造特色主题民宿。

（三）民宿行业标准和监管机制有待完善

民宿经营管理条例有待完善，现有标准仍旧停留在基础要求和评价上，对管理层面的要求还存在许多不足。有些地方标准是按照自己的地域特色、民俗民风等设定的，缺乏对整个行业的监督与管理。如房地产一味扩大规模，民宿类别与酒店相差无几，所使用建筑物不合法合规，经营者不具备合法经营资质，等等，都需要进一步规范。因为河北省尚没有出台有关民宿发展规划文件，对于民宿以及民宿相关旅游配套产品、设施等也缺少统筹布局，因此民宿行业自我管理规范不完善，民宿市场长期处于无序发展的状况。目前，民宿经营暴露的问题主要有以下几点。

一是安全隐患较多。由于民宿入行门槛低，加之缺乏行业标准，监管体制不健全甚至有的无监管制度，在消防、环保、安全等方面存在较大安全隐患。体系化的管理制度和服务流程尚不完善，在保障客人退订房、保护住户隐私信息、提高服务接待能力等方面仍有待提升。

二是客户维权困难。目前，河北省对民宿的设置、经营标准还未完全统一，各市县多数也没有成立民宿行业协会等管理组织，民宿行业缺乏自我管理机制。民宿产业涉及国土、消防、住建、市监、公安、环保、文化和旅游等多个主要监管部门，而牵头部门尚未明确指定，亦尚未形成切实可行的有效协同管理机制。

三是城市中民宿矛盾浮现。由于一些民宿直接开在住宅小区，民宿的经营容易影响到其他住户的日常生活，且带来人身财产安全等方面的隐患，邻里关系难免紧张。

四是管理模式有待优化。粗放式经营、服务意识薄弱、信贷支持不够，大多数民宿依靠业主积累的资金或民间私募资金为主建设运营，投资回报率

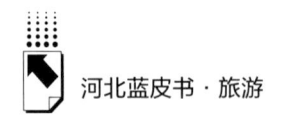

很低，且金融信贷压力较大。没有计划的投资还会导致民宿同质化问题严重，缺乏"主人文化"理念。

（四）资金和盈利能力不足导致人才流失

一是资金来源不足。民宿行业受淡旺季影响较大，旺季时房源紧张，供不应求，淡季时则人流稀少，甚至入不敷出，导致资金链运转不通，如果不能及时地找到投资方，可能会因资金供应不上而破产。由于民宿的设计、风格、品牌、体量不同，加速了市场竞争下民宿水平高低之分，20%的民宿抢夺了80%的客源。因此，要想长期屹立在民宿行业不倒，足够的资金实力是关键。

二是经营管理不善。民宿本质上与旅馆、酒店等住宿行业无太大差别，即使它被赋予了主人情感和当地文化，玩法也趋于丰富，但居住的本质功能并不会减弱，反而因其小众化、非标准化的特性使多数没有经验的创业者屡屡碰壁。民宿不是尘嚣之外的桃花源，现代人不仅追求谈天说地的烂漫时光，更注重管家式服务、细节优化外加民宿的体验，而民宿的文化附加值往往属于后者。最基础的服务做不好，就无法持续。正如洱海民宿在2015年前还是全国最引领风尚的高端民宿集群，它的关停甚至影响了云南当地旅游相关的诸多产业，至今未恢复风光。

大部分民宿还在放任粗放管理，而忽视了向专业化、商业化、品牌化的道路上转型。如果还以为民宿工作是陪客人喝茶聊天、遛狗逗猫晒太阳就过于理想化了。对民宿怀有美好情怀和愿景本身并无疑义，但在民宿管理和经营中要向商业化管理转型，才能长久地将民宿经营下去。

三是员工发展空间受限制。民宿管理不是把人招进来就够了，也需要注重对人才的能力提升和培养，要加强对管家、前台、店长等人才的管理。很多民宿规模小、实力不强，给员工的待遇也低，只是照常发工资就已是极限了，同时，高层管理人员经验不足，能给到员工学习培训提升的机会少，员工晋升很慢，觉得未来没有前途，这很容易造成人才大量流失。

四 "十四五"时期河北省民宿业发展趋势展望

（一）发挥"主人文化"优势，释放民宿文化内涵

"主人文化"是民宿发展的精髓，是民宿产业区别于其他住宿业的本质属性。重视"主人文化"的保护，贯穿民宿产业建设的始终，提振文化精神，民宿经营才能有序和持久。一方面，要加强民宿情怀与建筑设计的有效融合，考虑到民宿空间布局与文化元素的适应性，应结合当地产业、传统文化、特色风俗，从建筑设计、民宿名称和 logo、功能区风格等方面强化突出文化主题，同时不能忽视民宿的功能性，在构建文化民宿的同时要满足生态旅游的发展需要，在此基础上，加强特色体验活动、特色旅游纪念品等可体验性周边项目设计。另一方面，国内超过半数的民宿经营以利益投资为目的，应加大对具有民宿情怀的经营者的培养和扶持力度。创立民宿主人培训班，培养民宿行业领军人，尤其是重点培养当地土生土长的经营者，或者对当地文化颇为了解和热爱的经营者，使经营者在经营过程中更能用情用心用力。政府给予财政资助，聘请文化产业管理领域的专家，组成民宿产业专家委员会，定期举办公益类讲座和高端民宿接班人培训班，讲授民宿建设如何做到文化和商业的融合。

（二）对标国内行业标准，推选特色民宿名录

一是规范民宿申报、推介和评定流程。根据文化和旅游部最新修订的《旅游民宿基本要求与评价》，旅游民宿等级分为甲、乙、丙三个等级，应每年组织专家团队考察本地区民宿经营状况，从年度收入、接待游客量、主题风格、文化内涵等方面量化民宿体量，参照专家意见对民宿主体进行不同梯度的划分。

二是创新工作机制和民宿治理标准化。民宿产业日渐成熟，民宿建设向着高端化、高品质、个性化的趋势发展，促使乡村旅游优化升级。但同时民宿开发过程中存在商业化和人文情怀的矛盾，过度商业化容易产生侵犯游客

隐私和使传统民宿变味儿等问题，反之一味强调原汁原味也容易降低服务体验，导致游客评价降低。应抓紧成立河北省民宿行业协会，统一行业标准和运营体系，对民宿进行全面统计和规范化监管，改善住宿结构，增强旅游体验感。每年推选省级优秀民宿企业、推选特色民宿名录，培育民宿行业的领军人物。

三是借鉴先进地区成功经验，形成本地区行业发展样本。政府相关部门应定期组织实地考察，调研民宿经营中的问题、总结民宿行业发展的优秀案例，尤其是借鉴浙江省、江苏省等民宿业发展较早和规模较大的地区的发展经验，结合河北省地域文化优势，形成可复制可推广的运营方案，全面推动民宿市场的可持续发展。

（三）打造轻奢温馨民宿，体验特色冰雪风情

借助冬奥会举办的历史机遇，建设精品乡村民宿工程。推进民宿接待户改造升级，重点支持利用自有住宅发展"原住民、原生态、原文化"的"原味"民宿，让来自世界各地的外国友人感受到中华优秀传统文化的魅力。鼓励民宿经营者发展以特色文化、自然景观、体验参与、特色餐饮为主题的乡村民宿，丰富民宿产品品类，优化游客服务体验。如在房间内提供付费电影，在公共区域放置打印机以便游客冲洗相片，提供滑雪场接送、雪具租购、邮寄明信片等服务，增加民宿除住宿以外的附加收入。

此外，根据冰雪旅游线路打造中高端民宿集聚区，摆脱传统民宿对景区的过度依赖性，创新发展"民宿+体育""民宿+温泉""民宿+商业街"多元化产业体系，借鉴哈尔滨冰雪民宿街区、北京延庆长城冰雪文化民宿的建设经验，努力打造一条配套齐全、服务高端、面向世界、文化理念加持的冰雪旅游民宿产业链，推动民宿业提档升级。政府相关部门设置专项资金，财政向冰雪旅游、民宿建设合理倾斜，为打造高端民宿提供资金支持，借助新媒体的流量传播力量，多渠道、全方位推介张家口冰雪民宿品牌。

（四）加强智能管理模式，提升民宿服务质量

鼓励扩大民宿业规模的同时在质量上要严格把控，整改一些脏乱差的民宿企业。民宿虽源于乡村但不止于乡村游，对于现代化民宿创新要带入科技元素，"去野生化"。一是在配套设施上可以采用智能家电、智能门锁、智能开关等产品，方便全屋家具的智能化和安全化管理。如泉州uHome智享Mo民宿与爱彼迎联合打造充满智能化和科技感的民宿空间，便捷的操作让居住者感受到民宿旅游的智慧，沈阳想筑民宿利用智能家居系统24小时全天候地保护房东和房客的安全。二是在民宿的经营管理和推介宣传上贡献智慧。房东应建立独立房客资源数据库，或与"订单来了"、同程旅游等大型旅游预订平台联合建立客户云管理资料库，利用大数据和云计算监测房客动态并预测未来一定时期房间需求量变化，对于集体经营型民宿、连锁酒店型民宿和专业托管型民宿的规模化发展和高效率运作具有重要意义。如"订单来了"可以免费为房东提供房态共享、在线支付和发票开具、订单自动化管理、会员档案生成、数据报表等常用功能。此外，房东还可在线上平台租赁广告板块，互联网会有针对性地通过抖音、微博、小红书等媒体平台将商家信息进行推介，提高民宿宣传精准度。

参考文献

贾楠：《我省全面推进旅游业高质量发展》，《河北日报》2019年10月9日。

《中国旅游与民宿发展协会正式发布〈2020年度中国民宿行业发展研究报告〉》，艾瑞网，2021年3月4日，https：//news.iresearch.cn/yx/2021/03/363017.shtml？from = singlemessage。

李瑶：《冬奥前延庆打造百个民宿村》，《北京日报》2019年9月6日。

张琪：《文化营造与空间场域下的乡村民宿设计》，《建筑结构》2021年第23期。

张东燕：《新时代下乡村旅游民宿经营与发展因素分析》，《中国果树》2021年第10期。

张海洲等：《民宿空间的地方表征与建构——网络博客的质性分析》，《旅游学刊》

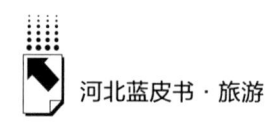

2020年第35期。

魏燕妮：《乡村振兴战略背景下北京乡村民宿业可持续发展路径研究》，《生态经济》2020年第9期。

任英文、邢丽涛：《京畿福地　乐享河北》，《中国旅游报》2019年11月20日。

陈虎等：《民宿消费领域价值共创的机理推导与实证研究》，《旅游学刊》2020年第8期。

吕光、张丹：《民宿设计研究实践——以"界湖"空巢村为例》，《美术观察》2020年第5期。

程晓丽、黄港归：《乡村振兴战略背景下黄山市民宿旅游发展现状与路径》，《池州学院学报》2020年第6期。

凌桂连：《"互联网+乡村旅游"发展潜力分析——评〈乡村民宿管理经营〉》，《中国果树》2020年第3期。

王敏等：《精英吸纳与空间生产研究：民宿型乡村案例》，《旅游学刊》2019年第12期。

高争志、张泽：《民宿安全管理问题研究》，《中国人民公安大学学报》（社会科学版）2019年第4期。

张海洲：《从空间集聚到产业集群》，硕士学位论文，安徽师范大学，2019。

徐林强、童逸璇：《各类资本投资乡村旅游的浙江实践》，《旅游学刊》2018年第7期。

游上、史策：《发展民宿旅游　助力乡村振兴》，《人民论坛》2018年第3期。

唐璐：《铜仁市碧江区旅游民宿发展研究》，硕士学位论文，贵州师范大学，2020。

皮常玲：《民宿经营者职业价值观、情感劳动与获得感研究》，博士学位论文，华侨大学，2019。

发展新格局

New Pattern of Development

B.6 环京津文旅协同发展先行区建设研究

王 军 张茜茜*

摘 要： 文化产业和旅游资源的融合是实现"诗与远方"的最佳途径，能够促进文旅产业的创造性转化和创新性发展。环京津文旅协同发展先行区的建设是推动京津冀一体化的一步重棋，面临政策支持、发展机遇、资源优势等新的着力点和欠缺整体发展规划、基础设施亟待完善、文旅资源开发缺乏创新等新的挑战，应遵循统筹协调、市场主导、试点示范、创新驱动、共建共享的原则，把握优化文旅产品供给、加强文旅信息互联互通、持续推进文旅试点示范区建设的实施重点，要进一步整合文旅资源、创建整体品牌、推动科技创新，促进环京津文旅协同发展先行区的高质量、可持续发展。

关键词： 京津冀文旅协同发展先行区　文旅资源　文旅融合

---

* 王军，河北师范大学汇华学院讲师，主要研究方向为旅游资源开发与土地利用；张茜茜，塔里木大学经济与管理学院硕士研究生，主要研究方向为乡村旅游、特色旅游经济。

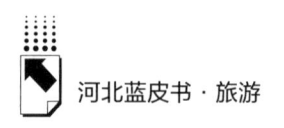

一 环京津文旅协同发展先行区建设时代背景

党的十九大报告中明确提出，中国特色社会主义进入了新时代。我国社会主要矛盾已经转化为人民日益增长的美好生活需要和不平衡不充分的发展之间的矛盾。随着中国综合国力的增强和提升，人们越来越不满足于仅仅追求物质层面的需求，渐渐地从追求物质生活的提高向提升自身的文化素养转变，对文化的需求越来越旺盛。人们越来越热衷于优质文化资源与优质旅游资源相融合的文化旅游，文旅协同、融合发展正成为新的经济增长点。

智慧勤劳的中华民族在 5000 多年的历史进程中创造出璀璨夺目的中华文化、博大精深的中华文明。保持坚定的文化自信、传承和发扬优秀的中华文化、传播与推广悠久的中华文明是对中华民族自身文化价值的充分肯定，有利于提升中国的软实力，有利于提升中国人的"精神气"，有利于提升中华民族的自豪感。文化可以彰显一个国家的综合国力，有利于弘扬民族精神，激发公民的创造力、涵养公民的生命力、增强公民的凝聚力。文化蕴藏着巨大的经济潜力，文化的开发能够助推国民经济发展，尤其是有利于丰富旅游产业的内涵，助推文旅产业的融合发展。旅游业作为"朝阳产业"，具有旺盛的生命力和无限的发展潜力，能够整合吃、住、行、游、购、娱六大产业资源，在提供大量工作机会的基础上促进人民物质和文化生活水平的双提升。新时代下，文旅深度融合、协调发展是"诗和远方"的缩影，是对"读万卷书，行万里路"的生动刻画，是求得二者"最大公约数"的最佳途径。文化资源和旅游产业的融合、协调，一方面可以充分挖掘景点、景区的文化内涵，促进游客对人文元素和文化印记的认知，提升景区的"文化品位"，让自然景观更具"文化魅力"；另一方面可以提高游客的参与度、提升游客的体验感，让游客在游览祖国的大好河山中传播文明、交流文化，展现中国美景和中国力量。新时代下，文旅协同、融合发展面临着新机遇、进入了新阶段、呈现新业态。

2021 年是"十四五"规划的开局之年。2021 年 10 月 14 日，《河北省文化和旅游发展"十四五"规划》中指出,"十四五"时期的目标是推进文化和旅游双向发展,其间要促进文化和旅游质量的升级,加快实现文化强省和旅游强省的目标。河北省要立足环京津的地理优势,抓住京津冀协同一体化发展、雄安新区统筹建设、2022年北京冬奥会筹办、国家文化公园建设、中国(河北)自由贸易试验区建设、北京大兴国际机场临空经济区建设等重大国家战略在河北实施的历史机遇,充分展现自身的文化底蕴,推动文化资源和旅游产业的融合发展,在提升经济质量的同时向外推广和宣传区域文化。《2021年京津冀文化和旅游协同发展工作要点》中指出,要加快推进京东休闲旅游示范区、京北生态(冰雪)旅游圈、京西南生态旅游带、京南休闲购物旅游区、滨海休闲旅游区五大京津冀旅游试点示范区建设,打造知名的示范区、先行区文旅品牌。京津冀三地,地域一体、文化一脉。京津冀在文旅协同发展上优势明显,历史渊源悠久、地理环境层次性分明,享有良好的区位优势和政策红利,拥有丰富的资源禀赋、健全的市场要素。京津冀协同发展已上升为国家战略,具备良好的方向指引和政策支撑;地缘相连相接,有利于文旅资源空间整合;文化一脉相承,具有较强的相互融通性。环京津文旅协同发展先行区的建设一方面有利于拓展京津冀三地文旅投融资渠道,推进旅行地基础设施建设的进程,进一步规范文化旅游产业服务,提升质量标准,塑造长城、大运河国家文化公园品牌,打造独具地方特色的文旅名片;另一方面有利于将京津冀文旅资源进行整合分类,探寻京津冀三地文旅资源之间的共通点与互补点,在此基础上开发整体性、跨区域、独具特色的高质量旅游景区,打造环京津文旅协同发展品牌,推进三地景区向生态旅游示范区、康养旅游示范区、红色旅游示范区、全域旅游示范区迈进,提升环京津文旅协同发展先行区的市场竞争力与吸引力。

二 环京津文旅协同先行区建设原则与重点

建设环京津文旅协同发展先行区,能够整合京津冀三地文旅资源,推进文旅协同发展进入高效互利的新阶段,通过提供新机遇和新平台进一步推动了文化产业和旅游资源之间的融合协调，有利于形成联动机制，打造京津冀三地的文旅品牌。环京津文旅协同发展先行区的建设应遵循统筹协调、市场主导、试点示范、创新驱动、共建共享的原则，把握优化文旅产品供给、加强文旅信息互联互通、持续推进文旅试点示范区建设的实施重点。

（一）建设原则

1. 坚持统筹协调、全面提升

环京津文旅协同发展先行区的建设需要树立整体布局、统筹协调，贯彻"三地一盘棋，先行区为棋眼"的发展理念，建立三地之间的领导协调机构，达成战略共识，以环京津文旅协同发展先行区为中心向外拓展，明确北京核心城市的定位，突出天津、河北的双城支撑作用，协调推进三地文旅产业在服务提质升级、特色发展创新、融合发展提速等方面的工作落实。探索环京津文旅协同发展先行区建设新思路，将"区域文化自信"贯穿于环京津文旅协同发展的总体工作之中，对京津冀地区的文化资源和旅游资源进行整体规划，加快出台环京津五大旅游试点示范区建设的具体实施方案，依靠利益协调长效机制全面提升环京津文旅协同先行区的建设水平。

2. 坚持市场导向、产业引领

环京津文旅协同先行区的建设要以市场环境为导向，迎合与满足市场需求，加快提升京津冀文旅产业的创意创新水平。要推进京津冀三地旅游企业与文化企业的合作交流，通过创意策划、营销推广等形式赋予文旅产品新的时代内涵，在明确三地之间优劣势的基础上进行合理分工，通过定期交流、项目合作、园区共建等形式，打造环京津文旅协同先行区整体性品牌，有利于提升北京市、天津市、河北省三地之间发展文旅产业的互通性与互补性，贯通京津冀文旅企业的产业链，进一步拓展区域间文旅产业链条的深度和广度，发挥产业的引领作用，实现三地文旅资源优化配置。

3. 坚持试点示范、因地制宜

环京津文旅协同先行区的建设要起到模范、标杆作用，做到彰显地域特色、聚焦都市需求，依托京津冀三地丰富多元的旅游资源，打造体验

"雪上飞"的京北生态（冰雪）旅游圈；以白石山景区、白洋淀景区、野三坡景区为核心的京西南生态旅游带；以武清奥特莱斯、创意米兰时尚街区、白沟国际箱包城购物为核心的京南休闲购物旅游区；以永定河国家湿地公园、杨柳青古镇、香河天下第一城为核心的滨海休闲旅游区；以皇家文化、燕山文化、长城文化为核心的京东休闲旅游示范区。京津冀围绕城市群建设文旅协同先行区，能够推进三地一体化发展、综合性提升，连线式的精品旅游路线、高质量的文旅产品能够提升京津冀市场的影响力与吸引力。

4. 坚持创新驱动、把握时代机遇

"一带一路"倡议的实施、2022年冬季奥运会的举办、国家文化公园的建设、雄安新区的统筹规划、京津冀非物质文化遗产博览园项目的提出都体现出环京津文旅协同发展先行区磅礴发展的生命力。应抓住新基建提速布局，依托5G、移动物联网、人工智能等新业态发展文化创意产业，推动文化产业与旅游资源融合模式的创新发展，将人工智能和大数据应用技术作为文旅产业的内驱力，增加文化创意旅游产品开发、生产、包装、销售等环节的创新因素，实现旅游地文化要素、旅游资源、科学技术三者的深入融合，增强文旅企业应用核心技术的能力、开发特色文创品牌的潜力、全面提升产品市场占有率的动力，带动京津冀三地文化旅游创意产业的高质量研发、可持续发展。

5. 坚持共建共享、互利共赢

环京津文旅协同发展先行区建设应融入共享发展理念，京津冀三地通过共享旅游资源、旅游服务、旅游文创产品形成共享经济模式，提升三地文旅产业利益相关者的参与度，在实现京津冀文化旅游共建共享、全面共享的基础上带动区域间资源协同发展、互利共赢。三地通过网络平台进行对接，能够重新整合供需资源，最大限度地共享资源，实现有效资产、技能、服务、产品的再利用，可以简化旅游过程，节约旅游成本，为文旅市场提供更便捷、精准的服务，实现旅游者对旅行地的自主共享。

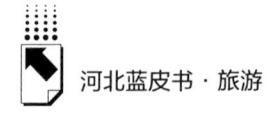

（二）实施重点

1. 拓展投融资渠道，优化文旅产品供给

环京津文旅先行区的建设需要在整合京津冀三地的文化、旅游资源的基础上，明确各区域开展文旅协作的突破口与着力点，增加文化和旅游产业项目库的数量，提升文旅项目的质量。促进环京津文旅协同先行区投融资渠道的横向、纵向发展，搭建文旅项目招商引资、文旅企业融资、文旅企业股权交易、文旅实物资产交易平台，增加开展文化与旅游项目交流、合作活动的频次，进一步提升京津冀三地文旅产业投融资合作的质量和水平。以游客对旅行地的感知为导向，满足居民休闲、度假、康养、娱乐等基本需求，将三地独具特色的文化与丰富的旅游资源进行整合与规划，开发与建立京津冀三地跨区域间的、连片式的精品旅游路线，形成区域性文旅品牌，打造一批以生态环保、研学观光、红色观光、休闲度假、健身康体为主导功能，突出京津冀三地燕赵文化、运河文明、民俗文化等特色精品旅游景区。

2. 加强文旅信息互联互通，提升京津冀文旅融合质量

环京津文旅协同发展先行区应依托5G、新媒体平台进行京津冀区域文化与旅游资源的宣传、展示，将文化资源、旅游景区信息进行实时、动态化的互通共享，为文旅企业之间的合作交流搭建新平台，促进三地共享文化资源和旅游资源发展成果及公共文化设施的建设与完善。共建三地的公共交通服务体系、推进文旅产业标准化和一体化建设、规范文化和旅游市场秩序，促进文旅行业服务管理水平的提质升级，保证京津冀文旅融合的质量。环京津文旅协同发展先行区应建立与规范文旅标准体系，在先行区的基础上逐步完善京津冀总体文旅标准库，文旅一体化发展区域标准的制定应围绕同一个目标，将共推的工作纳入发展规划，将共性的事项进行具体实践落实，促进区域整体标准间的互信互认，提升文化与旅游融合质量。

3. 持续推动长城、大运河国家文化公园等生态旅游项目的发展

京津冀三地文旅部门要在国家战略支持的基础上，持续推进五大旅游试点示范区建设。五大旅游试点示范区作为先行试点，能够发挥自身的试点带动作用，加快京津冀三地旅游一体化的进程，实现由单一景点、景区拓展成旅游线路，形成环京津旅游点、旅游带、旅游圈，最后作为一个整体的旅游地形象出现。此外，三地文旅部门要抓住时代机遇，坚持生态为本、文化为魂、产业为先，深入挖掘长城、大运河、白洋淀等生态文明景点的历史文化、精神内涵，将以长城、大运河、白洋淀为主题的生态文旅景点串成线、连成片、形成区，塑造长城、大运河、白洋淀等景区的新形象，打响京津冀国家文化公园品牌，推动环京津文旅协同发展示范区周边特色生态旅游、红色旅游、康养旅游等旅游景点沿线文旅产业的开发与建设。

三 环京津文旅协同发展先行区发展现状分析

环京津文旅协同发展先行区以北京和天津为核心，以 2 小时车程为半径能够达到的河北省环京津区域，主要包括廊坊、保定、唐山、秦皇岛、张家口、承德、沧州 7 个地级市及其所辖的 50 个县（市）（见表1），约 10.6 万平方千米，占全省 55.8% 的土地面积。城市群位于燕山、太行山、华北平原和渤海交汇处，围绕京津两大城市开展三大区域的政治、经济、文化之间的交流与合作。

表1 环京津地区设区市及包含的市区和县（市）

设区市	包含的市区和县（市）
沧州市	沧州市区、沧县、青县、任丘市、黄骅市、吴桥县
廊坊市	廊坊市区、固安县、永清县、霸州市、文安县、大城县、三河市、香河县、大厂回族自治县
保定市	保定市区、涿州市、高碑店市、容城县、雄县、徐水区、定兴县、满城区、易县
张家口市	张家口市区、涿鹿县、赤城县、崇礼区、蔚县、阳原县、宣化区、怀来县、张北县
承德市	承德市区、承德县、兴隆县、滦平县、丰宁满族自治县、围场满族蒙古族自治县
唐山市	唐山市区、遵化市、迁安市、迁西县、玉田县、滦南县、曹妃甸区、乐亭县
秦皇岛市	秦皇岛市区、昌黎县、抚宁区

资料来源：根据河北省文化和旅游厅相关文件资料整理而得。

（一）政策支持

建设环京津文旅协同发展先行区，实现京津冀协同发展，能够促进地区文化建设、繁荣文旅产业，促进城市品牌经营。1987年首次召开的京津冀区域旅游研讨会，为三地之间的旅游合作提供了新的交流平台。2007年《京、津、冀旅游合作协议》签署标志着旅游协作向实质化迈进。2014年初京津冀协同发展工作座谈会召开，标志着京津冀协同发展这一战略由区域性向整体性国家战略提升。2014年底中央经济工作座谈会上提出将京津冀协同发展与"一带一路"、长江经济带共同作为区域三大战略，要求三者并驾齐驱、共同发展。

2015年底制定了《京东休闲旅游区建设行动计划（2016年-2018年）》，指出在挖掘冀州区、遵化市、迁西县等区域文化资源的基础上，打造乡村旅游、民俗展示、度假养生等文旅新业态，向外推广京东地区的自然风景名胜和黄陵文化。2017年12月《京津冀文化产业协同发展行动计划》签署，指出将文旅信息与游客需求相结合，搭建京津冀智慧旅游平台，为游客提供便捷、优质的智慧文旅体验。2019年6月《京津冀文化和旅游协同发展2019年-2020年工作要点》签署，突出文旅产业对京津冀区域脱贫攻坚、乡村振兴的意义，指出要推动京津冀文旅产业的可持续发展。《2020年京津冀文化和旅游协同发展重点工作方案》指出，要扎实推进京津冀五大旅游试点示范区的建设，明确京东、京北、京西南、京南、滨海一带文旅产业发展的重点，制定具体细化的实施方案、打造重点文化和旅游项目集聚投产。

（二）面临机遇

当前，环京津文旅协同发展先行区面临新基建提速布局、雄安新区创建京津冀非物质文化遗产博览园等重大时代机遇，京津冀区域文旅产业发展迎来了前所未有的黄金发展期。

新基建依托信息网络实现技术创新，能够促进新产业的智能升级。环京津文旅协同发展先行区的建设应依托"大数据+文旅""科技+文旅"的模式，推动京津冀地区向智慧文旅城市迈进。环京津文旅协同发展先行区的建设要依托新基建，加快北京、天津市郊铁路与河北省省域铁路连接的具体方案的规划与实施，推进城区交通枢纽站与大型文旅协同发展先行区之间交通体系的连接，为游客观赏沿途景观匹配充足的交通动力。

2022年北京冬季奥运会的举办打造了河北省张家口市"冰雪城市"的名片，为打通京津冀城市群之间的"动脉"提供了新思路。冬奥会的举办能够挖掘河北特别是张家口市的文化旅游资源，向国际国内游客展示独具特色的燕赵文化，探索"冰雪+旅游""冰雪+文化"等新业态，实现京津冀地区生态产业化、产业持续化。京津冀三地通过借助冬奥会这一平台，讲好河北文化、京津冀地域间的故事，让河北文化、中国故事走出中国、面向世界。

环京津地区拥有多项世界文化遗产、国家级非物质文化遗产，三地文旅资源既有不同之处也有互通之处，依托京津冀独特的资源优势，增强文化之间的互补性，建立雄安新区京津冀非物质文化遗产博览园，通过非遗静态、动态、活态展示等形式多样化地展示非物质文化遗产的魅力，让群众感受非物质文化遗产的"活力"，让游客在实地感受非物质文化遗产魅力的同时促进三地的非物质文化遗产的传播，提升京津冀三地非物质文化遗产项目合作的频次，共同保护与传承京津冀三地的文明成果。

（三）资源优势

1. 文旅资源丰富

京津冀地区地缘相接、文化相近、历史同源，各地文化又独具特色，北京拥有独具特色的皇城文化，是新兴文化、创新文化的主舞台；天津作为国际文化交流的窗口，在历史发展中衍生出漕运文化与海洋文化；河北在华夏时期以"冀域文化"闻名，后随着时代发展，现主要集中于乡村文化、民俗文化、红色文化。京津冀三地文旅资源丰富，种类繁多。京津冀三地拥有世界文化遗产7项，拥有国家4A级景区200余处，通过文化、历史、民宿等文脉和旅游景点相衔接，串联成文化旅游线路，能够为京津冀文旅协同、共享共通奠定基础。京津冀三地为响应国家战略、拓展旅游市场，近些年不断创新文旅项目，推动京津冀文旅强省建设。

2. 交通设施便利

交通一体化是京津冀实现一体化的重要前提，京津冀交通一体化是要综合利用新基建技术，依托高铁、机场等交通要素建立起京津冀综合交通网络，实现点对点的互通互进，打通城市与城市、城市与县城、县城与县城之间的"最后一公里"，进一步完善北京、天津、河北地区的交通系统。目前，京津冀交通一体化进程在持续推进。三地之间的城际铁路、京唐铁路、京滨铁路都在施工建设，京雄城际高铁已经开通运营，京台、京开高速，轨道交通新机场线、大兴机场高速正在陆续建成，以北京大兴国际机场为核心的"五纵两横"外围综合交通主干网在加速形成，大大缩减了北京到雄安新区、天津、石家庄等京津冀中心城市的距离。依托天津港的京津冀海上通道在加速建设，由天津港到宁波港的航线是特地为京津冀企业打造的，降低了企业的物流成本。三地在交通方面共同参与、互联互通，共同推进京津冀交通一体化进程。

3. 市场需求旺盛

随着文旅融合、全域旅游、创意文旅等国家战略的提出，人们越来越倾向于文化和旅游消费，文旅市场需求旺盛，文创产品潜力巨大，旅游发展态势向好。据统计，2019年河北省实现旅游总收入9313.36亿元，北京市实现旅游总收入6224.6亿元，2020年天津全年实现入境旅游外汇收入3.34亿美元，国内旅游收入1331.42亿元。京津冀地区旅游消费势头强劲，旅游市场具有巨大潜力、强大韧劲和旺盛活力。文旅消费作为提升国民幸福感与获得感的重要途径，近些年游客在消费质量、消费理念、消费深度等方面发生着明显的变化，对于京津冀区域文旅需求产品，越来越倾向于多样化、个性化、品质化。环京津文旅协同发展先行区应迎合游客需求，提供高质量、高品质的文旅产品和时尚化、便捷化的服务，为游客提供新的消费选择。

（四）主要问题

1. 文旅资源融合度低，欠缺整体发展规划

环京津文旅协同发展先行区的建设需要树立整体发展理念，将北京市、天津市、河北省的文化旅游资源进行整合，打造区域性、整体性的文旅品牌。但长期以来，京津冀地区的文化旅游往往停留在观赏景点、景区的初级发展阶段，对于景点、景区的文化价值挖掘不够深入，文化产业与旅游产业的进一步融合路径有待探索。京津冀各地区未能制定整体发展规划，习惯于自上而下的"垂直式"的行政管理模式，地方政府作为协同发展的主要"推手"，没能推动真正促进三地文旅发展的机制设计，没能促进真正的区域融合。三地政府尚未建立起能充分体现三地协调关系的横向联合机制，地方文旅产业展开的交流与合作有待深入，京津冀三地之间的文化旅游资源共享率低，无法实现文旅资源的优化配置，在增强文化旅游资源的互补性和文旅信息交流的共享性方面有很长的路要走。与长三角、珠三角相比，京津冀三地的文旅产业总体规划有待完善和实施，区域之间交流的频次有待提升，核心城市与周边城市的经济发展差距较大，互补性有待增强。未来环京津文旅协同发展先行区的建设，需要提高区域文旅资源的互补性和城市间的文旅信息共享水平。

2. 基础设施亟待完善，空间结构不尽合理

基础设施作为环京津文旅协同发展先行区建设的"奠基石"和"助推器"，能够影响京津冀三地区的经济发展水平和文旅资源协同度。基础设施不完善、空间结构不合理，使得各类资源在城市之间的流动性降低，城市内部、城市与外界之间的能量交换受阻，不利于区域整体的产业成长和协调发展。与长三角、珠三角相比，京津冀地区整体性、网络状的交通体系尚未建立，主要依托核心城市这一交通枢纽向关内外发散，增加了像北京这样核心城市的负担，城市之间交通的网格化有待提升。京津冀三地区城市、县城之间的交通网络不够发达，城市与城市、城市与县城、县城与县城之间交通联系线路不能达到迅速、便捷、经济的出行要求，缺少新的枢纽机场和枢纽港群。在空间结构上，京津冀地区由于经济发展水平存在差异、文旅资源分布不均、设施水平差距较大、交通网络密度较低，区域合作模式有待向中高阶段迈进。京津冀三地之间的城市群流动不平衡，主要集中于北京、天津、秦皇岛、承德等地，旅游流的网络化、整体化结构有待完善。

3. 文旅资源开发缺乏创新，文化生态保护有待加强

建设环京津文旅协同发展先行区，可以依托三地丰富的非物质文化遗产资源，发挥文化资源优势，探索文化资源与旅游产业融合创新的可能性。京津冀三地对文旅资源的挖掘不够深入，更多展示景点、景区的艺术价值，在建设旅游场馆、举办文化活动上耗费的精力多，对文旅产业依赖的文化土壤关注较少，景区、景点缺乏鲜明的主题，展示内容过于单薄。随着新产品、新场景、新服务的不断涌现，建设环京津文旅协同发展先行区需要在开发独具地域和民俗特色的文创产品上下"苦功夫"，将不同文化元素进行"排列组合"，借助旅游景点这一平台展销非遗手工、文创产品，提高游客消费文化旅游产品的频次。此外，京津冀三地面临大气污染、河流污染、土壤污染、草场退化、水源短缺等严峻挑战，三地要积极应对破坏文化生态带来的挑战，将文化生态保护融入文旅产业开发，打造一批集乡村田园风光观光、非物质文化遗产研学、乡村特色民俗体验于一体的旅游景区，开发建设展示田园风光、普及农业知识的现代农业旅游基地，实现乡村景观由静态向动态转变，实现京津冀文旅资源的可持续开发利用。

四 环京津文旅协同发展先行区提升对策

区域特色明显、规模效益提升，推动经济繁荣、社会进步、生态和谐是环京津地区发展旅游经济的基础目标，也是环京津文旅产业不断追求的目标。构建环京津文旅协同发展先行区，要按照国际视野、创新驱动、先联先通、城乡一体、同城异化战略进行部署。要综合发挥政府的主导作用、挖掘京津市场需求、提升文旅服务水平、分区域建设文旅协同先行区。

（一）发挥政府主导作用，创新管理机制

一是全面加强京津冀三地的行政管理融合。京津冀三地的机构部门要增加在日常行政管理工作中的交流与沟通，切实发挥政府的主导、引导作用，统筹规划、统筹管理北京市、天津市、河北省的文化与旅游事务。科学合

理、富有创新性的管理机制是京津冀文旅产业协同发展的客观要求和基本保障，三地有关部门要从整体性、全局观出发，制定一套立足现在、展望未来，可行性和可操作性强的京津冀区域文旅产业协同发展的新体制、新机制、新系统，充分发挥"1+1+1>3"的系统效果。

二是对文旅休闲带、休闲区建设进行精准化科学定位，充分发挥政府的协调、引导、监督和服务等职能，加快编制环京津休闲文旅产业带专项发展规划，依据京北、京南、京西南、京东等文旅协同发展区的地理位置和资源优势，对文旅休闲带进行精准、科学的定位，制定出相应的产业政策和发展措施，例如京北皇家文化旅游融合区可以突出皇城文化特征，依托故宫、长城等知名旅游景点进行文化内涵的挖掘，打造国内外精品文旅景区。

三是鼓励文旅企业跨区域发展。京津冀地区应出台相关的文旅产业补贴政策，给予京津冀跨区域发展的文旅企业用地支持、税收优惠、资金补贴等一系列优惠扶持政策，鼓励文旅企业跨地区经营，开发与构建京津冀区域"京张承""张承唐""通武廊""京雄保"等七条跨区域旅游线路，取消文旅企业异地发展的限制性政策，促进文旅企业在北京市、天津市、河北省区域的流动与交流，实现文旅企业在京津冀大区域内的协调发展。

四是不断加强文化遗产和IP知识产权保护。京津冀三地拥有较多的非物质文化遗产资源，这些是环京津文旅协同发展先行区建设的先天因素。要增强对环京津地区文化遗产的保护，加大文旅市场监督管理力度，避免景区同质化现象的出现，引导各文旅协同发展区利用和保护好自身的文化、旅游资源，开发个性化、创新性的文旅产品，加强对创意文旅产品等IP知识产权的保护，避免抄袭、复制等侵权行为的发生，为激活文旅企业发挥好市场主体力量，营造良好的环境。

（二）挖掘京津市场需求，突出文旅协同特色

一是明确客源市场，满足多元化需求。京津冀地区共处首都经济圈，人缘相亲、文化相近、文脉相承、地缘相接。文旅产业发展壮大的基础是满足客源市场的需求，环京津文旅协同发展先行区的主要客源来源于北京市、天

津市及其周边区域，北京市、天津市作为国内一线城市和新一线城市，环京津文旅协同发展先行区应抓住两地高消费、重质量的文旅消费理念，加强文旅创新产品的设计与开发，更新与完善文旅产品结构，突出文旅产品特色，以满足京津地区不同消费群体的多元化需求。

二是依据市场特点，强化三地之间的文旅合作。要根据京津区域文旅消费市场的规模和特点，积极开展跨地域、跨时空、跨行业的文旅项目交流与合作。坚持文旅融合、创新发展理念，积极改变区域化发展、单一化发展的状况，对京津冀区域文旅市场要做到统筹兼顾、联合合作，环京津文旅协同发展先行区的建设要做到资源共享、分工明确、优势互补，"叫醒沉睡"的京津冀文化资源，加快文化资源融入旅游产品的速度，通过区域之间的文旅项目合作，促进三地之间文化与旅游产业的长远化、流畅化发展，提升环京津文旅协同发展先行区的吸引力与影响力。

三是整合文旅资源，开发特色旅游。文化旅游产业的发展需要突出创新性，满足游客对创意性文旅产品的需求，京津冀三地要在整合文旅资源的基础上联合推出生态旅游、康养旅游、非遗旅游、怀旧旅游等文化旅游新业态，开发构建周末亲子游、房车自驾游、文旅演艺游等跨区域旅游线路，拓展文化旅游体验的深度与广度，提升游客的参与度。京津冀三地可以依托冉庄地道战遗址、革命圣地西柏坡、狼牙山等红色旅游景点，将红色旅游与研学旅游相结合，突出景点、景区的红色基因和教育意义。构建京津冀文旅IP体系，通过庙会、博览会等大型集聚活动，加强京津冀文旅资源的宣传，彰显京津冀文旅市场的活力与潜力，塑造区域性的文旅品牌。

四是用文化内涵培育品牌，突出文旅协同特色。要激发环京津文旅协同发展先行区的消费促进力，形成京津冀区域内分工明确、文旅产品互补、文旅资源共享的良性发展格局，挖掘京津冀区域的文化内涵，用文化内涵培育区域品牌。环京津文旅协同发展先行区的建设要充分发挥文化的价值，将文化融入旅游产品才能促进文旅产业的可持续性发展。环京津文旅协同发展先行区要整合京津冀三地的文化旅游产品、品牌、项目，建立统一的监管、运营体系，推动三地在基础服务设施建设、体制机制构建、精品路线塑造上的协调发展，共同携手打造知名度高、传播力强、发展潜力较大的文旅品牌，将京津冀区域打造成国内数一数二的文旅目的地和文旅复合枢纽。

（三）调整文旅要素配置，提升文旅服务水平

一是构建便捷的文旅交通格局，实现无障碍交通旅游。京津冀地区目前在旅游景点基础设施的完善上还有很大的提升空间，环京津文旅协同发展先行区要依托景区、景点、重要交通枢纽站，设置一批房车自驾游基地和交通驿站，可以规划开通火车站、高铁站、汽车站、地铁站到文旅特色景区的直达线路，根据各地区的交通发展情况开通景点、景区直通车，改善与完善旅游城市之间、城市到景点以及景点间的交通线路，形成"城景通""景景通"的便捷旅游交通格局，重点打造"京津保""京承秦""京张承"三个文化旅游"金三角"产品，增强环京津区域文化旅游的可进入性。

二是要优化文旅产业服务要素，综合提升旅游品质。京津冀区域要着力加快景区附近酒店、餐饮业的发展，加快形成五星级酒店为领跑者，四星、三星酒店为主力，经济型酒店和快捷酒店为辅力，打造满足不同层次游客需求的酒店业格局。此外，环京津文旅协同发展先行区要全面提升餐饮业的服务质量和水平，要加大对文旅景区餐饮行业的监督检查力度，同时要开发推出具有地域特色的饮食，例如在京西百渡山水文化旅游区可以推出蒸鹿尾、贴饼子、缸炉烧饼等地方特色美食，打造"舌尖上的京津冀"，提高游客对京津冀地方饮食文化的认知，提升游客在吃、住、行、游、购、娱等方面的综合体验。

三是创新文旅产品，打造高品质的文旅"产品包"。要增强京津冀文化旅游商品中的品牌化建设，加快成立一家集设计、生产、销售、售后于一体的专业化、创意化文旅产品公司，依托专业化的平台，打造完整性、一体化发展的产业链。要精准识别具有发展潜力的文创产业、项目，全面提升文旅产业、项目的综合竞争力，吸引国内外企业投资开发，将京津冀地区的文旅资源优势转化为新的经济增长点。同时充分发挥京津冀区域的地理优势，建

立文旅商品批发市场和大型交易会，打造文旅产品大规模流通和贸易中心，向游客、向世界推广京津冀区域的文旅产品。

（四）深入推进文旅整合，分区域建设文旅协同先行区

环京津范围内的旅游区（点）是发展环京津区域旅游业的根基。要综合分析环京津文旅协同发展先行区开发项目的区位条件、文旅资源、环境质量、基础设施优劣势，将景观的实景展示与历史文化的挖掘相结合，再现和创新自然景观和文化景观的价值，展现京津冀区域历史文化和民俗风情的独特魅力。依托雄厚的文化积淀、品牌知名度和产业集聚效应，推动"京西北运动康体文旅协同先行区、京东北皇家度假休闲文旅协同先行区、滨海休闲度假文旅协同先行区、京南温泉湖泊文旅协同先行区、京津同城商务休闲文旅协同先行区、京西南百渡山水文旅协同先行区"的建设。

一是以冬奥会为契机，打造"雪上飞"的京西北运动康体文旅协同先行区。京西北运动康体文旅协同先行区的建设要依托承德避暑山庄、崇礼滑雪基地、坝上风情音乐节等旅游资源，重点推出一系列运动、康养文旅项目，例如推出"我在冬奥会等你"冰雪游、桑洋河谷葡萄长廊研学游、蔚县打树花特色民俗游、承德避暑山庄康养游，消费群体要以京津冀区域为核心，重点辐射山西、内蒙古，立足全国市场，将自身打造成四季运动康体文旅协同先行区。文化资源与旅游景点的融合发展，突出与彰显京西北运动康体文旅协同先行区的特色，打造展示冬奥风采的冰雪运动产品、冰雪文旅产品，在推广文旅资源的同时塑造"冰雪城市——张家口"的城市名片，向世界展示冬奥风采，讲好冬奥故事。

二是突出皇城文化，打造弘扬塞罕坝精神的京东北皇家度假休闲文旅协同先行区。京东北皇家度假文旅协同先行区是以承德市为中心，重点挖掘草原、温泉、狩猎等特色文旅资源，依托承德市周边的旅游景点，例如避暑山庄、外八庙、普宁寺、金山岭长城、塞罕坝国家森林公园，建设以享誉世界的生态品牌——塞罕坝为核心吸引力和竞争力的文旅协同先行区。京东北皇家度假休闲文旅协同先行区的建设要围绕"大避暑山庄"的构想，重点突

出皇家文化和宗教文化，依托悠久的文化历史，结合特色旅游景点进行宣传。要注重生态环境的保护，利用《那时风华》《最美的青春》等优秀电视剧进行塞罕坝精神的展播，传承与发扬塞罕坝精神，推出"那时"创业小镇、"最美的青春"照相馆、尚海纪念林、林场的变迁等独具京东北特色的文化旅游创意项目，丰富旅游景点的研学功能、教育功能，将承德打造成传承塞罕坝精神的红色教育基地。依托塞罕坝国家森林公园，打造一批生态旅游、康养旅游、休闲度假文旅项目，实现塞罕坝地区生态保护与经济增长双向发展和可持续发展。

三是充分挖掘海洋文化，打造"海上游"的滨海休闲度假文旅协同先行区。滨海休闲度假文旅协同先行区主要打造滨海旅游特色，以秦皇岛市和唐山市为中心城市，依托黄金海岸、乐山海洋公园、北戴河风景区、山海关景区、曹妃甸湿地公园等特色旅游景点，最大限度地展现滨海地区海洋文明和漕运文明，构建以历史、生态、人文、休闲、沙滩和葡萄酒为特色的，面向京津，辐射全国市场的高品质休闲旅游胜地。要激发游客对滨海旅游的消费潜力，进一步提升北戴河、曹妃甸等生态旅游景区的品牌形象，将秦皇岛特色景区与碣石文化、长城文化、孤竹文化相结合，在唐山特色景区搭建评剧、皮影戏、泥塑等非物质文化遗产的展示平台，丰富旅游景点的文化内涵，将秦皇岛市、唐山市打造成世界级的文旅度假区、滨海康养胜地。

四是依托京南文旅资源，打造一体化的京南温泉湖泊文旅协同先行区。京南温泉湖泊文旅协同先行区是以白洋淀温泉城和沧州为中心城镇（区），突出温泉养生和湿地生态等优势，整合湿地、商贸、农业和历史文化等资源，形成以白洋淀和白洋淀温泉城、永固霸温泉度假区、黄骅滨海休闲区为重点板块，以大温泉、大湖泊为特色的，面向京津，服务河北，辐射山东、山西等周边省份的温泉湿地特色休闲区。建设京南温泉湖泊文旅协同先行区要充分整合北京—雄安新区沿线涿州、高碑店、白沟、安国等地区的农业、中医药、新型工业等特色资源，以雄安新区高质量发展理念引领文化旅游产业的发展，着力建设一批智慧体验新区、生态旅游新区、研学旅游新区，例如可以依托安国市"中国中医药之都"的资源优势，定点开展中医药研学

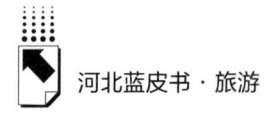

旅游；依托白洋淀"北方小江南"的地理位置，开发推出温泉康养旅游；依托沧州黄骅港"亚欧大陆桥新通道桥头堡"的地理优势，加强滨海休闲旅游景区的开发。

五是依托交通一体化优势，打造综合性的京津同城商务休闲文旅协同先行区。京津同城商务休闲文旅协同先行区依托被京津环抱的区位优势，围绕"京津第一休闲空间"的发展目标，全面对接京津地区的商务休闲和居民休闲，以高尔夫、会议、展览、运动等休闲娱乐活动为重点板块，吸纳京津商务和休闲资源，构建与京津两市同城效应突出的复合型商务休闲功能区。建设京津同城商务休闲文旅协同先行区要充分发挥区域游客集散、康养休闲、商贸物流、会议会展的多功能优势，建设一批商务休闲园区、城郊休闲公园、会议会展园区、商贸购物基地、教育培训基地，将京津同城商务休闲文旅协同先行区打造成为首都城市功能的拓展区、新机场的休闲旅游区、科技成果孵化区与现代服务业聚集区。

六是依托龙头品牌景区，打造观光体验型京西南百渡山水文旅协同先行区。京西南百渡山水文旅协同先行区是以保定市为中心城市，依托历史文化遗产、自然风景区，将文化观光、自然观光和避暑度假、生态休闲结合起来，依托大野三坡、白石山、清西陵等龙头品牌景区，积极培育生态旅游、康养度假、文旅小镇和自驾旅游等产品业态，打造国际知名山地旅游度假目的地。建设京西南百渡山水文旅协同先行区要充分发挥京西南地区丰富的观光资源，建设一批城郊公园、休闲垂钓基地、水上娱乐基地、拓展运动基地及汽车营地、特色民俗村，形成贯穿京津冀的国际生态走廊、康体养生度假带、运动娱乐休闲带。

参考文献

《河北省人民政府办公厅关于印发河北省文化和旅游发展"十四五"规划的通知》，河北省人民政府网，2021年10月14日，http：//info.hebei.gov.cn/hbszfxxgk/6898876/

6898925/6899014/6907489/6991474/index. html。

《河北省人民政府关于印发〈河北省旅游高质量发展规划（2018—2025 年）〉的通知》，河北省人民政府网，2018 年 11 月 22 日，http：//info. hebei. gov. cn/hbszfxxgk/6806024/6807473/6806589/6839465/index. html。

史广峰：《河北省太行山文旅融合发展战略研究》，《经济论坛》2019 年第 8 期。

《河北省人民政府关于印发〈河北省环京津休闲旅游产业带发展规划（2008—2020）〉的通知》，河北省人民政府网，2009 年 6 月 1 日，http：//info. hebei. gov. cn//eportal/ui？pageId = 6778557&articleKey = 3787737aa&columnId = 330150。

马德生、王丽芹：《打造环京津休闲旅游产业带的对策建议》，《商业研究》2009 年第 7 期。

翟玉虎：《关于加快京津冀区域旅游协同发展的对策建议》，《领导之友》2016 年第 17 期。

刘丽华等：《河北省环京津地区旅游协同发展研究》，《合作经济与科技》2017 年第 10 期。

袁令伟：《京津冀文化旅游产业协同发展研究》，硕士学位论文，天津理工大学，2020。

史广峰、李晓：《文化和旅游消费需求趋势研究——基于京津冀区域的市场调研》，《经济论坛》2020 年第 8 期。

陈怡宁等：《京津冀文化旅游协同发展探索》，《前线》2018 年第 9 期。

白美丽等：《张家口文化与旅游融合创新发展的 SWOT 分析及对策研究》，《内蒙古师范大学学报》（哲学社会科学版）2017 年第 4 期。

张静、闫桂莲：《丰宁县文化旅游融入京津冀协同发展思路和对策研究》，《河北旅游职业学院学报》2016 年第 1 期。

B.7 长城国家文化公园（河北段）高质量发展的战略思考

李 晓*

摘　要： 2019年7月24日，《长城、大运河、长征国家文化公园建设方案》的出台揭开了长城国家文化公园的建设序幕。长城国家文化公园建设既是国家文化战略，同时也是以文旅融合为导向的区域发展新战略。作为长城国家文化公园重点建设区，河北的长城文化资源是中国长城保存较完整、典型的区段。近年来，河北省正如火如荼地加紧长城国家文化公园建设，并取得了一定成效。本报告主要从长城国家文化公园（河北段）建设的意义、发展现状、急需关注的问题以及发展路径四个方面进行详细阐述与深入思考，以期为长城国家文化公园（河北段）高质量发展提供参考。

关键词： 长城国家文化公园　高质量发展　河北段

一　长城国家文化公园（河北段）建设的重要意义

（一）保护长城遗产，永续长城文化资产的重大工程

长城国家文化公园（河北段）建设的首要目标是保护长城遗产。保护长城古代军事防御工程的建筑遗产；保护各历史时期长城文物本体的形制、

---

* 李晓，河北省社会科学院旅游研究中心助理研究员，主要研究方向为旅游经济。

结构、材料、营造技术与工艺；保护长城所承载的历史信息，如明代北方军事防御制度等；保护长城与周边环境共同形成的独特文化景观。这有利于协调长城保护与生态保护、基本农田保护、河北经济社会发展的关系，从而减少自然和人为因素对长城的破坏。

（二）传承长城精神，彰显国家文化自信的重要载体

长城国家文化公园（河北段）建设的突出重点是文化传承。长城承载着悠久的历史文化，蕴含着伟大的精神价值，如创造精神、奋斗精神、团结精神和梦想精神。长城国家文化公园建设就是要秉持新时代文化遗产传承理念，重点传承文物和非物质文化遗产，突出活化传承和合理利用，与人民群众精神文化生活深度融合，开放共享，从而让长城精神焕发新时代风采，进一步坚定文化自信，彰显中华民族优秀传统文化的持久影响力。

（三）激活沿线经济，撬动区域乡村振兴的重要杠杆

长城国家文化公园（河北段）建设的重要目的是带动沿线区域经济发展，推动乡村振兴发展。充分挖掘长城（河北段）文化遗产的资源价值，共享文化遗产保护成果，构建京津冀城市群文化功能区，推动河北长城沿线地区积极融入国家大事实践，如"一带一路"建设、京津冀协同发展、2022年冬奥会筹办等，从而促进区域乡村振兴发展，建设经济强省新局面。

（四）建设美丽河北，推动高质量发展的重大举措

长城国家文化公园（河北段）建设是一项包含社会、文化、经济、生态文明建设的系统性工程，需要贯彻生态优先、绿色发展的思路。河北通过推进沿线生态环境保护修复、发展特色生态产业等举措，推动长城文化创造性转化、创新性发展，从而促进人与自然和谐共生，实现生态保护和高质量发展双赢，为建设美丽河北注入新动能、新活力。

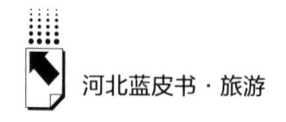

二 长城国家文化公园（河北段）发展现状

（一）强化顶层设计，长效保护机制逐步建立

河北省通过强化顶层设计，有力有序地推进长城国家文化公园（河北段）规划建设，逐渐建立起长效保护机制。一方面，河北省和地方陆续出台了多项法规和规划。法规方面，2021年3月河北省通过了《河北省长城保护条例》，为依法推进长城国家文化公园建设提供了有力的法制支撑。规划方面，河北省编制完成了《长城国家文化公园（河北段）建设保护规划》，以及配套的实施方案、项目推进方案、工作方案，形成1个规划引领、3个配套方案支撑的"1+3"推进体系；地方的9市1区也编制了市级长城国家文化公园建设保护规划，形成"1规划+3方案+1专规+1导则+10市规"的横向纵向规划体系。此外，河北省正在编制"长城国家文化公园（河北段）文化和旅游融合发展专项规划"，创新编制了《长城河北段周边风貌控制导则》《河北省长城风景道建设指南》，为长城国家文化公园建设保护提供指引。另一方面，河北省积极组建专家咨询委员会，设立工作专班，通过连续召开长城国家文化公园工作调度会及项目推进视频会，细致谋划、狠抓落实，为长效保护机制的建立提供有力的组织保障。

（二）聚焦重点项目，项目推进体系逐步形成

河北省紧紧围绕四大功能区和五大工程建设，把准建设定位，优化项目布局，强力推进重点项目落地落实，项目推进体系逐步形成。2021年，长城国家文化公园（河北段）建设共谋划了42个省级规划项目，计划投资额166.16亿元，其中10个项目列入国家层面重点项目。[①] 截至11月，已开工34个项目，完成投资74.12亿元，崇礼长城本体保护和景观展示亮化工程、

---

① 《河北努力打造长城国家文化公园建设样板》，河北省文化和旅游厅网站，2021年10月11日，http://www.hebeitour.gov.cn/Home/ArticleDetail?id=14833。

金山岭长城保护修缮工程、金山岭段文旅融合示范区、可阅读长城数字云平台二期、系列长城风景道示范段、大境门长城文化博物馆等一批重点标志性项目在2021年底基本建成，逐步形成了标志性项目示范引领、配套支撑项目均衡布局的分类、分级、分期实施的项目推进体系。此外，在项目推动实施中，河北省积极举办招商推介会，宣传推介了一批优质招商项目。如在京张体育文化旅游带国家文化公园暨太行红河谷文化旅游经济带重点项目招商推介会上，共推介了65个招商项目，成功签约12个文旅项目；在2021"一带一路"·长城国际民间文化艺术节和第六届河北省旅发大会上，共宣传推介了80多个优质文旅招商项目。

（三）挖掘文化内涵，文旅融合路径逐步被打通

河北长城沿线各地区大力挖掘长城文化内涵，将其与非遗体验、体育运动、数字科技等相结合，开发新型文旅产品并营造文旅新场景，推进优质文旅资源一体化开发，逐步打通了文旅融合路径，有效促进了乡村振兴和城乡融合。首先，打通了"长城文化+非遗体验"的文旅融合路径。2021年9月"一带一路"·长城国际民间文化艺术节的举办，为300多项非遗创造了集中亮相的条件，一系列精彩纷呈的非遗手艺展现、美味品尝、医道传授、匠心讲述等活动展现了长城文化的魅力。其次，打通了"长城文化+体育运动"的文旅融合路径。迁安依托当地山地风貌、水城特色，融合丰富的长城文化、红色文化、乡村风俗等元素，打造了富有特色的越野马拉松品牌赛事。最后，打通了"长城文化+数字科技"的文旅融合路径。大境门以数字化为引领，打造酷炫文旅产品并创新产品呈现形式，如"光影艺术空间"项目和"蔚花园"3D裸眼沉浸剧场，努力让长城文旅产品迎合当代年轻人的品位，以更具时尚感和个性化的产品延续长城文化的强大生命力并彰显持久影响力。

（四）注重创新形式，文旅品牌影响力逐步提升

近年来，河北省注重创新宣传形式，开展了一系列丰富多彩、形式多样的宣传活动，长城文旅品牌影响力逐步提升。首先，河北省通过多

种渠道造势进行长城活动宣传。2020年以来，河北省连续举办了一系列围绕长城主题的文艺展示活动，如"爱长城、颂长城"长城主题歌曲征集、"多彩非遗 壮美长城"非遗作品创作征集、"行走长城"采风创作展、全国新媒体自驾游长城等。2021年9月，2021"一带一路"·长城国际民间文化艺术节在河北省圆满完成。其次，打造新媒体产品来"引爆"网络。河北省与长城新媒体开展"爱家乡 游河北"全媒体采访直播活动，策划组织"长城之约——长城保护员新媒体主题活动"，通过交互式新媒体产品讲述长城故事。最后，精准营销激活旅游市场。河北省启动了全国首个"可阅读长城数字云平台"，并推出了《中国长城旅游产品手册》和《长城国家文化公园（河北段）精品线路册》，12条精品线路涵盖并凸显了长城河北段的精华，为游客提供翔实便利的出行参考。

三 长城国家文化公园（河北段）高质量发展急需关注的问题

（一）长城国家文化公园管理体制有待创新

长城国家文化公园建设较为关键的一步是管理体制改革，管理体制的创新程度将会影响整个公园的建设效率。长城河北段行经9个设区市59个县（市、区），沿线文物和文化资源富集，共有世界文化遗产5处、全国重点文物保护单位84处、省级以上非物质文化遗产277项、国家全域旅游示范区6个、国家级旅游度假区1个、国家历史文化名城3座、全国爱国主义教育示范基地10处、国家4A级以上旅游景区7家。[1] 目前，长城国家文化公园（河北段）沿线地区存在"多头管理、遗产地人口众多、土地产权复杂、资金保障不足、跨区域协调困难"等现实问题，尤其是长城国家文化公园

---

[1] 任英文、高越：《挖掘文化内涵 推进业态融合》，中国旅游新闻网，2021年11月2日，http://www.ctnews.com.cn/jqdj/content/2021-11/02/content_114354.html。

内部全国重点文物保护单位、国家重点风景名胜区、国家历史文化名城、中国历史文化名镇名村等交叉重叠、多头管理的碎片化问题亟须解决。

（二）长城沿线的旅游公共设施和服务质量有待完善与提升

宏观来看，长城沿线的旅游公共服务设施呈极点分布状态，即长城沿线A级景区内的设施较为完善，而沿线其他地区的设施较为匮乏，尤其是旅游厕所、观景休憩点、"长城人家"、长城文化站等设施的数量较少且未形成空间体系。微观来看，景区内的公共服务质量有待提升，尤其是游客对长城沿线景区导游服务、投诉反馈、商品购买等服务的评价较低，服务基本呈标准化管理模式，个性化的亮点服务较少。

（三）长城文旅产品的"文化要素"内涵有待凸显

目前，河北省大多长城文旅产品是以原始长城为基础的观光旅游产品，产品中的旅游资源与文化元素融合程度不够深、不够广，未能很好地展现当地非物质文化遗产、历史文化和乡风习俗的文化精髓，尤其是民宿、文创商品、旅游演艺等产品的文化亮点不足、缺乏科技感、可替代性强，不能激发游客的购买欲，从而导致长城旅游产品的消费结构较为单一。具体而言，旅游消费以门票收入为主，食、住、购、娱方面收入占比较低，年旅游人次和收入涨幅缓慢，急需依托"文化要素"提高长城文旅产品的附加值，从而优化消费结构。

（四）长城文化旅游在线宣传有待加强

由全国A级景区管理系统搜索可知，河北省目前有12家长城旅游景区，其中只有山海关、老龙头、金山岭、大境门、崇礼5家旅游景区能在百度指数中搜索到，占比仅有41.7%。此外，该搜索时间为2021年6~12月，山海关、老龙头、金山岭、大境门、崇礼的搜索指数日均值分别为1591、297、188、272、751，其中仅有山海关的搜索指数日均值超过1000，崇礼超过500，其他3家景区则维持在500以下（见图1），搜索量偏低，可见河北长城旅游景区的市场知名度有待进一步提升。

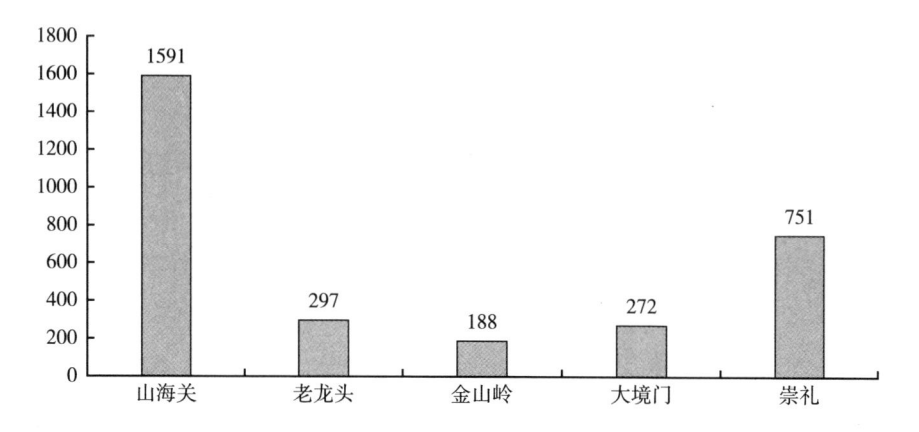

图 1　2021 年 6~12 月河北省 5 家长城旅游景区百度搜索指数日均值

四　长城国家文化公园（河北段）高质量发展路径

长城国家文化公园（河北段）的高质量发展不仅需要创新，也需要借鉴。对国外文化型国家公园典型案例经验做法进行梳理（见表1），有选择性地吸收到我国国家文化公园建设上来，进而优化长城国家文化公园（河北段）的建设发展路径，促进河北省文旅产业高质量发展。

表 1　国外文化型国家公园典型案例经验做法分析

类型	案例地	管理体制	财政体制	遗产保护机制
垂直型国家文化公园体系	美国梅萨维德国家公园	实行独立于各州管辖的垂直管理体制，设立联邦机构、地区分局、公园三级垂直领导机构，与各州、市无直接隶属关系	运营资金近90%来源于国会财政拨款，其余10%依靠国家公园收入和捐赠资金	依靠联邦政府保护和运维；实施总体管理计划
地方自治型国家公园体系	德国哈茨国家公园	国家指导，地方自治：在州环境部的指导下，由国家公园管理办公室负责管理	政府财政拨款为主，资源开发利用的营收为辅	回归大众，保护原真，建立最严格的保护法规体系，涉及制度、管理、资金等环节；注重民间力量的参与

续表

类型	案例地	管理体制	财政体制	遗产保护机制
综合型国家公园体系	日本日光国立公园	确立了由国立公园、国定公园及都道府县立自然公园构成的公园体系	政府拨款主导，门票经济淡化与景区内部服务收入激活并举	遗产活化，全民参与，提出无形文化遗产理念；重视非物质文化遗产的活化保护；培养全社会对文化遗产保护的共识

（一）加强统筹协调，建立高效率的国家文化公园管理体制

一是成立各级工作领导小组。成立以省委常委、宣传部、省文化和旅游厅为主的省级工作领导小组，统筹长城国家文化公园（河北段）建设；在河北长城沿线地市设置市级工作领导小组或长城国家文化公园管理中心，下设保护传承组、研究发掘组、项目建设组、生态环保组等工作组，推动相关区段各项保护建设任务有效落实。二是加强区域协调。积极调动各地各类文化、旅游、人力等资源，尽力做到统分结合、主次分明、分级管理、地方为主，以共建的形式最终实现共赢。要把长城国家文化公园项目积极纳入发改、交通等规划建设"盘子"，整合各部门资金用于项目建设。文化和旅游部门要当好协调员、绘好施工图，协调联动发改、财政、交通、自然资源等各部门，举全省之力加快推动重点项目建设，共同解决项目建设中存在的问题，确保完成各项建设任务。同时，长城国家文化公园建设要特别关注与当地居民的协调问题，需要在遗产保护的基础上兼顾民生，让当地居民参与遗产保护与项目建设，让长城文化遗产完整保存并"活在当下"，成为"活的人类财富"。三是建立因地制宜的资金机制。借鉴国外财政体制，建立以"财政＋专项"为主、"债券＋基金"为辅的复合资金机制。其中，长城资源禀赋高或财政收入较高的地区应积极发挥市场作用，其他地区需要加大政府扶持力度并积极尝试市场运作。此外，要拓展京津冀文化和旅游投融资渠道。长城国家文化公园建设起步早，需要叠加冬奥会、京张体育文化旅游带等重大机遇，借助京津之力拓展投融资渠道。充分利用中国北京国际文化创

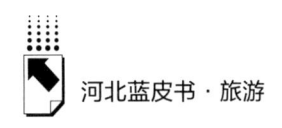

意产业博览会、2022中国旅游产业博览会，联合开展京津冀文化和旅游产业项目宣传推介，共同招商引资，合力塑造京津冀长城文化旅游品牌，全力推动长城国家文化建设任务落地落实。

（二）优化设施格局，提供高品质的旅游体验和服务

一是打造河北长城公共服务设施发展"极点"。根据《长城国家文化公园（河北段）建设保护规划》，对标A级景区各项建设标准，选取山海关、金山岭、大境门和崇礼四大重点区段作为发展"极点"，进行公共服务设施优化升级。二是构建河北长城沿线公共服务"点轴模式"。以"四大极点"为优先发展极，进一步打造长城沿线公共服务廊道这一发展轴，形成以点轴扩散带动区域网络化发展的新格局，同时，要特别注意长城沿线的生态涵养和绿色发展，让长城沿线环境风貌"靓"起来。三是注重公共服务设施的特色凸显。在基本公共服务设施供给达标的基础上，结合地方文化特色，构建具有文化标识的公共服务设施体系，从而通过打造文化新空间，让游客能从场景的营造中感受到当地独特的风情。四是加强数字技术的融入与应用。数字经济时代需要将数字技术渗透到长城国家文化公园的建设中，尤其是公共服务设施与服务环节。具体而言，利用5G、AI、大数据、物联网等数字技术，将长城沿线景区的公共服务设施智能化，如为游客提供智能导览、智能语音讲解、应急咨询、精准产品推送、线上旅游商品购买等服务，从而逐步实现全程、全面的智慧旅游服务，提高游客的智慧旅游体验。五是提升旅游服务品质。一方面，举办讲座或培训班来提升服务人员的服务意识和水平，增强服务人员的内生动力，由被动变主动，并提供细致周到的对客服务，从而提高游客满意度；另一方面，强化导游队伍建设，围绕长城国家文化公园重点区域，规范导游词创作编写，提升导游素质，推进文化和旅游融合，讲好河北故事，讲好长城国家文化公园故事。

（三）挖掘文化内涵，打造高水平的长城文旅融合新业态

一是深入挖掘文化内涵，传承和弘扬长城精神。以"万里长城"整

体文化为基调,以河北四大重点区段文化凸显为引领,精心构筑具有河北辨识度的长城文化标识和文化名片,从而以独特的河北文化风情彰显中国文化自信,传承和弘扬长城精神。二是注重长城沿线非遗文化内涵的阐释,为其奠定理论和应用基础。开展长城沿线四个重点区段非遗资源田野调查,组织长城专家、非遗专家团队深入挖掘非物质文化遗产中蕴含的长城故事和长城精神,以及长城传统村落的非遗助力乡村振兴典型案例等,并做好资料建档留存和数字化记录。同时,通过委托课题的形式,做好长城沿线非物质文化遗产的文化内涵阐释及保护利用开展专项研究,形成系列理论成果汇编并加强成果应用。三是贯彻文旅融合发展理念,打造塞上生态文旅产品。积极培育康养避暑、长城文化演艺、自驾游、冰雪温泉、长城文化研学旅行、长城体育运动旅游、户外探险专项旅游等一批新业态产品;依托河北长城沿线非遗传承传习基地,以"长城文化"为主题,开发富有地域风情的长城文化创意商品,打造"长城记忆"文创品牌。四是推进实施文旅融合工程,打造特色旅游线路。立足长城文物和文化资源的区位条件、资源禀赋和现实基础,以长城开放参观游览区为依托,推动长城文物和文化资源与区域优质资源一体化开发,推动长城文物和文化资源创新性利用,推动构建"长城+历史文化文旅融合区""长城+生态文旅融合区""长城+现代文旅融合区"。同时,依托文旅融合区,推出长城游览联程联运经典线路,如"万里长城"河北段中华文化展示线、长城河北段人与自然融合互动生态景观线、长城抗战精神传承线、长城"万里茶道"多民族融合和对外交流文化体验线。五是活化长城非遗文化呈现形式,开启开放共享新阶段。一方面,创新长城国际民间文化艺术节展览的举办模式,如在非遗作品静态展览展示的基础上,探索加入"一带一路"沿线主要国家和地区的非遗节目展演和竞技,持续放大长城文化的辐射和外溢效应;另一方面,探索举办共建"一带一路"国家的非遗保护交流对话,探讨各国非遗保护的有效经验和成功做法,使中华文化同世界各国人民创造的丰富文化进行交流,为人类文明发展提供强大的精神动力。

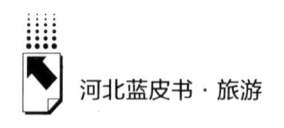

（四）构建品牌矩阵，筑牢高站位的新旧媒体宣传阵地

一是突出品牌引领，持续完善长城文旅品牌体系。依托"京畿福地·乐享河北"总品牌，培育"锦绣长城"子品牌，谋划长城与冬奥、太行山、"旅发大会"等重大文旅品牌的联合宣传活动，从而构建河北省长城品牌矩阵。二是创新品牌推广，精准拓展旅游客源市场。聚焦青年客群，借助共青团成立100周年契机，策划长城研学等文旅推广活动；聚焦新业态，推出夜游、房车游等长城品牌推广活动；跨界与各部门及各领域企业开展合作，形成宣传推广合力；借助"一部手机游河北"平台，与OTA平台开展合作，做强"互联网+文旅"营销，促进长城文旅产品落地销售，激活消费市场。三是强化媒体宣传，壮大长城文旅传播声势。以重点报道与媒体投放相结合的方式，强化央级媒体与河北省三大主流媒体的战略合作，从而筑牢传统媒体宣传阵地。用活河北文旅官方微博、微信、抖音、快手、百度、今日头条等新媒体宣传平台，聚焦热点、集中策划、联动发声，打响长城宣传声势，打造宣传品牌。扩大新媒体合作范围，加大新媒体内容生产力度，构建新媒体创作生态群，创作有温度、有趣味、有传播力的长城文旅新媒体产品，全面叫响河北省长城旅游品牌。四是扩大对外交流，讲好河北长城故事。充分利用2022"一带一路"·长城国际民间文化艺术节平台，做好共建"一带一路"国家对外文化交流工作；深化与新西兰、巴基斯坦中国文化中心的对口合作，传递河北声音、讲好河北长城故事；开通运营照片墙（Instagram）、优兔（YouTube）海外社交媒体账号，以更完整的内容推送机制，推动对外文化交流和文旅宣传线上化，为河北入境旅游市场振兴蓄势储能。

参考文献

付瑞红：《国家文化公园建设的"文化+"产业融合政策创新研究》，《经济问题》2021年第4期。

王克岭：《国家文化公园的理论探索与实践思考》，《企业经济》2021年第4期。

李宏宇：《河北长城国家文化公园建设与乡村振兴融合路径研究》，《农村经济与科技》2021年第11期。

程瑞芳、徐灿灿：《唐山长城文化旅游带建构及发展路径研究》，《河北经贸大学学报》（综合版）2020年第4期。

白翠玲等：《河北省长城文化旅游供求研究》，《河北地质大学学报》2020年第3期。

董耀会：《构筑河北省长城文化旅游供求良性循环》，《赤峰学院学报》（汉文哲学社会科学版）2021年第7期。

牛明会等：《河北文旅资源与长城国家文化公园建设深度融合策略研究》，《当代旅游》2021年第12期。

刘素杰、吴星：《建设国家文化公园，促进长城沿线区域绿色发展——以京津冀长城保护与传承利用研究为例》，《河北地质大学学报》2020年第5期。

高飞、陈焱松：《后疫情时期大运河国家文化公园文化旅游高质量发展探析》，2020中国旅游科学年会，中国北京，2020年4月。

李志刚等：《建设国家文化公园　延续中华民族文化根脉》，《中国旅游报》2021年11月10日。

徐惠等：《长征国家文化公园四川段川西片区红色旅游产品开发模式研究》，《中国西部》2021年第2期。

胡梦飞：《山东省大运河国家文化公园建设路径与策略研究》，《华北水利水电大学学报》（社会科学版）2021年第6期。

B.8
大运河国家文化公园（河北段）文旅深度融合发展研究

蒋清文*

摘　要： 本报告对大运河国家文化公园（河北段）最具代表性的物质和非物质文化遗产做了归类和介绍，简要总结了沿线地区重点旅游资源和旅游业的发展情况。本报告立足发展实际，梳理出大运河河北段文旅融合面临的"一散""五弱"突出问题和挑战；坚持问题导向和目标导向，从质量提升、产业融合、配套服务、生态文明、市场化程度、通水通航等六个方面提出了发展路径和方向，以推动大运河国家文化公园（河北段）文旅深度融合，带动沿线地区全面发展和人民生活逐步改善。

关键词： 大运河国家文化公园　文旅融合　高质量发展　河北省

2017年2月24日，习近平在视察北京大运河森林公园时强调，"要古为今用，深入挖掘以大运河为核心的历史文化资源。保护大运河是运河沿线所有地区的共同责任"[1]。2017年6月4日，习近平在中办调研要报《打造展示中华文明的金名片——关于建设大运河文化带的若干思考》上批示："大运河是祖先留给我们的宝贵遗产，是流动的文化，要统筹保护好、传

---

* 蒋清文，中共河北省委党校（河北行政学院）副教授，主要研究方向为旅游开发与管理、区域发展。
[1] 《鉴往知来——跟着总书记学历史：千年大运河　流动的文化》，央视网，2020年11月14日，https://news.cctv.com/2020/11/14/ARTIoTNWBZRvTwvqNL7GP0ux201114.shtml。

好、利用好。"① 习近平总书记历来高度重视优秀传统文化的保护传承利用，对大运河做出的系列指示批示为高水平做好大运河利用工作指明了方向。

大运河历经华夏 5000 多年文明的一半时间，长约 3200 公里，距离之长、规模之大，居世界人工河之最。大运河曾在中国历史上扮演了重要角色，有人说，"长城是一撇，运河是一捺，在中华大地上写下了一个顶天立地的'人'字"，这是对大运河历史价值的真实写照。大运河是中华民族无比珍贵的文化财富和人类共同的历史遗产，直到今天，依然发挥着难以估量的巨大作用，这是其他历史文化遗产无法比肩的。

2014 年，"中国大运河"成功列入世界文化遗产名录，引起了全世界的广泛关注，从此，大运河文化保护传承利用跨入新的历史阶段，大运河国家文化公园也应运而生。2019 年 7 月 24 日，中央全面深化改革委员会会议审议通过了《长城、大运河、长征国家文化公园建设方案》，大运河文化带建设上升为国家战略，为将大运河建成中华民族的历史文化标识、华夏儿女共同的精神家园、满足人民美好生活的文化体验空间提供了重要制度保障。

河北段大运河是中国北方运河的发端，在历史上具有突出的政治、军事功能，具有北方大运河的典型特征，河道固有的风貌保存较好。有重要价值的运河本体遗存 30 处，全国重点文物保护单位 9 处，其中世界文化遗产 1 项 3 处，分别为南运河沧州—衡水—德州段、连镇谢家坝、华家口夯土险工，大运河成为河北省第 4 项世界文化遗产。

一　特色文化和旅游资源的基本情况

大运河丰富了燕赵文化。河北段大运河催生了充满古代劳动人民智慧与河北特色的运河水工文化；孕育出厚重包容的运河古城文化；产生了商贸繁荣的码头文化；带来了武术杂技的侠义江湖；培育出维护国家统一的畿辅文

---

① 《让千年大运河"活起来"——全国政协"推动大运河文化带建设重点提案督办调研"综述》，中国人民政治协商会议全国委员会网站，2019 年 1 月 15 日，http：//www.cppcc.gov.cn/zxww/2019/01/15/ARTI1547513406056234.shtml。

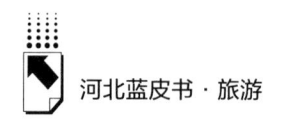

化。这些珍贵的文化和精神财富仍然具有启迪未来、唤醒自信的时代价值，河北省应保护好、传承好、利用好属于燕赵大地这片热土的运河文化宝藏。

（一）物质文化遗产资源

1. 运河水工遗址

运河开凿以来，为改善航运条件或防止河道淤塞，历代不断对其进行整治。古代生产力落后，缺少先进的技术手段，但劳动人民依靠聪明智慧修建了减河、堤坝、闸口、码头等水利工程。如今，一些水利工程仍在发挥着重要作用。河北段大运河是因地制宜开展河工治理的典范，聪明的古人结合河北平原河流水文、地形地貌等自然地理特征，创造出"糯米灰浆"、"弯道代闸"、泄洪减河等与当地自然条件相协调的水工技术，体现了古代北方平原运河治理与管理的高超水平，留下了一批宝贵的水工遗址。其中，华家口夯土险工、谢家坝等险工遗址和南运河沧州至德州的运河段最具代表性。

险工遗址。为避免运河在水急、水大时导致运河决堤，人们往往在运河拐弯处修筑河堤，也就是人们所称的"险工"。河北段大运河上有多处险工，景县的华家口夯土险工和东光县的谢家坝在修建堤坝时采用了相同建筑工艺，都是以黄土、白灰加糯米浆为材料筑成"糯米大坝"，这是中国大运河险工修筑史上具有唯一性的筑坝工艺。

华家口夯土险工位于景县安陵镇华家口村东南，长255米。此处运河有急转弯，水到这里冲力明显增大。据县志记载，仅晚清时期就发生过两次大决堤，村庄毁坏严重，村民损失惨重，影响更大的是，决堤会导致运河航运瘫痪。清宣统年间，时任知县主持修筑了险工，从此以后，这里再未出现决堤。

谢家坝位于东光县连镇，长218米。历史上此处也曾多次决口，清朝末年，当时连镇乡绅谢家捐资从南方购进大量糯米，组织人力用糯米熬粥加灰土与泥土混合筑堤。谢家坝建好后，此处再未出现决口。

南运河沧州至德州段。南运河为复式或单式U形断面，河床上口宽48~110米，漕深5~9米。南运河沧州至德州段河弯多，目的是利用弯道来减缓水的冲力，可以大大降低对河堤的冲击。人工弯道，以蜿蜒曲流的河道形态对航道水面坡降做出调整，将河道纵比降减缓，降低流速，便于行船，其综合工程效益被总结为"三弯抵一闸"。运河两侧堤防大部分为土堤，局部堤顶已硬化兼作公路。南运河没有砌体纤道，局部主河槽两侧的缕堤在运河航运时兼作纤道。这一段运河虽然丧失了水运交通功能，但河道的原真性和完整性得以保存，河道原貌未改变，其文化价值并未减少。

减河遗址。大运河上的减河是古代劳动人民在水量大、水流急的河段开辟的用以分洪泄水的新河道。河北段大运河沿线有捷地减河、青龙湾减河、四女寺减河等多处保存完整、如今仍在发挥作用的减河，捷地减河是其中的典型代表。

捷地减河位于沧县捷地村，长 80 余公里。清朝末年前后，捷地减河曾一度失修，无法排洪，成了水患重灾户。新中国成立后，减河得到治理，其排洪功能恢复正常。捷地减河从沧州的捷地村，一路向东，经新华区、开发区和黄骅市，最后从黄骅的歧口村汇入渤海。在历史上，捷地减河为减缓运河水患，保障水运畅通发挥了积极作用，也在很大程度上改善了沿线农业生产和生态环境。同时，捷地减河也是具有较高文化和生态旅游价值的重要资源。如今，水闸东侧是宽 250 余米的河床，水面宽阔，风光旖旎，当地依托减河水闸、乾隆御碑、水景观等资源，开发了运河御碑苑景区。

2. 运河古城遗址

运河与城市的兴起与发展有着密切关系。大运河在农业社会是交通运输、商贸流通、文化交流的"大动脉"，在古代，不仅具有重要的政治、经济、军事功能，而且在相当程度上决定着沿岸城市的兴衰。随着运河的开通，沿线一批城市逐渐繁荣起来，随着运河航运交通功能的下降和丧失，一些城市湮灭在历史长河中，只留下古城遗址供后人游览。沧州古城、贝州故城就是其中的代表。

沧州古城遗址。沧州古城位于今沧州市区的运河东岸，始建于明天顺五年（1461 年）。城墙周长 8 里，面积不到 1 平方公里。城内有朗吟楼、南川楼、清真寺等著名建筑，如今，朗吟楼、南川楼已复建，不久就可以向公众开放。在沧州古城东南部 10 余公里处还有一处建城史更为久远的沧州旧城

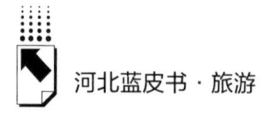

遗址，其始建于汉初，为当时渤海郡的治所。

贝州故城遗址。贝州故城遗址建于宋代，城为土墙夯筑，南北长1.2公里，东西长2公里，城池呈长方形，现城垣断续可见。据《清河县志》记载，"城圆形，非正圆，微带椭圆形。城内街衢一纵一横，宛如十字。据全城言，又如龟形，南北距离稍远，东西稍近。南北街小资本饭馆、茶铺及小商店列肆栉比。西街多住户。东街虽无多富商，而鱼次林立，门面整洁，比较他街，尚属繁盛"。

3. 码头遗址

运河码头是货物装卸存储、商品交易、人员往来、文化交流的重要地点。码头所在地往往商业发达，是当地的商贸中心。河北段大运河沿岸有诸多货物客运码头，油坊码头就是众多码头遗址中的一个。

油坊码头遗址。油坊码头遗址位于清河县油坊镇，与山东夏津县一河之隔。油坊码头兼有货物中转仓储、客运和防洪功能。险工建筑材料与华家口不同，这里以青砖为主，也有部分是硬石等其他材料。油坊码头是河北段大运河仅存的砖砌码头，也是京杭大运河保存最好的码头之一。20世纪初，油坊码头作为南运河上的重要客货中转地，南北客商往来频繁，也许，从那时起就为清河人留下了商业的基因。如今，在河堤外侧重建了益庆和盐店博物馆，作为展现油坊码头悠久历史和繁华商贸的重要窗口。

（二）非物质文化遗产资源

1. 武术文化

河北段大运河沿线区域武术文化历史悠久、流派众多，是中华武术文化的重要发源地之一。沧州、香河、大名等地多盛行尚武习武之风。说起河北的武术文化，不得不提沧州，明清时期，仅沧州籍武进士、武举人就有1800多人，[1] 清乾隆时期，沧州成为天下公认的武术之乡。清末，"镖不喊沧"成为南北镖行的规矩。源起或流传于沧州的有八极、劈挂、形意等50多种拳术，在中国，10个拳种器械，就有4个来自这里。在沧州，有30万

---

[1] 康金莉编著《大运河河北段历史文化记忆》，北京师范大学出版社，2021。

人在练习武术,武术作为体育教学内容走进了中小学课堂,一些中小学还组建了武术队。武术文化节始于1989年,已连续举办了十届并成为国家级节庆活动,武术文化已成为沧州的一张亮丽名片。

2. 吴桥杂技

吴桥素有"杂技之乡"的美称。吴桥有着浓厚的杂技氛围,当地广为流传的一句话是:"上至九十九,下至刚会走,吴桥耍杂技,人人有一手。"吴桥杂技以"惊、险、奇、绝"而著称。吴桥的杂技艺术有着悠久的历史,出土于这里的墓葬壁画显示,在南北朝时期,吴桥就已经出现了杂技这种民间艺术形式。进入明清以后,吴桥杂技就已经达到了一个很高的艺术水准,到了清末民初,吴桥杂技的艺术水平有了更高的发展。吴桥杂技之所以传承千年依然保持旺盛的生命力,与吴桥的地理区位和自然条件有较大关系。古黄河、大运河等河流流经吴桥所在地区,水灾频繁,土地盐碱化严重,生存条件差,出于谋生需要,许多吴桥人选择以杂技为生。如今,吴桥杂技已成为河北的一张金名片。

3. 传统手工艺

运河沿线地区有丰富的传统手工技艺,这些手工技艺,有的已经成为当地富民强县的重要支柱。大名的小磨香油就是其中的佼佼者,大名小磨香油可以追溯至清光绪初年(1875年),截至2021年已有146年的历史。如今,它已成为广受市场欢迎的特色文化和产值达数亿元的富民产业,据统计,大名在册的加工和经营企业就有百余家,有数十个专业村庄和近8000家专业个体户。如今,小磨香油远销海内外,传统手工艺焕发出勃勃生机。

4. 香河肉饼

香河肉饼虽小,但已有千年历史。香河肉饼的产生,可追溯至北方游牧民族——突厥人。突厥人有充沛的牛羊肉,但缺少面食,于是将肉制成薄皮的肉馅饼招待客人,深受欢迎。后来这种制饼技艺流传到回族聚集地区。明永乐年间(1403~1424年),大批回族人来到香河,并定居下来,他们将这项美食的制作技术也带到这里。其中,有一位擅长制作肉饼的哈氏回族人,在香河开了饼店,肉饼味道鲜美,广受喜爱。乾隆和刘墉巡游至香河,品尝了肉饼,对其大加称赞,并为哈家的肉饼写了一首诗:"哈家有奇饼,老妪

技艺新。此店一餐毕，忘却天下珍。"香河肉饼因其特殊的工艺和口味名满华夏，如今，香河肉饼已经成为香河县的金字招牌，随着北运河旅游通航的实现，其作为香河最具代表性的特色美食，有望实现产业化发展。

（三）旅游资源

河北段大运河沿线拥有17个3A级以上旅游景区，其中4A级景区5个，3A级景区12个，吴桥杂技大世界、大名古城、中信国安第一城、馆陶县粮画小镇、东光铁佛寺等传统旅游景区具有较好的资源基础。近年来，沿线地区改造提升了一批传统项目，吴桥杂技大世界等优质传统景区产品类型更加丰富，要素更加完善。要说变化最大、最明显的，还属沿线生态环境和城乡面貌，污水变成了清澈河水，堤岸变绿了、村庄变美了，生态和乡村成为重要的旅游资源。运河沿线旅游资源的数量增多、种类更加丰富，质量也实现了新的跃升。

二 文旅深度融合面临的问题和挑战

中国大运河成为世界文化遗产以来，大运河河北段文旅融合发展也进入了快车道，无论是项目建设，还是公共服务和生态环境水平提升等重要环节，都实现了跨越式发展。但同时，河北省也应清醒、客观、理性地看待面临的诸多问题和挑战。主要问题和挑战可总结为"一散""五弱"。"一散"是指资源和项目在空间分布上较为分散，"五弱"是指在文旅产品质量提升、产业融合程度、运河功能发挥、配套设施建设、县域经济发展等5个方面还存在短板和不足。

（一）文旅资源和项目空间分布较分散

大运河是典型的线性廊道，文旅资源和项目分布于运河沿线，河北段大运河流经廊坊市香河县至邯郸市魏县的17个县（市、区），30处有重要价值的运河本体遗存、不到20家的3A级以上景区，散布于长约600公里的运河沿线，整合开发难度大。多数文旅项目竞争力和辐射作用还不强，自身发展水平不高，很多是有说头、没看头，项目规模体量相对较小，对周边项目的带动能力不足。同时，叠加大运河自身吸引力和纽带作用还比较弱，众多项目缺少有效联动，集聚效应和规模效应难以得到充分发挥，由"点"及"线"再到"面"的发展格局还未形成。

（二）文化旅游产品竞争力不强

近年来，运河文旅产品开发力度较大，各旅游产品数量增长较快，但质量并未实现相同幅度的提高，产品的差异化、特色化不足，还存在一定程度的低水平同质化建设，产品吸引力和竞争力不强。与运河沿线发达省（市）相比，多数文旅项目和产品还处于起步阶段，龙头项目、精品项目较少，产品知名度、品牌度不高，"散、小、弱"等问题还有一定普遍性。旅游消费支撑力不强，"有旅游、少消费"的问题还较为普遍。

（三）产业融合程度不深、效果不佳

沧州运河沿线地区特色产业不少，但与文旅的融合还处于探索和尝试阶段，企业的融合意识不强，融合投入较少，融合发展的带动作用还没有充分显现。运河沿线县域有酿酒、家具、生态农业、铸造、美食等诸多特色产业，这些产业与文旅产业有较高的融合度。但从发展现状来看，文旅产业与相关特色产业融合的深度和广度还不够，还未衍生出具有竞争力的融合产品，文旅赋能特色产业发展之路才刚刚起步，其应有的带动作用还没有充分发挥出来。

（四）失去了运河固有的功能和本质

"运河"的名称蕴含了它的主要功能和本质特征，"运"是其主要功能，"河"是其本质特征。20世纪60年代，随着各河流上游筑坝拦水力度不断加大，用水量大幅提升，河北段大运河的水量持续减少，逐步丧失了运输功能，在70年代末全线断航后，就没有再恢复过航运功能。由于其长期缺水，

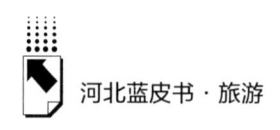

河北段大运河作为"河"的本质特征也几乎不复存在，大运河河北段是大运河沿线8省（市）河道缺水最为严重的一段，沿线地区水资源匮乏，相当部分河段常年干枯，部分河道湮废，部分演变成季节河流。生态环境受损、河道疏浚整治难度大。"城因河兴"的共生关系日益松散，运河与城市、城镇的发展都不同程度地走向衰落。

（五）旅游配套设施不完善和服务供给存在不足

近年来，运河沿线旅游交通条件有了明显改善，但与交通相匹配的旅游厕所、停车场、餐饮、住宿、购物、驿站、营地、休憩等配套设施不完善和公共服务供给还存在不足或缺少优质供给，不能很好地满足当前庞大的自驾游市场群体的需求，在很大程度上影响了游客的旅游体验，已经成为制约大运河河北段沿线文旅深度融合的突出因素。

（六）沿线县域经济发展不充分

大运河河北段沿线有17个县（市、区），多处于黑龙港流域，其中有9个县曾是扶贫开发工作重点县，农业人口占比大，城镇化水平相对较低，高新技术、战略性新兴产业、现代服务业发展不充分，县域经济发展基础相对薄弱。由于县域经济发展相对落后，地方财政收入和城乡居民人均可支配收入整体偏低。一方面，长期以来，地方政府在基础设施和公共服务投入上存在不足，欠账较多，后续的投入力度受到较大影响；另一方面，因为城乡居民收入水平不高，来自当地居民的文旅消费也必然会受到较大影响，进一步制约了运河沿线文旅产业发展。

三 文旅深度融合的路径和方向

（一）加快提升大运河文旅产品质量

以质量提升为主线，打造具有河北特色的大运河国家文化公园。一是培育一批文旅融合精品项目与品牌产品。立足河北段大运河文化和旅游资源，以及其空间分布与开发现状，充分利用精华河段、重要节点，深挖非遗文化、历史文化、民俗文化、河工文化，坚持宁要"小而精"，不要"大而全"的原则，率先培育打造一批文旅融合精品项目、品牌产品。二是培育文旅融合发展的"领头羊"。坚持市场化导向，聚焦运河文化，集全省之力，培育龙头项目，打造特有的燕赵运河文化IP，逐步形成影视、演艺、体验、培训等完善的产业链条，实现产业化发展。三是推动产品转型升级。打造优质旅游度假区，以更好地满足市场对高品质休闲度假产品的需求。四是实施旅游服务跃升计划。持续开展一线服务人员培训，全面增强旅游服务意识、提升旅游服务技能，借鉴沧州知名商业企业信誉楼的先进服务理念，打造具有沧州特色的"文旅服务品牌"，提高大运河文化旅游服务软实力。

（二）推动文旅与相关产业深度融合

河北运河沿线各县（市、区）都有代表性的特色产业，产业基础好、产品知名度高，在此基础上，培育出了清河羊绒小镇等一批特色融合品牌，应持续支持"特色产业＋旅游"深度融合。一是以融合发展增加优质旅游供给。依托产业优势，打造一批具有河北特色的产业融合型旅游品牌，丰富旅游业态。开发一批运河文创商品，夯实运河文旅融合的产业基础。二是以融合助力特色产业发展。充分发挥旅游业带动作用强的优势，引导支持在产企业、园区，利用生产工艺、企业文化、生产场景等形成旅游吸引物，发展工业旅游、科普旅游，为特色产业"插上旅游的翅膀"，助力特色产业品质更高、效益更好、软实力更强。

（三）高标准推进旅游配套设施和服务建设

高标准建设配套设施和服务是大运河河北段文旅深度融合的重要支撑，也是当地居民实现美好生活的有益补充。一是坚持市场导向完善配套设施和服务。立足运河沿线各地文旅产业发展实际，深入研究旅游者的使用偏好和目标市场的消费行为特征，优化绿道、骑行道和步行道系统，完善运河沿线配套设施和服务体系，营造具有吸引力的生活和旅游场景。二是兼顾当地居民和游客需求。在选址、设施功能、产品内容等方面贴合当地居民的使用和消费习惯，增加观光休憩、体育健身、科普教育等设施，增设大运河主题景观小品和文化设施，融入审美、特色文化等旅游元素，构建连续贯通的生态休闲长廊，建立主客共享的运河配套设施和服务体系。三是切实做好后续运营工作。确保设施建设完成后，保持良好的运营状态，随时能够满足游客使用，坚决杜绝"花瓶式"的配套设施和缺少人文关怀的服务。

（四）打造京津冀"蓝绿"相间的生态高地

生态优势是河北段大运河最大的优势所在，也是最大的潜力所在。一是结合大运河国家文化公园建设，依托河道和道路，以林、园、村为主要节点，打造"林中有河，村中有林"的大运河生态景观长廊，形成林水相融、林路相随、林田相护、林村相依的生态景观风貌。二是以大运河河岸两侧为重点，打造滨河绿道生态景观，在视觉效果上突出生态景观的层次性，在空间上增强生态功能的连续性。科学配置林草植物群落，注重乔、灌、草相结合，突出生态功能，兼具景观功能，建成最美运河生态景观长廊，打造京津冀生态高地。

（五）增强市场在文旅融合中的主导作用

文旅产业发展，不但要政府的引导和规范，更要增强市场的主导作用、提高市场的主体地位。一是统筹好安全与发展的关系。牢固树立防风险意识，控制专项债规模，减少财政资金对经营性文旅项目的投入，更多地通过市场化手段配置经营性文旅资源。二是提高文旅产业发展的市场化程度。鼓励支持民营资本投资竞争性文旅项目开发，培育扶持本地民营旅游企业发展壮大，推动文旅产业实现充分竞争。基于旅游业波动性强、季节性强等特征，给予旅游企业土地指标、税收减免等相应优惠政策，调动民营企业投资旅游业的热情和积极性，激发民营企业创新创业活力。

（六）有序推动运河恢复通水通航

按照相关规划要求和工作部署，逐步推进大运河河北段沿线通水通航，逐步恢复运河功能，提升运河吸引力。一是强化对运河通水通航的认识。充分认识通水通航对推动沿线地区生态文明建设、乡村振兴、地下水条件改善和文旅发展的重要价值和深远影响。二是逐步实现旅游通航。充分利用本地水资源、非常规水源，与相关省（市）协调好补水工作，努力实现运河全线生态通水，在此基础上，有序实现重点河段的旅游通航。以通水放大运河的生态优势、以通航增强运河的纽带作用，逐步恢复河道生态环境和航运功能。三是开展运河恢复航运功能研究。在实现旅游通航的基础上，对恢复大运河河北段货物航运的必要性和可行性进行深入研究。

参考文献

康金莉：《大运河河北段历史文化记忆》，北京师范大学出版社，2021。
单霁翔：《大运河遗产保护》，天津大学出版社，2013。
朱偰：《大运河的变迁》，江苏人民出版社，2017。
刘庆余：《"申遗"背景下的京杭大运河遗产保护与利用》，《北京社会科学》2012年第5期。
王健等：《大运河国家文化公园建设的理论与实践》，《江南大学学报》（人文社会科学版）2019年第5期。

B.9 河北省太行山旅游资源整合与空间结构优化研究

陈 胜[*]

摘 要： 随着《太行山旅游业发展规划（2020—2035年）》的公布实施，太行山旅游业发展正式上升到国家开发层面。长期的"碎片化"开发，致使河北省太行山旅游景区分散经营、竞争力弱，旅游资源的整体性与连续性遭到破坏，开展旅游资源整合，对河北太行山旅游高质量发展意义重大。根据河北太行山旅游资源开发现状和分布情况，按照整合的基本原理，本报告提出了整合的基本思路和对策建议，并提出应重点构建15个旅游产业聚集区的旅游资源整合空间结构，为河北省太行山旅游资源整合提供参考。

关键词： 太行山 旅游资源 空间结构 产业聚集区

当前，我国旅游业正处于从景点旅游向全域旅游转型升级的阶段，旅游业竞争也已经由景点竞争、线路竞争发展到区域旅游一体化的联合竞争阶段，旅游资源整合不仅是促进全域旅游发展的重要途径，也是实现区域旅游一体化的一个必经阶段，整合成为新时期我国旅游业发展的重要方向。2020年9月，《太行山旅游业发展规划（2020—2035年）》正式公布实施，太行山旅游业发展正式上升到国家开发层面，根据规划内容，到2035年，要把太行山建设成为国际知名的山岳型旅游目的地。由于行政

---

[*] 陈胜，河北省社会科学院经济论坛杂志社副研究员，主要研究方向为旅游经济与旅游规划。

区划和历史开发原因,河北省太行山区域旅游资源开发被分割成数量众多的小景区进行开发,这种长期的"碎片化"开发模式,导致该地区旅游景区分散经营、竞争力弱,旅游资源的整体性与连续性遭到破坏,"碎片化"开发模式不仅与我国构建"区域旅游业高质量发展"的理念相违背,也与我国全域旅游发展理念相违背,对太行山旅游资源整合开展研究意义重大。

一 旅游资源整合理论研究与成功案例分析

(一)关于国内旅游资源整合理论研究

Follett 提出"整合"概念以来,在经济学和管理学的文献中,"整合"一直是一个研究热点,梳理国内外文献发现,关于"整合"的理论研究主要集中在两方面:整合的研究范式和整合的理论依据。"整合"形成了两个研究范式,第一,外部层次整合。其内涵是指企业扩展边界而进行的活动,包括横向整合和纵向整合,横向整合是在市场体系相同环境下的合并,纵向整合是在企业范围内把技术上不同的生产、分销和其他经济过程结合起来,它表示企业决定用内部的或行政管理上的交易来代替市场交易去实现其经济目的。第二,内部层次整合。其内涵是指企业内部职能和业务的整合,包括跨国公司内部子公司之间的整合以及战略并购后的整合。对整合的理论依据学者们有不同的观点,毛蕴诗、徐斌等学者认为整合的理论来源于规模经济性和范围经济性理论;波特等学者基于竞争战略理论对整合理论依据进行了研究;Williamson 等学者基于交易成本理论对整合理论依据进行了研究;Nemoto 等学者基于产业组织理论对整合理论依据进行了研究。

旅游资源整合理论研究是随着旅游管理部门和企业整合实践工作的推进而得到发展,其理论主要来源于经济学和管理学领域的整合理论,研究内容主要包括旅游资源整合的理论依据、基础条件、类型、方法、模式等方面。在整合的理论依据上，主要是从共生理论、空间结构理论、旅游形象理论、产业链理论等方面进行了分析研究。在整合模式研究上可分为两大类：一是从整合内容上提出了空间整合、品牌整合和旅游生命周期整合等模式；二是从整合主体上提出了行政划拨、联盟合作、企业兼并等模式。在已有研究中，对具体区域的整合案例分析占了很大比例，主要从不同角度对一个具体区域的整合展开了论述，并在整合手段、模式等方面提供了一些操作方案。

（二）区域旅游资源整合典型案例分析

国内外区域旅游资源整合成功案例众多，国外的如法国三山谷滑雪场等，国内的如四川九寨沟景区、重庆武隆天生三桥景区、湖南张家界景区、杭州千岛湖景区等（见表1），都是采用了旅游资源整合的手段来做大做强。这些成功案例在整合方案、整合内容等方面都为河北省太行山旅游资源整合提供了宝贵经验和理论指导。

表1 国内区域旅游资源整合典型案例

名称	整合区域	存在问题	整合主体	整合方案	整合效果
杭州千岛湖景区	千岛湖景区位于淳安县境内，湖中大小岛屿1078个，占地面积982平方公里	一个整体区域被人为分割成很多小景区，导致恶性竞争、景区盈利能力差、区域旅游环境差、管理混乱、生活环境破坏严重等问题	千岛湖旅游开发公司	整合为12个景区；由公司对该区域进行统一管理、规划和开发；推出大门票制度	整合之后知名度和经济效益得到快速提升，被授予国家5A级旅游景区
山西太行山大峡谷景区	山西省长治市壶关县东南部，占地总面积约225平方公里	地形地貌特征属于一个整体的区域被人为分割成10个景区进行独立开发经营，导致管理分散、知名度低、恶性竞争等问题	山西太行山大峡谷旅游发展股份有限公司	公司买断10个景区的经营权，开展整体规划、经营和管理；实行"一票通"制度	整合之后的新景区获得了持续的盈利能力和发展活力，并被授予国家5A级旅游景区

二 河北省太行山区域旅游发展现状

(一)河北省太行山旅游资源发展现状

太行山是中国东部地区的重要山脉,位于中国地形第二阶梯的东缘,也是华北平原与黄土高原的重要地理分界线。其中河北段位于河北省西南部,介于东经113°30′~115°44′、北纬36°13′~39°30′,南北蜿蜒360公里、宽约290公里,西靠山西黄土高原,东接广阔的华北平原,北起北京、河北交界的拒马河,南至河北、河南交界的漳河、黄河谷地。

河北省太行山区共涉及张家口、保定、石家庄、邢台、邯郸5个设区市27个县(市、区),总面积3.82万平方千米,总人口1109.6万人,是全国著名革命老区、原国家集中连片特困地区、京津冀地区重要生态屏障、全省旅游发展重点支撑区。区内旅游资源数量众多、类型丰富,现有国家5A级旅游景区5家、国家4A级旅游景区52家、省级旅游度假区2家。

近年来,河北省对发展太行山区域旅游业的认识逐步深化,重视程度不断提高,在政策倾斜、资源整合、资金投入、环境优化等方面做了大量工作。建设了一批历史文化名城、名镇、名村和乡村旅游片区,打造了一批农业与乡村旅游特色品牌,推出了一批农业休闲观光路线和特色农业休闲观光带。太行山区域旅游产业融合进一步深化,生态、文化、商务等传统旅游发展势头良好,初步形成了自然生态、历史文化、红色旅游、休闲旅游、工农业旅游等一系列旅游产品。旅游配套基础设施不断完善,加强了游客咨询中心、标识标牌、景区旅游道路、停车场、厕所、供水供电等基础设施建设,涌现了西柏坡、白石山、野三坡、娲皇宫、黄帝城等一批基础设施完善、文化内涵丰富、游客满意度高的精品景区。

(二)整合条件分析

1. 太行山旅游规划的出台为河北太行山旅游资源整合提供了千载难逢的机遇

区域旅游资源整合涉及区内各方利益,所要应对的问题复杂多样,没有

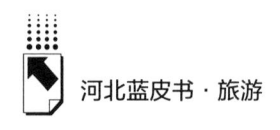

一个跨区域机构来统一行使管理权力，整合几乎不可能成功。2020年9月，国家发展改革委、文化和旅游部印发《太行山旅游业发展规划(2020—2035年)》，太行山旅游业发展正式上升到国家开发层面。《太行山旅游业发展规划(2020—2035年)》提出，要在太行山地区建立4省（市）旅游协作机制，搭建旅游企业合作平台，推动成立"太行山旅游推广联盟"。根据《河北省太行山旅游业发展实施方案》，要加强河北省旅游工作领导小组对太行山旅游业发展工作的领导，建立省内太行山旅游协调会议制度。这些都为推动太行山区域旅游资源整合提供了强有力的政策支撑和组织保障。

2. 太行山区域旅游潜在客源数量多，交通较便利

河北省太行山核心区域距离北京100公里，距离天津200公里，消费群体集中，京津冀常住人口及流动人口达1亿多人，加上周边省份人口，客源潜力巨大。京广高速、石太高速、邯长高速、朔黄铁路、京昆高速、石太高速、张石高速、荣乌高速、保阜高速、青兰高速等构成四通八达的交通网络。太行山高速公路南北贯穿河北省太行山区域，极大地改变了太行山区域交通状况，使太行山区域交通更好地融入全国高速公路网，为河北省太行山区域旅游资源整合提供了交通保障和现实可行性。

3. 太行山区域旅游大发展条件已趋成熟

丰富的旅游资源、巨大的旅游客源、发达的交通路网、独特的区位优势，调结构转方式动力牵引，再加上京津冀协同发展、雄安新区建设、北京冬奥会、国家实施"一带一路"倡议等难得的历史机遇，推进河北省太行山区域旅游实现跨越式发展的内外环境、基础条件和时间机遇已经具备。

三　河北省太行山旅游资源整合基本思路

（一）整合方针

河北省太行山区域旅游资源整合工作应坚持"政府主导、市场运作、多方参与、企业经营"的方针，走规模化、集约化、现代化、产业化的发展道路。

（二）整合思路

在河北省旅游工作领导小组和太行山旅游协调会议制度下，邯郸、邢台、石家庄、保定、张家口等5市可分别成立"太行山区域旅游资源整合领导小组"，引入战略投资者，分别组建股份公司，由股份公司直接整合旅游资源。领导小组的主要职责是制定太行山区域旅游资源整合工作实施方案、协调成立股份公司、协调股份公司资源整合前期工作。

（三）整合目标

通过资源整合，河北省力争把河北省太行山打造成中国著名的休闲旅游度假基地，打造成弘扬中华民族精神、展示国家形象、彰显文化自信的标志性山脉和国际知名的山岳型旅游目的地。

四　基于旅游资源整合的空间结构优化

在一个较大规模的空间区域内，旅游资源整合可以高度集聚各类旅游产业要素、延伸产业链、优化空间结构，形成具有鲜明主题的旅游产业聚集区，是转变河北太行山旅游现有"碎片化"开发模式的有效途径，也是实现太行山旅游高质量发展的必经阶段。

根据河北太行山旅游资源的开发现状和分布情况，按照旅游资源整合的基本原理，同时在有利于旅游资源整合工作开展以及旅游资源空间开发管理的原则下，河北省太行山地区可重点构建15个旅游产业聚集区的旅游资源整合空间结构（见表2）。

表2　河北省太行山重点旅游产业聚集区

序号	聚集区名称	整合内容
1	涿鹿文化体验旅游产业聚集区	以温泉屯文化站、黄帝城景区为核心，依托三祖文化、桑干河文化，整合涿鹿县文化旅游资源，提升文化旅游品牌知名度，打造涿鹿文化体验旅游产业聚集区

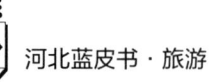

续表

序号	聚集区名称	整合内容
2	蔚县文化体验旅游产业聚集区	以蔚州古城、暖泉古镇、十八堂国家旅游度假区为核心,依托蔚县剪纸、打树花、蔚县秧歌、拜灯山、蔚县古民居建筑艺术等,整合全县文化旅游资源,打造蔚县文化体验旅游产业聚集区
3	涞水县乡村旅游产业集聚区	以野三坡景区为核心,依托全县乡村旅游资源,以"重点景区+特色小镇+重点村"为整合理念,整合全县乡村旅游资源,打造涞水县乡村旅游产业集聚区
4	易县乡村旅游产业集聚区	以太行水镇、狼牙山景区为核心,依托全县生态文化旅游资源,以"景+乡村"为整合理念,整合全县乡村旅游资源,打造易县乡村旅游产业集聚区
5	涞源县乡村旅游产业集聚区	以白石山景区、空中草原、十瀑峡森林公园为核心,依托全县地区丰富的山水资源,整合全县乡村旅游资源,打造涞源县乡村旅游产业集聚区
6	阜平县红色旅游产业聚集区	以华北联合大学旧址、晋察冀边区革命纪念馆为核心,依托丰富的红色历史资源,以"红色旅游+"为整合理念,整合全县红色旅游资源,打造阜平县红色旅游产业聚集区
7	灵寿县磁河、滹沱河旅游产业聚集区	以磁河、滹沱河沿河景观带为核心,深入挖掘非物质文化遗产和灵寿历史故事,整合沿途旅游资源,打造灵寿县磁河、滹沱河旅游产业聚集区
8	西柏坡红色旅游产业聚集区	以西柏坡景区、中央统战部旧址、沕沕水生态风景区等为核心,依托丰富的红色旅游资源,以"旅游+"为整合理念,整合全县红色旅游资源,打造西柏坡红色旅游产业聚集区
9	鹿泉生态休闲旅游产业聚集区	以抱犊寨、封龙山景区和西部长青等为核心,整合全县丰富的生态旅游资源,打造集生态游、康养游、工业游、体育游、乡村游、文化游于一体的鹿县生态休闲旅游产业聚集区
10	井陉古村落旅游产业集聚区	以大梁江、吕家村、陶瓷水镇等为核心,以现代化的经营理念,整合全县数量众多的古村落,打造集观光、采摘、户外拓展、山地露营、乡土美食等于一体的井陉古村落旅游产业集聚区
11	赞皇县乡村旅居康养旅游产业聚集区	以嶂石岩景区为核心,以槐疙瘩村、15万亩大枣科技示范园区等为支撑,整合全县山、水、农、田、湖等乡村旅游资源,为游客提供一个集青山绿水景点、体验深山里惬意的乡野田园生活于一体的赞皇县乡村旅居康养旅游产业聚集区
12	临城县嶂石岩地貌旅游产业聚集区	以崆山白云洞、岐山湖、蝎子沟森林公园等为核心,以现代化的经营理念,整合两个县的生态旅游资源,打造临城县嶂石岩地貌旅游产业聚集区

续表

序号	聚集区名称	整合内容
13	内丘县文化旅游休闲度假区	以邢窑遗址、内丘鹊王庙、扁鹊庙、牛王庙、且停寺等为核心，加大文化与旅游融合发展力度，以康养、休闲为旅游产品开发主线，整合全县丰富的历史文化旅游资源，打造内丘县文化旅游休闲度假区
14	武安市太行民宿旅游产业聚集区	以京娘湖民宿片区、福寿山居长寿村民宿片区、太行客栈东太行民宿片区等为核心，以"旅游＋景区＋民宿＋村庄"的开发模式，坚持整体开发、有序建设、集约规范的理念，加快推进民宿资源整合，打造武安市太行民宿旅游产业聚集区
15	磁县文化旅游休闲度假区	以磁州窑遗址、北朝墓群、东魏孝静帝陵、南城村遗址为核心，以文旅融合为核心理念，充分利用现代科技手段和现代管理理念，整合全县独特的磁州窑、北朝、红色、诗词、山水以及民俗等文化资源，打造磁县文化旅游休闲度假区

五　推进太行山旅游资源整合的对策建议

（一）成立领导小组，全面协调和推进聚集区旅游资源整合

根据《河北省太行山旅游业发展实施方案》，河北省将建立太行山旅游协调会议制度，不定期召开省级太行山旅游协调会议，研究确定省内各部门、各设区市之间旅游合作战略，研究解决实施执行中的重大问题，协调督导重大任务、重点工程落地。本报告建议在这一协调会议机制下，在省级层面和市级层面分别成立"太行山区域旅游资源整合领导小组"，领导小组的主要职责是制定太行山区域旅游资源整合工作实施方案、协调成立股份公司、协调股份公司资源整合前期任务等工作。

（二）做好整合顶层设计

在推进河北省太行山旅游资源整合工作前，应尽快出台河北省太行山旅游资源整合的总体规划和实施方案，对整合区域、整合内容、整合线路、整合支撑条件等内容做出科学规划，对整合目标、思路、方法、步骤等工作方

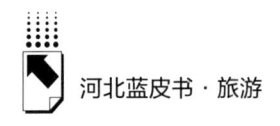

案做出合理设计。针对每个聚集区应尽快出台聚集区整合总体规划，科学指导聚集区的整合工作。

（三）加强基础设施建设，提升聚集区规模化、集约化发展能力

加强聚集区旅游交通体系建设。在聚集区内构建便捷高效换乘的公共交通体系，积极开通旅游客运班车、旅游专线公交、城市观光巴士等公共交通线路，丰富自行车、汽车等专项租赁服务。做好交通运输服务保障，逐步实现煤炭等大宗货物运输和游客有序分流，推动打造旅游风景道。落实太行山国家森林步道规划，持续完善道路、服务、保障、景观、教育等设施和功能，创新经营管理模式，建设国家森林步道示范段。

加强聚集区旅游公共服务体系建设。加强聚集区旅游集散服务体系建设，合理布局建立县（市、区）全域旅游集散中心，加强商业街区、交通枢纽、景点景区等游客集聚区旅游咨询服务中心（点）建设，构建多层级旅游集散咨询服务体系。大力提升旅游标识辨识度，做好风景道、机场、火车站、汽车站、旅游景区和公共活动场所旅游标识牌提升建设。持续推进"厕所革命"，大力提升游客密集区域旅游厕所的建设管理水平，推动旅游厕所建设由景区向城乡拓展。

加强聚集区信息化建设。创新"大数据＋智能化＋互联网"模式，推动聚集区旅游要素全面数字化，培育一批智慧景区、智慧酒店、智慧旅行社、智慧交通，为游客提供综合信息服务。加强聚集区智慧旅游景区建设，实施景区门票预约制度，推动太行山高等级旅游景区实现智慧化管理和服务，支持开发内容可视化呈现、互动化传播、沉浸化体验的技术应用系统平台与文化旅游产品，建成一批智慧景区旅游示范点。

（四）加强聚集区统一宣传推广

根据《河北省太行山旅游业发展实施方案》，河北省将成立"太行山旅游推广联盟"，应在该联盟基础上，加强聚集区旅游统一宣传，借助"旅发大会"平台，建立聚集区"三级联动、五位一体"的旅游宣传营销机制，

统筹开展聚集区旅游整体形象宣传。充分利用主流媒体、网络媒体、新兴媒体、影视作品等载体，推出各聚集区旅游宣传栏目。积极依托国际国内展会、节事、论坛等平台，全方位、立体化宣传展示各聚集区旅游形象。

（五）全面推进聚集区各类资源和生态环境保护

严格按照相关规定，强化对聚集区内省级以上自然保护区、风景名胜区、森林公园、湿地公园、地质公园等各类自然保护地的保护和管理，确保各聚集区生态功能的系统性和完整性，提高各类自然保护地管理效能和生态产品供给能力。全面做好各聚集区内的世界文化遗产、历史文化名城名镇名村、历史文化街区、历史建筑等文化遗产保护工作，推动重点文物资源保护性利用，科学确定文化遗产旅游区最大承载量，严格管控游客流量。在聚集区内积极推进造林绿化、退耕还林、水土保持、矿山生态环境恢复等生态建设，推动建立一体化生态环境监测网络和应急预警体系。优先在聚集区内落实绿色发展理念，实施绿色旅游开发，推动绿色技术开发应用，建立完善的旅游产品标准、服务标准和管理标准，构建生态旅游产品产业体系。

参考文献

陈胜：《河北省太行山区域旅游资源整合研究》，《经济论坛》2018年第5期。

潘文静：《河北27县（市、区）迎太行山旅游发展良机》，《河北日报》2020年11月15日。

李素雅等：《"整合"概念的内涵与外延及其理论研究视角》，《改革与战略》2012年第11期。

《构建我省太行山区域旅游大格局》，国家旅游地理网，2016年9月23日，http://news.cntgol.com/dyzd/2016/0923/91661.shtml。

翟开矿：《石家庄推进美丽太行"五位一体"融合发展》，《燕赵晚报》2018年4月8日。

张元雄：《区域旅游资源整合驱动机制的分析框架研究》，《商业文化》（上半月）2011年第7期。

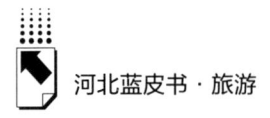

张增臣：《旅游业对河北省经济增长影响研究》，《统计与管理》2011年第6期。

王迎涛：《我国区域旅游资源整合研究进展与发展建议》，《地域研究与开发》2009年第1期。

栗美霞：《太行山大峡谷通过资源整合盈利上升》，《山西经济日报》2014年5月17日。

王欣等：《旅游资源整合新论》，《桂林旅游高等专科学校学报》2005年第4期。

〔美〕迈克尔·波特：《竞争战略》，陈小悦译，华夏出版社，1997。

〔美〕小阿弗雷德·钱德勒：《企业规模经济与范围经济》，中国社会科学出版社，1999。

〔美〕约翰·库伦：《跨国管理：战略要径》，机械工业出版社，2003。

Ramesh Thakur, "Luk Van Langenhove. Enhancing Global Governance Through Regional Integration," *Global Governance*, 2006.

Slocum N., Langenhove L. V., "The Meaning of Regional Integration: Introducing Positioning Theory in Regional Integration Studies," *European Integration*, 2004, 26 (3).

Mattli W., *The Logic of Regional Integration: Europe and Beyond*, Cambridge: Cambridge University Press, 1999.

Schiff M., Winters L. A., *Regional Integration and Development*, Oxford: World Bank and Oxford University Press, 2003.

B.10
河北省沿渤海文化和旅游带国际化发展路径探索

王翠清 谷金明*

摘 要： 在《河北省文化和旅游发展"十四五"规划》中提出了构建"一体两翼六带"的空间布局，沿渤海文化和旅游带是其中的"六带"之一。在深入研究和总结河北省沿渤海地区旅游发展的理论研究成果、分析该地区实践现状的基础上，运用SWOT和钻石模型分析方法对该地区的内外部因素进行了客观分析。结合该地区的远期规划，以及该地区的发展现状，有针对性地提出了打造国际知名滨海文化和旅游发展带，积极探索构建"双循环"背景下的合作新模式，提高该地区的可进入性，完善文化与旅游设施，培育邮轮游艇、滨海温泉、康体疗养、葡萄酒庄等高端旅游业态，提高国际营销效果，全面提高国际旅游服务水平等具体措施和建议。

关键词： 河北省沿渤海地区 文化与旅游带 入境旅游

一 河北省沿渤海地区的界定与描述

（一）河北省沿渤海地区的界定

河北省是京畿重地，内环京津、外沿渤海，区位优势明显，交通便捷、

---

* 王翠清，唐山学院教授，主要研究方向为旅游资源规划、酒店管理；谷金明，唐山学院讲师，主要研究方向为旅游资源规划、旅游管理。

产业完备。总面积18.8万平方公里，辖11个设区市，是全国唯一兼有海洋、平原、湖泊、盆地、丘陵、山地、高原的省份。

河北省沿渤海地区由秦皇岛、唐山、沧州3市所辖的37个县（市、区）构成，陆域面积3.57万平方公里，占河北省的18.9%；海岸线487公里、海域面积0.7万平方公里，居全国第9位。从地理位置和所处区域来看，河北省沿渤海地区被天津（滨海新区）分为南北两段，北段由秦皇岛、唐山组成，南段由沧州组成。

（二）河北省沿渤海地区的描述

1. 战略地位

河北沿渤海地区地处环渤海中心地带，一直是我国环渤海重要的经济地带，与辽宁沿海经济带、天津滨海新区、山东黄河三角洲高效生态经济区共同构成环渤海经济圈的重点开发区，在全国区域合作、协调发展中具有战略意义和重要地位。

2010年12月，国家部委联合调研组对河北省秦、唐、沧三市进行调研，共同编制了《河北沿海地区发展规划》。2011年3月发布的《国民经济和社会发展第十二个五年规划纲要》强调，重点推进河北沿渤海地区等区域发展，这意味着由河北省秦皇岛、唐山、沧州组成的沿渤海地区进入国家发展战略。

2. 建设目标

河北省沿渤海地区经济地位突出，同时也是生态系统保护、环境质量治理的重点。该地区以建设科学发展的示范带、富民强省的支撑带、环渤海地区崛起的先行带为建设目标。2021年，河北省对该地区的发展又提出了加快"三个努力建成"和沿海经济带高质量发展、实现"五个新提升"的目标任务。

到2025年，河北省沿渤海地区要实现"五个新提升"。一是实现综合经济实力新提升；二是实现港口综合效益新提升；三是实现产业核心竞争力新提升；四是实现生态环境质量新提升；五是实现人民生活水平新提升。

"三个努力建成"是指河北省沿渤海地区努力建成东北亚地区经济合作窗口城市、环渤海地区新型工业化基地、首都经济圈重要支点。加快对外开放步伐，积极探索自贸试验区、综合保税区的建设，加大现代服务业的投入力度，积极引导入境旅游发展，把该地区建设成为东北亚地区经济合作窗口城市。积极推进该地区绿色高质量发展、循环经济示范基地等具体做法，实现产业改造升级，建设河北省环渤海地区新型工业化基地。推进该地区海洋经济发展，实现沿海地区的带动和融合发展，打造高度发达的现代化滨海经济带，加快建设成为首都经济圈重要支点。

大力提高该地区承接能力，积极承担北京非首都功能疏解责任。建设曹妃甸新区、渤海新区、北戴河生命健康产业创新示范区等重要平台，持续推进产业协同发展。要积极推进该地区港口服务功能转变和提高综合效益，建设秦皇岛港国际邮轮母港、曹妃甸邮轮母港，增强黄骅港现代化综合服务港和国际贸易港功能，加强经济辐射作用和提高国际影响力。创新驱动北戴河新区、渤海新区等地发展，鼓励沿海的开发区向城市综合功能区和服务区转变，持续深化"放管服"改革，营造国际化、法治化、便利化营商环境。秦皇岛市应加强国际定位、拓展国际视野，创建一流国际旅游城市。

3. 区位条件

该地区毗邻京津，东临渤海，面向东北亚，处于我国环渤海区域核心地带，是京津城市转型发展和产业升级的主要承接地。该地区不仅是面向海洋的经济腹地，对于华北、西北地区外向经济也具有重要的支撑作用，具有外向型经济的发展潜力和区位优势。

4. 资源丰富

河北省沿渤海地区资源种类丰富、互补性强、可利用程度高。该地区集中了全国10%的铁矿、10%的油气资源和10%的海盐产能，焦煤、非金属矿等储量丰富，具有开发效用价值的滩涂和盐碱荒地3000多平方公里，宜港深水岸线80.7公里。该地区海洋生物品种多、数量大，拥有海洋、森林、湿地三大生态体系，具有多处可供国际旅游观光的优质沙滩，旅游资源可组合程度高。

5. 基础设施

该地区基础设施完备，海、陆、空交通发达。拥有秦皇岛北戴河机场、唐山三女河机场，拥有通达全国的多条航线。拥有秦皇岛港、唐山港、黄骅港三大港口，年吞吐量可达6亿吨。该地区陆路交通网络较为完善，铁路公路网密度高于全国平均水平，已初步形成连接我国北方地区的能源及原材料集疏运中心，是全国西煤东运、北煤南运和关内外交通运输的战略通道和枢纽，也是面向东北亚的国际交往通道。

6. 工业发达

该地区钢铁产量占全国的12.3%，是全国主要的钢铁生产基地。同时，建材、石化、装备制造产业在全国拥有重要位置，具有发展电子信息、新材料等产业的实力和规模，已有大量实力雄厚和国际影响力大的企业和产业集聚区。

7. 文化深厚

该地区历史文化资源丰富，分布较为广泛。共有世界文化遗产2处，国家历史文化名城1座，国家文物保护单位25处，国家非物质文化遗产27项。秦皇岛北戴河、山海关是国际知名旅游胜地和"中国夏都"，唐山是中国近代工业文明的摇篮和"北方瓷都"，沧州运河文化悠久，杂技、武术等非物质文化遗产具有较高的价值。

综上所述，河北沿渤海地区发展态势良好，具备了环渤海地区国际化发展较好的产业基础和资源条件。

二 河北省沿渤海文化和旅游发展的基础条件与现状分析

（一）河北省沿渤海地区文化和旅游发展历史

河北省历史可追溯到我国夏朝（约公元前2070~公元前1600），"冀州"为九州之首，今河北省所在地即属冀州。

河北省由于地理和历史的原因，经济发展一直以内陆地区为主，沿海地区长期处于二线地位。1984年5月，秦皇岛市成为我国首批十四个沿海开放城市之一，吸引了美国通用电气、韩国LG、新加坡丰益等世界500强企业以及中信、中粮、首钢等国内知名企业投资兴业，为河北省的沿海经济发展带来了巨大机遇。

2009年7月8日，迄今为止世界最大散货港口集团——河北港口集团有限公司正式挂牌成立。该港口集团由秦皇岛港、曹妃甸港区、黄骅港综合港区等港口整合组建而成。

2010年12月，国家部委联合调研组开始对河北省秦、唐、沧三市进行调研，编制《河北沿海地区发展规划》。2011年3月，《国民经济和社会发展第十二个五年规划纲要》提出河北省沿渤海地区的发展进入国家战略。

"十四五"时期（2021～2025年），在提出建设经济强省、美丽河北背景下，在推动文化和旅游高质量发展中，河北省加快实现文化强省和旅游强省跨越式发展。此阶段也处于京津冀协同发展、雄安新区规划建设、2022年北京冬奥会举办等河北省文化和旅游发展的重要历史机遇期。《河北省文化和旅游发展"十四五"规划》的期限为2021～2025年，展望到2035年。此规划秉持融合发展、创新发展的理念，稳中求进、主动求变，着力构建"一体两翼六带"的空间布局。其中的"六带"是指环京津文化和旅游带、长城文化和旅游带、大运河文化和旅游带、太行山文化和旅游带、沿渤海文化和旅游带、坝上草原文化和旅游带。

综合以上发展历史，目前在《河北省文化和旅游发展"十四五"规划》中指出，沿渤海文化和旅游带是以秦皇岛、唐山、沧州市为重点区域，以工业文明和海洋文明为重点，培育邮轮游艇、滨海温泉、康体疗养、葡萄酒庄等高端旅游业态，发展工业文创、会议会展、创意设计、动漫游戏等文化产业，建设文化和旅游国际开放口岸，打造国际知名滨海文化和旅游发展带。

（二）河北省沿渤海文化和旅游带的发展基础

1. 旅游业基础雄厚

近年来，河北省在打造全域旅游示范省中建有国家全域旅游示范区7

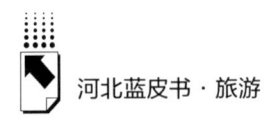

个,省级全域旅游示范区14个。在供给侧方面,全面提升优质旅游产品供给,5A级旅游景区增加到11家,4A级旅游景区增加到140家,其中新增国家级和省级旅游度假区10个,逐步形成了一批红色旅游、工业旅游、特色小镇等新业态旅游精品和旅游基地。河北省沿渤海地区不断推动重大旅游项目的落地,加大了滨海旅游资源的开发与规划力度,现已成为河北省旅游业转型升级的引擎、对外开放的重要平台。

2.旅游公共服务体系完善

河北省沿渤海地区区位优、交通发达,可进入性强。在景区建设和通景公路、风景道、绿道、旅游交通标识方面较为完善。区域性游客服务中心(旅游集散中心)、旅游休闲驿站、旅游厕所等设施正在建设,服务水平逐步提升。智慧旅游、智慧景区建设积极推进,"一部手机游河北"(乐游冀)平台已经上线运营。

3.文化和旅游影响力不断加大

河北省沿渤海地区不断深化对外和与港澳台地区文化交流与合作,先后实施多项"走出去"交流项目、"引进来"文化交流和营业性演展项目。构建了"京畿福地·乐享河北"文化和旅游品牌体系,积极进行跨界联合宣传和精准营销,加大在河北文旅微博号、抖音号等新媒体平台上对于河北省沿渤海地区的介绍和推广力度,国内中远途游客、入境游客源市场不断扩大,河北省沿渤海地区文化和旅游的国际知名度和辐射力大幅提升。

(三)河北省沿渤海文化和旅游发展现状分析

1.理论研究综述

江海旭采用灰色局势决策方法,对沿海省(区、市)的旅游产业发展优势进行局势决策分析,确定未来发展方向是辽宁省、河北省、天津市、山东省、江苏省、上海市、浙江省、福建省、广西壮族自治区以及海南省以国内旅游为主,广东省以入境旅游为主;卢飞、张红在《我国沿海城市旅游化时空演变及其与城镇化响应分析》中指出,整体上,沿海城市旅游化热点区域主要集中在长三角和珠三角沿海城市，并呈现旅游化热点区域向长三角转移现象，而环渤海、海峡西岸和北部湾沿渤海城市尚未形成显著的旅游化冷热点集中区；祁艳艳等在《河北省沿海地区"一带一路"建设思路研究》中指出，从2009~2019年数据来看，河北省三个沿渤海城市在河北省GDP中所占比重从2009年的50.3%，逐年下降为2019年的34.4%，呈现下滑趋势，对内陆腹地的经济带动力不足；郭伟等运用市场占有率、时间变化强度指数、客流空间集中指数、亲景度指数研究方法指出，河北省入境游客量随时间变化强度指数在逐年减小，入境旅游市场发展良好并逐渐趋向稳定，空间结构由分散向集中演化，中国港澳台地区、日本、韩国和俄罗斯成为河北省入境旅游重要的客源市场。

《对中国沿海省市区旅游产业发展方向分析——基于灰色局势决策理论》一文中指出，河北省区位优势明显，与韩国、日本隔海相望，有利于旅游产业的发展进步。刘邦凡在《河北沿海地区休闲旅游业发展总体规划(2015-2024)》中指出，河北沿渤海地区位于"环渤海旅游圈""环京津休闲旅游带""京津冀旅游圈"，秦、唐、沧三地具有丰富的休闲旅游资源，包括海洋资源、海滨度假资源、长城文化、工业旅游、红色旅游、武术杂技等，该地区经济较为发达，人口密度大，交通便利，周边休闲旅游业消费水平较高，具有很大的市场需求潜力。

综上所述，河北省沿渤海地区整体经济实力同我国其他沿海省份相比实力较弱，旅游发展整体实力不强。但该地区交通便利、资源丰富、毗邻京津，具有较大的旅游发展潜力和市场空间。

2. 发展现状

从2014~2018年公布的河北省全省旅游经济运行情况来看，在秦皇岛市、唐山市、沧州市的入境旅游接待人数、入境旅游收入中，秦皇岛处于绝对优势，沧州明显处于劣势，三地的总量增加较为平稳，总体水平不高（见图1、图2）。入境旅游接待人数三地总和、入境旅游收入三地总和与天津市的差距较大（见图3、图4）。

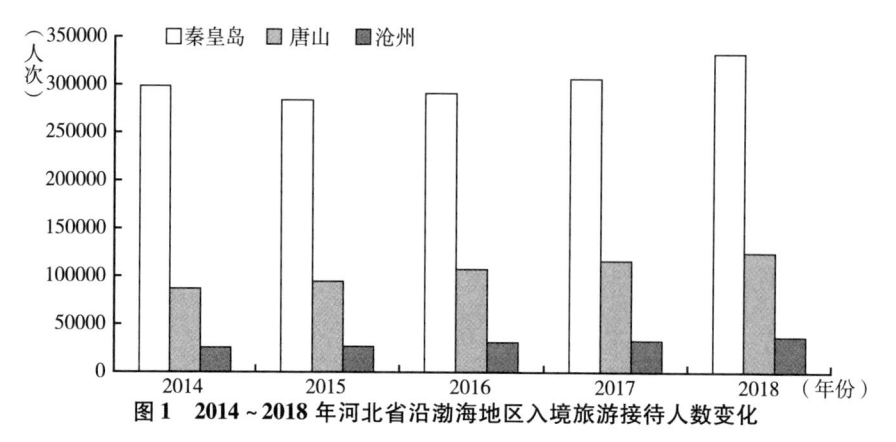

图1 2014～2018年河北省沿渤海地区入境旅游接待人数变化

资料来源：2014～2018年《河北省旅游经济运行情况》。

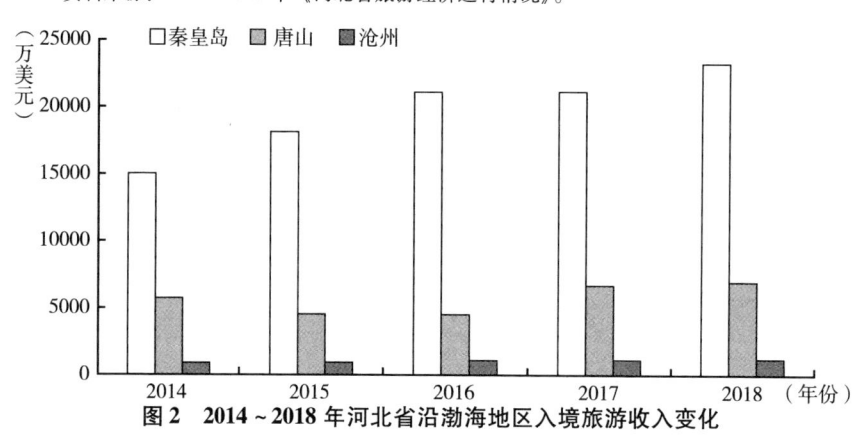

图2 2014～2018年河北省沿渤海地区入境旅游收入变化

资料来源：2014～2018年《河北省旅游经济运行情况》。

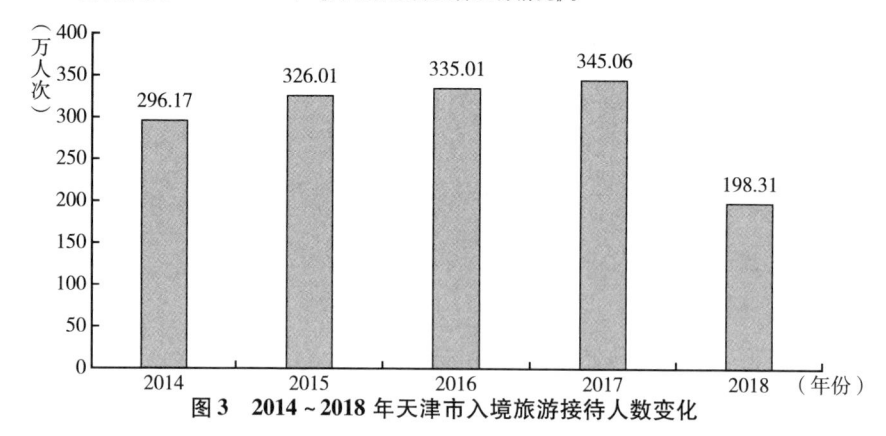

图3 2014～2018年天津市入境旅游接待人数变化

资料来源：《天津市2018年国民经济和社会发展统计公报》。

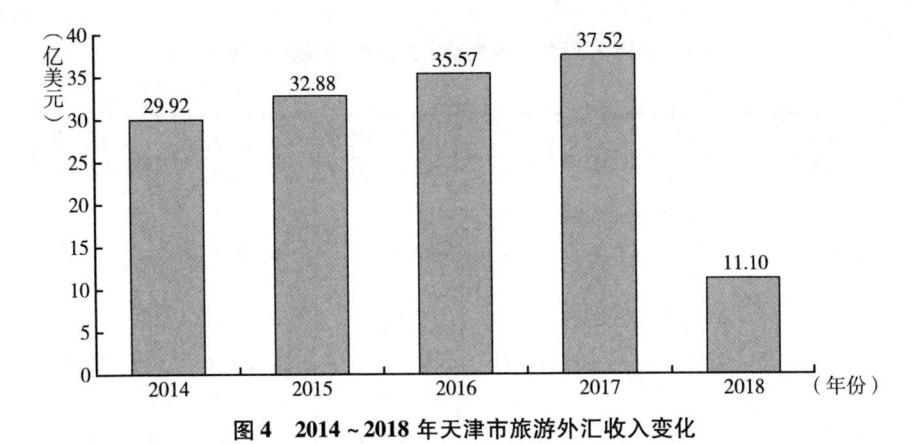

图4 2014~2018年天津市旅游外汇收入变化

资料来源：《天津市2018年国民经济和社会发展统计公报》。

根据2014~2018年《河北省旅游经济运行情况》，对于河北省沿渤海地区的旅游发展进行了相应的统计分析（见图5）。该地区接待总人数、旅游总收入占河北省的比重保持在20%以上，增长速度平稳，整体的发展动力不足。

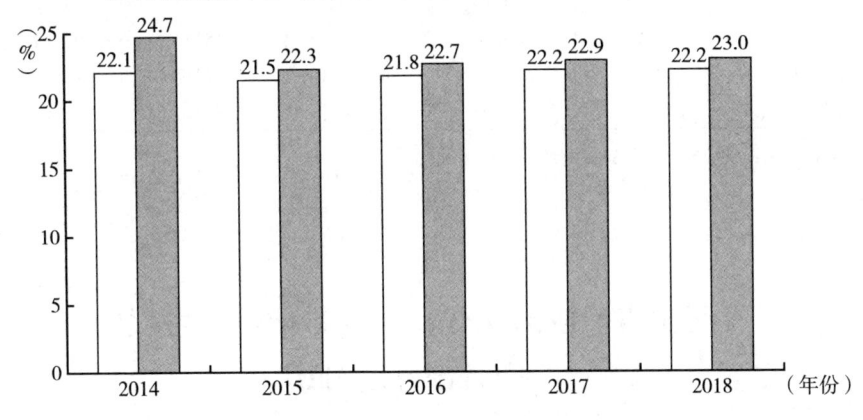

图5 河北省沿渤海地区旅游整体情况

从2018年全省入境游客分国别（地区）情况来看（见表1），中国港澳台地区增长率较高，临近的日本、韩国、俄罗斯等是该地区主要的海外客源国。

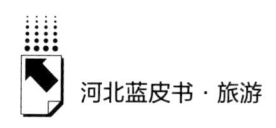

表1　2018年河北省入境游客分国别（地区）情况

单位：人次，%

国别(地区)	人数	增长率	国别(地区)	人数	增长率
合计	1757685	9.69	欧洲小计	364861	3.57
中国台湾	165155	17.00	英国	49819	0.44
中国澳门	118919	57.23	法国	41171	9.13
中国香港	157148	3.89	德国	42290	2.24
国际合计	1316463	6.65	意大利	34701	12.66
亚洲小计	666153	10.92	瑞士	23386	5.67
日本	168514	19.89	瑞典	20905	7.40
韩国	134426	27.50	俄罗斯	97636	0.27
蒙古	32895	-18.08	西班牙	22237	9.30
印度尼西亚	34430	-0.26	其他	32716	-2.31
马来西亚	59653	12.51	美洲小计	108677	7.33
菲律宾	28756	13.40	美国	61310	7.14
新加坡	60465	10.31	加拿大	27690	9.98
泰国	37379	23.58	其他	19677	4.37
印度	27284	-8.49	大洋洲小计	69625	0.64
越南	11341	-5.51	澳大利亚	29768	-4.76
缅甸	7105	12.10	新西兰	21505	-1.75
朝鲜	8185	6.16	其他	18352	14.41
巴基斯坦	14500	-21.80	非洲小计	22717	-5.44
其他	41220	-2.06	其他小计	84430	-3.02

资料来源：《2018年河北省旅游经济运行情况》。

三　河北省沿渤海文化和旅游带国际化发展的内外部环境分析

（一）河北省沿渤海文化和旅游带国际化发展SWOT分析

1. 优势

河北省沿渤海文化和旅游带国际性旅游吸引物丰富，且分布广泛。秦皇岛、唐山拥有得天独厚的滨海旅游资源；北戴河、唐山湾国际旅游岛是优质的休闲度假旅游胜地；沧州的武术、杂技等非物质文化遗产是不可多得的旅游资源，具有较大的国际旅游吸引力。

河北省沿渤海文化和旅游带依托京津冀协同发展国家战略，具有广泛的市场潜力和发展空间。京津冀协同发展向纵深推进、雄安新区大规模建设、冬奥会的举办，国家文化公园、中国（河北）自由贸易试验区和北京大兴国际机场临空经济区建设等重大战略的实施，为河北省沿渤海文化和旅游带国际化高质量发展提供了强大支撑。

2. 劣势

首先，从全球范围来看，当今世界正经历百年未有之大变局。世界经济形势复杂多变，全球文化交流互通、文化融合共生日趋频繁，尤其是新冠肺炎疫情影响广泛深远，国际文化与旅游交往受限、国际旅游发展几乎陷于停顿，国际宏观环境不稳定因素明显增加。

其次，河北省沿渤海地区国际化旅游开发较为单一，与其他省份同质化现象严重，并且在全国的沿海地区发展中处于落后地位。

3. 机遇

新一轮科技革命和产业变革加深了国际了解和沟通，伴随人类命运共同体理念的逐步深化，国际往来和交流将日益频繁。随着"一带一路"倡议等的推进和发展，国家间的文化交往和旅游活动将随着时间的推移不断深入。河北省沿渤海地区是面向东北亚国家的窗口，秦皇岛、唐山、沧州可借助休闲度假旅游资源、武术等非物质文化遗产吸引来自不同国家的旅游者。

从国内看，我国的综合国力和人均可支配收入得到质的飞跃和提高。我国作为世界第二大经济体，逐渐成为世界关注的焦点。随着我国居民人均可支配收入质的飞跃，人们更加有实力和意愿参与国际旅游活动。文化和旅游既是拉动内需、繁荣市场、扩大就业、激活经济循环的重要内容，也是打通国内、国际"双循环"的重要途径。

从河北省内看，沿渤海地区正处于经济社会转型的关键时期，面临落实

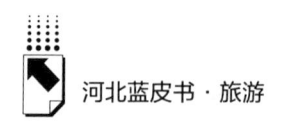

国家京津冀协同发展和沿海地区发展的双重国家战略,对该地区提升文化和旅游质量及效益、发挥综合带动力提出更高要求。

综上所述,河北省沿渤海地区文化和旅游带国际化发展具有良好的国内外环境和机遇,其建设应突出国际化特色,积极为疫情防控常态化时期的旅游大发展做好准备。

4.挑战

河北省沿渤海地区文化和旅游发展仍存在诸多问题和挑战。一是新冠肺炎疫情冲击与影响深远,全世界文化和旅游消费支出水平在短期内难以恢复。我国外部环境不容乐观,国外疫情持续恶化,入境旅游市场复苏还没有具体预期。二是该地区公共文化服务效能发挥不够充分,综合管理水平有待提高。三是文化产业基础比较薄弱,旅游产业结构不够合理,缺少竞争力强的重大项目和产业集群,总体发展不平衡、不充分。四是文化和旅游融合度不高,制约文化和旅游融合发展的体制、机制障碍依然存在。五是科技和创新能力不强,文化和旅游智慧化、国际化水平不高,与高质量发展要求存在差距。六是人才队伍基础与跨越发展的要求不匹配,文化和旅游行业高端人才短缺,人才服务保障体系不够完善。

综合以上分析,"十四五"时期河北省文化和旅游仍处于战略性机遇期,但是不可预测因素较多。因此,该地区必须充分把握新时期、新理念、新格局变化,立足国际化发展实际,以深化文化和旅游融合拓展新空间、以创新发展满足国际需求、以全面深化改革激发新活力,加快该地区国际化转型升级、跨越发展的步伐,努力开创文化和旅游国际化发展新局面。

(二)河北省沿渤海文化和旅游带国际化发展钻石模型分析

依据迈克尔·波特提出的钻石模型,对河北省沿渤海文化和旅游带国际化发展做以下分析。

1.生产要素

从钻石模型来看,生产要素包括人力资源、天然资源、知识资源、资本资源、基础设施。从整体情况来看,河北省沿渤海地区具有丰富的天然资源储备、较为完备的基础设施。但在人力资源、知识资源、资本资源等方面与其他沿海地区差距较大，缺乏培养国际化人才的高校和专业领域的培训，在项目运营、资本运作等方面相对来讲较为欠缺。

2. 需求条件

河北省沿渤海地区入境旅游的主要客源市场集中在中国港澳台地区和临近的国家，同环渤海其他地区相比，性价比较高，拥有休闲度假、温泉疗养等发展前景和潜力的旅游资源。该地区所提供的旅游产品具有多层次、多样化特点，能够满足不同旅游者的旅游需求。

3. 相关产业和支持产业

河北省沿渤海地区经济较为发达，具有较为雄厚的工业、农业、服务业基础，拥有较为完善的旅游交通条件、旅游公共设施和旅游服务设施，拥有服务入境旅游者的星级酒店、餐馆、旅游景区、旅游咨询中心、旅游休闲娱乐等旅游要素，功能齐全、设施完备。

4. 企业的战略、结构和竞争对手的表现

河北省沿渤海地区拥有服务入境旅游的旅游集团公司和相关现代化企业。这些企业具有国际视野和实力，在国际化发展战略下，逐步打造具有竞争力的国际化、专业化企业和企业集团。在我国对外开放政策和"双循环"的国家战略下，该地区同时也面临其他沿海地区发展带来的挑战。

5. 机遇

该地区拥有京津冀协同发展和沿海发展双重国家战略优势，京津冀协同发展、雄安新区的建设、2022年冬奥会的举办，都给该地区提供了良好的发展机遇和战略空间。

6. 政府

该地区政府出台了大量的鼓励文化与旅游发展的政策和措施，河北省政府对于该地区的定位和配套措施是该地区发展的不竭动力和强大支持。

综上所述，河北省沿渤海地区文化与旅游带国际化发展具有较好的基础和资源优势、较好的发展机遇和政策优势。但由于与其他沿海地区的竞争较为激烈，同时也面临严峻的挑战。

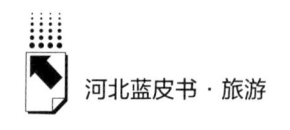

四 河北省沿渤海文化和旅游带国际化发展路径研究

(一)打造国际知名滨海文化和旅游发展带

首先,只有民族的才是世界的,国内旅游的发展和旅游资源丰富可以成为吸引入境旅游者的重要因素。旅游吸引物的重要属性是对旅游者的吸引,这种吸引可以是自然因素也可以是文化因素。河北沿渤海地区拥有世界文化遗产和大量的非物质文化遗产,因此在追求国际化的同时,要不断彰显文化自信,努力挖掘旅游吸引物的文化内涵,讲好中国故事、地方故事。

其次,提前谋划疫情防控常态化时期入境游市场复苏准备工作,重点研究主要旅游客源市场的需求,利用该地区休闲度假、非物质文化等的高性价比优势,吸引中国港澳台地区、中国邻近国家(日本、韩国等)和共建"一带一路"国家的旅游者;重点打造高端邮轮旅游精品项目和滨海温泉、康体疗养、葡萄酒庄等专线旅游产品。借助距离北京、天津国际航运中心近的优势,用好过境免签政策。积极拓展欧美远程客源市场,开拓和培养中东、非洲等新兴客源市场。加强该地区与"一带一路"沿线主要国家和地区的文化交流合作和旅游合作,继续打造"一带一路"文化项目和交流项目,积极拓展会展、研学等特色旅游项目。以天津沿海地区全区域旅游发展为主线,对标国际先进旅游带,推动加快旅游业供给侧结构性改革,积极打造国际知名滨海文化和旅游带、国际旅游目的地。

最后,增强该地区文化与旅游国际化能力并支持河北省沿渤海地区旅游业向"旅游+"融合发展转变升级,全面促进旅游业与工业文明、农业观光以及特种交通、文化产业、养老产业、会展产业、体育运动、医药产业、海洋经济、科技创新等深度融合发展,形成多产业支撑旅游产业的"多位一体"文化和旅游带发展格局。推动一批"旅游+"产业示范项目的建设,对申报旅游景区的项目给予政策支持,打造"旅游+"协同发展社区和示范区。争取世界级、国家级的文化、体育赛事的举办,加大旅游商品、旅游工艺品开发力度，鼓励发展文化创意品、手工艺品等加工业，打造该地区特色旅游商品品牌。针对主要海外客源市场节日、假期开展精准营销，推送多层次、差异化的观光型、度假型、娱乐型、商务型等多种旅游产品。

（二）积极探索"双循环"背景下的合作新模式

从区域发展角度来看，由于河北省沿渤海地区不连续的行政区分布，该地区文化与旅游带的建设需要加强与天津市的区域合作。在发展战略上，积极融入京津冀文化和旅游协同发展大背景。推动与天津市的区域联动和区域合作，在文化与旅游带平台建设、协调机制构建、旅游标准制定、改革创新实践等方面通力合作。真正实现国际知名文化和旅游带建设、实现跨地域文化与旅游发展。继续推动秦皇岛、唐山、天津、沧州文化和旅游协同发展共建。

从国际化的角度来看，积极探索海外及中国港澳台地区办事机构建设，加强与海外及中国港澳台地区相关文化与旅游机构的合作，积极引进海外及中国港澳台地区的人才、资金、文化与旅游项目以及先进的管理实践经验。积极与国内高校合作，探索国际化人才培养机制。大力吸引和引进海外及中国港澳台地区人才，建立国内外人才交流和培训机制。

（三）提高该地区的可进入性，完善文化与旅游设施

依托临近的北京国际航空中心的地理优势，加强与北京文化和旅游机构、旅游企业的合作，实现入境旅游线路向河北沿渤海地区的延伸。另外，在北京首都国际机场、北京大兴国际机场加大广告宣传力度，在中国港澳台地区、日韩等重要航线创建旅游导引提示和旅游宣传。

建设该地区综合立体化交通网络，积极推动国际邮轮港口项目，对标国际标准，完善邮轮港区旅游服务设施。推动该地区开辟境内游船和跨境邮轮旅游航线，逐步开辟该地区至邻近国家和中国港澳台地区沿海城市邮轮旅游航线。继续完善主要旅游景区、重点乡村旅游村镇与干线公路的连接道路，继续加强滨海风景道等项目，继续打造沿海骑行、慢行系统和景观设计，继

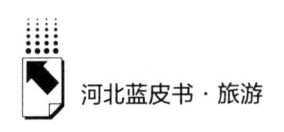

续推进智慧城市示范建设，鼓励旅游企业共同参与该地区智慧旅游服务。

进一步完善标识标牌等旅游信息引导系统。加快旅游场所标识标牌建设，在主要道路、机场、车站、码头、景区景点等公共场所设置符合有关国际标准、国家标准、行业标准、地方标准的中英文标识标牌，逐步实现景区、高星级酒店和高等级景区旅游外语标准化服务全覆盖。

加快综合性旅游公共服务中心建设，构建以大数据技术为主的入境旅游"智慧"服务平台。加快旅游厕所建设、加大改扩建力度，配备足够的厕所和厕位，建立完备的管理制度，配置相关设施，设立特殊人群和母婴专门厕位。

加快旅游饭店（宾馆）、体育、疗养、休闲等设施设备维护检修和多元化供给系统建设，争创国际一流水准。同时以入境游客需求为导向，新建或改造旅游接待设施（包括停车场、酒店、餐馆、厕所等）、旅游购物场所、国际电视频道和电台及国际文化娱乐设施，提升旅游公共和服务设施国际化水平。

（四）培育邮轮游艇、滨海温泉、康体疗养、葡萄酒庄等高端旅游业态

扶持曹妃甸新区建设国际一流港口，打造"国际邮轮城"。与国际邮轮公司深度合作，实现国际知名邮轮公司在曹妃甸新区常态化运营。研究修订曹妃甸新区扶持邮轮旅游发展政策，为相关旅行社提供引客的补贴。大力发展曹妃甸新区邮轮游艇旅游，力求达到河北省沿渤海文化与旅游带入境旅游建设的龙头地位，对该地区发展起到引领和带动作用。

加大秦皇岛、唐山、沧州滨海温泉建设改造建设力度，打造"滨海温泉带"。利用现有的温泉资源、引进国内外资金和资源，构建一个功能齐全的品质化、多元化的休闲旅游综合体，以温泉疗养为基础、以会展酒店为核心、以休闲度假（也包括赛事、节庆）为功能，逐步实现入境旅游开发的业态创新和转型升级。

加强秦皇岛康体疗养项目建设，加大唐山、沧州康体疗养项目的投入力

度，逐步形成康体疗养、养老旅居的带状发展格局，重点开发京津地区客源市场，积极开发俄罗斯、日本、韩国等邻近国家的入境旅游和康体疗养项目。在秦皇岛北戴河康体疗养基础上，在南戴河、昌黎、乐亭等地开发建设康体疗养型小镇，开发康体疗养、养生度假项目，借助医疗服务、优美环境、养生资源开展康体疗养产业，从而带动养老旅居项目发展。

秦皇岛市的昌黎县、唐山市的乐亭县以及沧州市都有优质的葡萄产区，发展葡萄酒庄高端休闲旅游项目可成为"旅游+"的典型示范。在项目的设计上要借鉴和引进国外先进经验和做法，积极探索符合国际标准的葡萄庄园发展路径。葡萄庄园项目的建设要和当地的葡萄种植、农业发展相结合，也要和新农村建设与美丽乡村建设相结合，以全域旅游理念为指导，实现国内外两个市场的融合发展。

（五）提高国际营销效果

1. 加大旅游促销投入力度，整合营销资源，优化创新营销方式

增加入境旅游市场开拓扶持资金和奖励政策，强化中国港澳台地区和临近主要客源国旅游促销工作的规划，建立旅游宣传、营销推广工作的制度和评价机制。整合现有的文化与旅游、对外宣传、商务会展、国际教育、侨台、外事等部门的宣传资源，在组织开展入境旅游、国际商务、友好城市交流、媒体广告宣传等方面深入协作，形成多部门联动的对外宣传推广机制，组织旅游企业参加相关的旅游促销，充分发挥企业、非政府组织等在开拓境外旅游市场中的主导作用，共同塑造主题鲜明、特色突出的国际旅游形象。

加强营销资源整合，优化创新营销方式。随着网络技术和信息技术的发展，社交媒体和自媒体的营销作用日益凸显。在借助原有传统营销资源的基础上，要高度重视创新营销方式，比如以旅游直播、旅游游记的形式吸引海外客源国居民的注意和关注，邀请中国港澳台地区和海外旅游博主到河北省沿渤海地区来实地旅游观光，通过他们发布的旅游视频，提高该地区的曝光率和旅游关注度，宣传该地区的游艇和帆船等水上运动资源、休闲美食资源、户外休闲资源以及温泉疗养、康养休闲、高尔夫、绿道骑行、养老养生

等旅游项目,介绍该地区的"吃、住、行、游、购、娱""商、养、学、闲、情、奇"等旅游要素。

2.借助新媒体新技术营销,提高营销转化率

切实重视和研究国外各类媒体的特点和优势,选择旅游新媒体时代的平台进行宣传、推介,如Twitter、Facebook、YouTube、WhatsApp、TikTok。这种具有国际影响力的社交媒体具有海量的用户和强大的传播效果。鼓励和引导打造河北省沿渤海地区国际化文创IP项目,借助智能信息、网络游戏,研发设计虚拟现实(VR)产品、具有该地区旅游题材的网络游戏等。全方位提升河北省沿渤海地区旅游形象在新兴网络平台的曝光率,切实提高该地区海外营销转化率。

3.落实"走出去""请进来"战略,拓展境外旅游营销渠道

切实落实"走出去"发展战略,主动借助外交部、商务部和文旅部的境外机构,积极参与相关会议和活动,强化河北省环渤海地区文旅资源的国际宣传推介,对标国际标准提高河北省沿渤海地区知名度。在重点境外客源市场派驻营销代表,加大海外旅游企业和旅游组织营销力度。

切实落实"请进来"发展战略,主动邀请主要境外客源市场的旅行企业和新闻媒体、自媒体平台、旅游博主考察参观。制作内容新颖、符合外国游客旅游偏好的河北省沿渤海地区旅游专题宣传片,加大在户外广告牌投放力度、延长主流媒体播放时间。深化与俄罗斯和其他亚洲国家(地区)旅游企业的合作,加强与京津联合境外宣传与推介。

(六)全面提高国际旅游服务水平

在北京首都国际机场、北京大兴国际机场设立外国乘客服务窗口,或根据实际需要安排具有英语交流能力的工作人员提供相关服务。在接待酒店安排懂外语、懂服务的专业人员,满足住客个性化需求,提供旅游信息咨询服务。在酒店、旅游景区、旅游车辆等相关的服务设施上设置符合国际标准的外文标识标志。在相关的基础设施和服务设施上要设置安全警示语及配备救生设施。提高国际化旅游服务质量,提高司机国际化服务水平,使其能够掌

握基本的服务用语和服务技巧。

全面实现智慧旅游平台建设，提供国际化的旅游信息、消费信息咨询、旅游线路查询和交通查询与预订四大功能服务，研发综合"吃、住、行、游、购、娱"等内容的河北省沿渤海地区旅游官方 App。利用网络、云计算、大数据等新技术提升河北省沿渤海地区旅游信息咨询智慧服务水平。

构建国际化服务质量、旅游标识、旅游信息、旅游诚信的标准体系和作业程序，全面扎实推进旅游标准宣贯工作。

五 河北省沿渤海文化和旅游带国际化发展的保障措施

第一，落实各项措施，逐级推进工作。河北省沿渤海文化与旅游带是河北省"十四五"旅游规划的重要内容，在工作中要提高思想认识，聚焦国际化要求，加强组织机构设计和组织领导，认真研判存在的问题，科学制定方法路径，逐级逐步推进各项工作。

第二，完善管理体制，区域统筹安排。加强对该地区旅游国际化水平提升工作的领导，建立秦皇岛、唐山、沧州区域协同联动机制，加强与天津市的区域合作。

第三，落实保障措施，创新投入运营机制。河北省沿渤海地区各级政府要切实加大提升对该旅游带的国际化人力、物资、资金投入力度，创新和引导社会资本积极参与，加强文化与旅游重大项目的保障配套工作，切实提高该地区旅游国际化水平。

参考文献

江海旭：《对中国沿海省市区旅游产业发展方向分析——基于灰色局势决策理论》，2021中国旅游科学年会，中国北京，2021年4月。

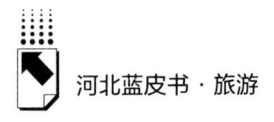

卢飞、张红：《我国沿海城市旅游化时空演变及其与城镇化响应分析》，《资源开发与市场》2021年12月6日。

祁艳艳等：《河北省沿海地区"一带一路"建设思路研究》，《广西质量监督导报》2021年第1期。

郭伟等：《河北省入境旅游客源市场时空演化及拓展研究》，《燕山大学学报》（哲学社会科学版）2020年第6期。

刘邦凡：《河北沿海地区休闲旅游业发展总体规划（2015 - 2024）》，载刘邦凡、徐水主编《中国社会科学研究论丛》（2014卷第2辑），武汉大学出版社，2014。

B.11 坝上草原文化旅游带绿色发展研究

从佳琦*

摘　要： 近年来，依托深厚、独特的草原文化旅游资源，河北坝上地区文化旅游业发展呈现良好态势。"十四五"时期，河北省着力打造坝上草原文化旅游带，为坝上地区文化旅游业的发展制定了新的目标和方向。本报告在全面阐述坝上草原文化旅游带资源概况的基础上，分析了其在资源禀赋、产业布局、核心产品等方面的发展优势，剖析了体制、生态、交通、开发、季节性等方面的问题与不足，提出了机制保障、管理创新、生态监测、品牌打造、业态融合、服务优化等对策建议，以促进坝上草原文化旅游带实现绿色发展，并建设成为机制顺畅、管理科学、环境优美、品牌响亮、产品优质、服务上乘的草原休闲度假旅游胜地。

关键词： 坝上草原　文化旅游　绿色发展

"十四五"时期是河北省推动文化和旅游融合高质量发展、加快实现文化旅游强省跨越式发展的重要时期。《河北省文化和旅游发展"十四五"规划》立足地理空间、文化脉络、产业基础、生态格局，提出依托张家口、承德坝上地区生态环境优势，统筹文化和旅游融合发展，着力打造坝上草原文化旅游带，为坝上地区文化旅游业的发展制定了新的目标和方向。

---

* 从佳琦，河北省社会科学院旅游研究中心副研究员，主要研究方向为旅游经济。

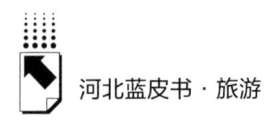

一 坝上草原文化旅游带资源概况

河北坝上地区位于河北省北部，因地势陡然上升而得名，西起于张北、东止于围场、中挟丰宁，是典型的北方农牧交错地带。该地带属温带大陆性季风气候，海拔1200~1400米，拥有草原、草甸、河滩、湖滩、沼泽、农田、林地、山地、丘陵等多种地貌景观。

（一）坝上草原文化脉络

草原文化是指游牧民族共同创造的一种适应草原生态环境、在草原生态系统中循环往复并经过游牧民族长期积淀而形成的特有文化，包括游牧民族的生产生活方式及其相应的风俗习惯、思想观念、宗教信仰、文学艺术等。

1.坝上草原文化特征

坝上草原文化是蒙古高原草原文化的重要组成部分，主要由与游牧文化融合相关的农业文化要素构成。坝上草原文化具有中国北方草原文化的三个显著属性。一是自然属性，无论是传统的草原游牧生活，还是地方政府营建的移民绿洲，在选址上都会选择水草良好的地区，形成了"逐水草而居"、遵循自然规律的生产生活方式和独特的地域文化。二是民族属性，基于特定的自然环境，游牧民族衍生的草原文化与一般的农耕文化存在显著差异，游牧民族是草原文化区别于其他文化的本质性标志，是草原文化的根源和精髓。三是交融属性，草原文化既是地域文化与民族文化的交融，又是游牧文化与其他经济文化的交融，随着历史的演进，各种文化形态相互碰撞、影响和吸纳，为草原文化注入了新的内涵和活力。

2.坝上草原文化体系

坝上地区历史悠久，草原文化深厚，经过游牧民族世世代代繁衍生息，形成了独特的草原文化体系。一是草原生产文化。坝上牧民大多从事草原畜牧业，在适应和与大自然抗争的过程中，练成了哺育幼畜、收绒剪毛、抓肥育肥、屠宰销售等畜牧生产技术。二是草原生活文化。坝上牧民以满族居多、衣、食、住等生活习俗具有显著特征,服饰喜穿襟式长袍套坎肩、配皮靴戴帽子,传统食物以牛羊肉和奶食为主,住所则采用适于四季游牧搬迁和抵御北方高原寒冷气候的"蒙古包"。三是草原历史文化。坝上草原从秦代经西汉、东汉发展至魏晋时期,从鲜卑之地发展为强藩重镇,并成为辽、金、元、清历代帝王的避暑胜地,遗存了大量的历史文物古迹,如辽代萧太后梳妆楼、金代景明宫、元代察汗淖尔行宫、清代胭脂马场、明代长城和古烽火台等。四是草原精神文化。坝上牧民能歌善舞,"草原音乐三宝"——长调民歌、呼麦和马头琴弦乐被列为中国第一批非物质文化遗产;牧民生活中的物品大多以图案纹样加以装饰,通过刺绣、铸造、雕刻等艺术形式表现出草原生活的独特气息;牧民热衷于骑马、摔跤、射箭等与狩猎密切相关的竞技体育活动,鲜明地反映出游牧民族的精神文化特征。五是草原生态文化。生态观念是草原思想意识形态的重要组成部分,坝上牧民世代以来对草原生态给予了极大的关注和重视,在内容上主要包括尊重自然和生命、崇尚以自然和生命为根本、与环境和谐共生,在形式上主要表现为祭祀、英雄史诗、神话故事、诗歌等。

3. 坝上草原文化保护与传承

坝上牧民在长期的游牧生产和生活中形成了人与自然和谐共生的生存智慧,这种智慧体现在生产生活、风俗习惯、宗教信仰、文化艺术等诸多方面,以生态环保的理念、适宜性的生产方式、简约的生活方式和绿色的精神文化生活,凝结于草原文化之中。草原文化敬畏自然、崇尚自然,坚持"天人合一",是一种生态的文化,是坝上地区社会、经济、生态可持续发展的命脉和根源。草原文化的保护与传承是坝上地区生态文明建设的重要组成部分,不仅有利于生态文明理念的树立和践行,而且有利于生态环境问题的规避和解决,从而实现绿色和可持续发展。

(二)坝上草原旅游资源

坝上草原是内蒙古草原的一部分,属草甸式草原,总面积约65.5万公顷。其中,承德坝上草原面积约29.3万公顷,主要分布在丰宁和围场;张

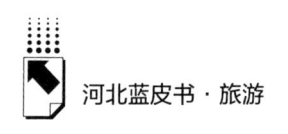

家口坝上草原面积约 36.2 万公顷，主要分布在张北、康保、沽源、尚义和察北、塞北两个管理区。

1. 丰宁京北第一草原

丰宁京北第一草原地处北京正北，是距离北京最近的天然生态草原，其中，草原面积约 23450 公顷，植被覆盖率达 40.7%。丰宁京北第一草原为国家 5A 级旅游景区，草原地域辽阔，一望无际，一年四季景色优美且季象变化显著，区内拥有大汗行宫、白桦林、情人谷、柳树沟森林公园、闪电湖、天马飞行童话小镇、神仙谷·七彩森林等诸多景点，是以草原风光为基础的综合性休闲度假旅游区。景区年接待的游客量占丰宁游客总量的 80% 左右，旅游收入占约 70%，是丰宁旅游业的中坚力量。

2. 御道口草原森林风景区

御道口草原森林风景区位于木兰围场，草原面积约 30820 公顷，植被覆盖率为 30.9%。御道口草原森林风景区为国家 4A 级旅游景区，区内不仅有康熙练兵台、御泉、天梯梁、古御道等清代历史遗迹，还有神仙洞、桃山湖、百花坡、龟山、大峡谷等自然生态景观，是寻迹皇家文化、草原观光、休闲度假的理想目的地。

3. 塞罕坝国家森林公园

塞罕坝国家森林公园位于木兰围场，其东北部是一望无际的大草原，草原面积约 13400 公顷，植被覆盖率为 13.4%。塞罕坝国家森林公园为国家 4A 级旅游景区，区内在植被上属于森林草原过渡地带，浩瀚的森林和广袤的草原浑然一体，自然景观十分奇特壮美。历史上这里是清朝皇家的狩猎之所，康熙、乾隆、嘉庆三位皇帝共举行"木兰秋狝"105 次，三足金蟾塞罕佛、乾隆殪虎洞、亮兵台、十二座联营、乌兰布通古战场等都印证着清朝的兴衰荣辱。这里还是满、蒙古、汉三族人民的聚居地，以木兰秋猎文化为基础的多民族文化相互交融，民族风情十分浓厚，民风民俗独具一格。

4. 红松洼国家自然保护区

红松洼国家自然保护区位于围场最北部，是一个综合性的草地自然保护区，草原面积约 13400 公顷，植被覆盖率为 18.7%。区内以保护山地草甸生态系统和滦河、辽河源湿地生态系统为主要任务。红松洼草原还是华北地区草原原生植物保护最好的地区,区内共有植物400多种,草层高40~50厘米,草甸"铺天盖地",湖泊星罗棋布,溪流蜿蜒曲折,自然生态景观十分壮观。

5. 张北坝上草原

张北坝上草原位于张北县境内,由中都草原和安固里草原组成。中都草原是至今保存最为完整的原始草原,面积约36000公顷,规模宏大、天然朴实、纯美壮阔是其精华所在。历史上元武宗将此建为皇室巡都,后成为皇家狩猎、避暑、巡幸之地。安固里草原水草丰美,鸟类众多,也是国内规模最大、档次最高的草原旅游景区之一,面积约15300公顷。区内现存华北地区最大的高原内陆湖——安固里淖,水域面积达6000多公顷。目前,该大区已建成草原天路、张北中都草原度假村、塞那都度假村等旅游景区。

6. 沽源湿地草原

沽源湿地草原位于沽源县境内,距离张家口市区180公里,面积约9万公顷,是至今保存最完好的原始湿地草原。区内水资源丰富,孕育了滦河神韵、闪电河湿地公园、五花草甸、天鹅湖等自然景观,拥有完整的树葬楼和大量辽、金、元三代帝王宫苑遗址,建成了塞外庄园、沽水福源度假村、天鹅湖度假村等旅游景区。

二 坝上草原文化旅游带发展优势与存在的不足

(一)发展优势

1. 独特的资源禀赋,为旅游业发展奠定了基础

坝上草原绿海绵延,一望无际,表现出独特的资源禀赋。一是草原文化底蕴深厚。这里是清王朝最大的皇家猎苑,康熙皇帝曾用"鹿鸣秋草盛,人喜菊花香"赞誉这片草原,"万里山河通远徼,九边形胜抱神京"是坝上草原在清王朝时期重要战略地位的真实写照;这里又是蒙古族与满族生存和繁衍的地方，蒙古族和满族民俗文化、风俗习惯等丰富而独特，对游客具有极强的吸引力。二是草原旅游资源上乘。据统计，张家口坝上草原地区拥有各类旅游资源1000多处，其中可开发的旅游单体资源326处，有省级以上自然保护区、风景名胜区、森林公园、湿地公园、地质公园10余处；承德坝上景区中有8万多公顷的草原，广袤的草原自然景观与丰富的皇家历史人文景观相结合，极大地充实了草原文化旅游的内涵。三是草原气候条件优越。坝上草原海拔1200~1800米，夏季平均气温在19摄氏度，体感凉爽，负氧离子含量高，被誉为华北的"生态绿肺"和"天然氧吧"，是草原观光、休闲避暑、生态康养的理想之地。

2. 科学的产业布局，为旅游业发展指明了方向

承德对旅游业发展的总体规划是"一体两翼"的空间格局，丰宁和围场是"两翼"中的"北翼"，是以草原为主体的休闲度假大区，重点建设京北第一草原、御道口草原森林风景区、塞罕坝国家森林公园、红松洼国家自然保护区四大景区。张家口将全域的旅游资源划分为"六个大区"，其中将坝上草原整体规划为草原风情大区，着力建设张北中都草原和沽源湿地草原两大景区。其中，张北中都草原以"音乐"为主题，以草原为基底，打造以音乐引领的草原风情集中展示区，并结合元中都文化，开发草原度假、元中都文化休闲两大龙头产品；沽源湿地草原以"湿地"为主题，依托湖泊草场、山地林海和良好的生态环境，打造观光度假、休闲避暑的湿地草原旅游大区。

3. 丰富的核心产品，为旅游业发展注入了强力

承德坝上草原地区的核心旅游产品主要是丰宁京北第一草原和木兰围场。京北第一草原是国家4A级景区、省级风景名胜区、省级优秀度假区，拥有河北魅力景区、河北最美三十景、河北旅游的三十张名片等桂冠；木兰围场通过森林草原节、坝上风光摄影节等节庆活动，拍摄旅游宣传片、制作风光画册、创作主题歌曲，社会知名度显著提高，游客接待量及旅游收入稳步上升。张家口在坝上草原地区突出打造了三大核心旅游产品。一是草原天路，东起崇礼区桦皮岭，西至张北县野狐岭，全长132.7公里，沿线风景如画，分布着60多处地质、生态和人文景观，被誉为"中国的66号公路"，旅游季自驾游日均车流量约5000辆，高峰期达到1.8万辆。二是张北草原音乐节，突破传统的草原观光模式，以音乐为切入点，实现由"观光性"向"体验性"转变，引领了草原文化旅游的发展潮流，成为全国知名的节庆活动品牌，平均每届吸引游客约30万人。三是乡村旅游，通过草原天路、中都草原等景区带动，坝上草原地区经营乡村旅游的农户达2000多户，带动就业2万多人，每年人均增收1.5万元，涌现了张北喜顺沟、尚义十三号等40多个乡村旅游专业村。

（二）存在的不足

坝上草原地区隶属于承德和张家口的不同县（区、场），在管理职能方面存在行政隶属关系条块分割和旅游开发分散的问题，制约了旅游业的发展。除此之外，还存在生态、交通、开发、季节性等方面的问题与不足。

1. 生态环境问题突出

坝上草原地区承担着重要的生态功能，如水源涵养、防风固沙、水土保持、生物多样性保护等，是京津地区重要的生态屏障和水源涵养地。经过多年的综合治理，草地退化、湿地萎缩、土地沙化、水土流失和生物物种减少的趋势已得到初步遏制，但气象、地质、生物等方面的生态环境问题仍然十分突出，旅游业的发展在很大程度上受到了制约。

2. 交通可进入性较差

坝上各县为贫困县，各项事业受资金制约发展相对缓慢，特别是基础设施建设十分滞后，尚未建立完善的交通公共服务体系，成为制约草原旅游业发展的重要因素。外部交通，以张北为例，京张高铁经过张北县境内，但距离县城较远，距离景区景点较远；又如围场，以公路为主，没有特快及特快以上级别的火车在围场设置站点，距离承德机场也比较远，由赤承高速向围场支线行驶，可以抵达围场县城，但距离木兰围场景区还有100多公里。内部交通，旅游公路有待升级，景区交通有待完善，景点之间通达性不强，此外还需要克服冬季冰雪对交通的影响。

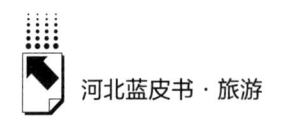

3.旅游开发层次较低

坝上草原旅游景区无论是建设水平还是服务水平，与国内外著名的旅游景区都有很大差距，整体旅游开发层次较低。一是旅游产品单一低端。目前，坝上草原旅游仍以生态观光为主，很多还处于圈一片草场、建几个蒙古包的初级阶段，旅游资源开发模式单一，旅游产品开发层次较低，草原文化内涵挖掘不够，不能满足市场需求。以丰宁为例，即使是京北第一草原，由于开发较早，产品相对陈旧，基本停留在草原骑马观光、篝火晚会、烤羊、射箭、滑草等游乐项目上，与坝上其他草原存在较严重的同质竞争问题，缺少独特卖点，旅游吸引力不强。二是整体旅游形象缺失。坝上草原旅游开发和经营属于散点式，区域间合作和相互协调相对滞后，没有整合形成合理的旅游线路结构，也没有形成鲜明的整体旅游形象。三是配套服务设施不完善，主要表现为智慧旅游建设进展缓慢，在住宿、购物等方面与市场需求还有较大差距。例如，每到旅游旺季，客房十分紧缺，游客订房非常困难；旅游商品品种单一，多为土特产品，缺乏特色和品位；部分景区虽有购物点，但管理混乱，没有形成一定规模的旅游商品生产基地和销售中心。

4.旅游季节性影响较大

坝上草原地区冬季受季风影响和西伯利亚高压控制寒冷干燥，夏季凉爽无热，春秋两季多风多沙。因此，6月、7月、8月、9月是坝上草原旅游的最佳时间。由于受季节影响较大，坝上草原旅游淡旺季十分分明，夏季游客蜂拥而至，时常会出现堵车和客房爆满的情况，而其他时间游客很少，特别是冬季门可罗雀，冰雪旅游基本没有项目落地，大部分景区、酒店都关门停业，导致旅游企业盈利周期长，扩大投资规模、打造新景点、开发新品牌的积极性不高。此外，各旅游企业多为季节性用工，导致景区管理人员、旅行社导游、酒店服务人员等多为临时从业人员，素质偏低，流动性大，队伍不稳定。

三 坝上草原文化旅游带绿色发展对策

坝上草原地区应立足生态优势，实施绿色发展战略，加快培育绿色发展新动能,大力推进坝上草原文化旅游带建设,打造机制顺畅、管理科学、环境优美、品牌响亮、产品优质、服务上乘的草原休闲度假旅游胜地。

(一)全方位保障,机制围绕旅游"立"

一是建立与坝上草原文化旅游带相配套的领导机制。本报告建议成立坝上草原文化旅游发展工作领导小组,由张家口、承德两市党政主要领导挂帅,相关县(区、场)和部门主要领导为成员,构建起市县两级草原文化旅游发展工作体系;成立坝上草原文化旅游发展委员会,负责综合协调、规划统筹、营销宣传、市场监管等职能。二是建立以生态文明为目标的绿色发展绩效评价考核机制。确立生态文明建设评价综合指标,作为坝上草原地区经济社会发展综合评价和县(区、场)党政领导干部政绩考核的重要内容。强化对坝上草原文化旅游资源完整性和原真性的保护评价,弱化对地区生产总值、旅游收入等经济指标的评价。

(二)全理念突破,管理围绕旅游"促"

一是推进国家公园试点建设,将坝上草原地区作为国家公园试点区,尽快制定试点实施方案,整合自然保护区、风景名胜区、森林公园、国有林场等各类保护区功能,改革多头管理体制,实施统筹规范。二是设立由河北省政府垂直管理的坝上草原国家公园管理局,统一管理区内的自然生态空间。三是根据保护对象的敏感程度、濒危程度、分布特点等,结合坝上居民生产生活需要和旅游发展需要,将试点区划分为资源保护区、生态修复区和可利用开发区,确保核心保护区面积不减少、保护强度不降低,形成突出生态、统筹管理、权属清晰、经营创新的国家公园保护管理模式。

(三)全域化监测,生态围绕旅游"护"

一是建立坝上草原生态承载力评价体系。建立生态承载力评价体系,包括承载本底评价、承载状态评价和承载潜力评价。选取最能反映坝上地区生态环境质量特征的旅游资源变量作为评价因子,测算各功能区生态承载力的底数；建立生态承载监测平台，对关键性生态要素进行长时序动态监测，实时了解各功能区的承载状态，确定各功能区的开发强度；建立生态承载预警系统，确定预警阈值与区间，划定各功能区的旅游资源开发利用规模警戒线和空间红线。二是加强坝上草原文化旅游带生态保护、治理和修复。落实国土空间用途管制规划，坚守草原生态红线；制定草地保护治理办法，实施草地生态治理工程；加大退耕还草力度，恢复和扩大草场面积，推行草原禁牧、休牧、轮牧制度，实施饲草种植、退耕退牧、封牧育草等修复工程。

（四）全景化打造，品牌围绕旅游"创"

一是编制坝上国家休闲度假区建设规划，按照资源条件和主体功能区划分，发展两河源（滦河源、白河源）生态旅游，提升四大草场（张北、沽源、丰宁、围场）休闲度假旅游，建设国家一号公路观光旅游带，形成多个支点（草原天路、闪电河、千松坝、塞罕坝、五道沟、御道口、大滩等）的全域休闲度假旅游发展大格局。二是加快创建坝上国家休闲度假区品牌，全力打造国际知名、国内一流的草原休闲度假旅游胜地。在大力发展生态观光旅游、乡村特色旅游的同时，以新兴旅游市场需求为导向，全力打造一批森林草原、满蒙民俗、文化体验、运动休闲、康体养生、农业观光等有机结合的高端旅游产品和新业态项目，努力实现一季游向四季游转变，构建"春健身、夏避暑、秋康养、冬滑雪（温泉）"的四季全栖旅游品牌体系。

（五）全业态融合，产品围绕旅游"+"

一是推进"文物+旅游"，做好历史游。坝上历史悠久独特，文物众多。以木兰围场为例，境内以独特的少数民族文化和"木兰秋狝"皇家猎苑文化而著称，留有东庙宫、七通碑等历史遗迹60余处，其中省级重点文物保护单位28处，历史游产品开发条件得天独厚。二是推进"民俗+旅游"，做好民俗游。坝上地区满族和蒙古族民俗浓郁，地方特色明显。将少数民族的畜牧生产技术和衣、食、住、行等生活习俗融入旅游产品中，吃羊肉、喝奶酒、穿长袍、住毡房、骑马射箭，以独特的民风民俗吸引和留住游客。三是推进"节庆+旅游",做好节庆游。丰宁第一草原狂欢节、围场国际森林草原旅游节、"木兰秋狝大典"文化节、坝上摄影节、围场狩猎节、围场航空文化节等节庆旅游活动,吸引国内外游客并带动坝上草原文化旅游实现大发展。四是推进"红色+旅游",做好红色游。围绕塞罕坝精神,以塞罕坝展览馆、尚海纪念林、月亮山望火楼等为重点,建设塞罕坝爱国主义教育基地,加快推进塞罕坝党校建设进程,提高红色旅游吸引力,使之成为全国红色教育培训基地和新时代红色文化体验高地。五是推进"教育+旅游",做好研学游。结合坝上草原的地质地貌和历史文化特点,打造研学旅游产品。例如,红松洼国家级自然保护区自然生态景象非常能够体现坝上地区的地质地貌特点,是地理科学研究、教育教学的最佳选择;木兰围场可围绕乾隆殪虎洞摩崖石刻、兰旗卡伦石刻岩画、《古长城说》碑、《木兰记》碑、《永安莽喀》诗碑等开展草原历史考据研究。六是推进"休闲+旅游",做好冰雪(温泉)游。充分利用坝上地区冰雪(温泉)资源优势,以休闲体验为特色内容,在丰宁、围场等打造集冰雪运动、温泉养生、亲子游憩、会议接待、商务交流等于一体的冰雪(温泉)度假小镇。七是推进"公路+旅游",做好风景道。继续做优做精"草原天路"和"国家一号风景大道",沿线串联坝上地区草原、森林、湿地等优质资源,建设一批休闲驿站、民俗乡村、自驾车营地、农牧体验基地等。

(六)全要素支撑,服务围绕旅游"优"

一是补齐坝上旅游交通服务短板。解决好"机场、铁路、高速"重大课题,打造现代化立体交通体系;强化外部交通接驳,加强与铁路、公路运输部门的合作,开设点对点的直通旅游专列和旅游巴士;内部交通着力解决"最后一公里"问题,重点提升县、乡两级公路和景区内部公路,打通旅游连接路;高标准建设坝上旅游标识系统、生态停车场、休憩观景设施、旅游厕所等,打造美丽、便捷的高品质风景道、绿道。二是实施坝上智慧旅游服务工程。充分利用互联网、物联网、5G、电子支付、智能终端等新兴技术,建设坝上智慧旅游服务体系。实施坝上重点区域视频监控覆盖工程,整合客流监测信息和安全保障信息，对坝上旅游实行智慧化管理；加快智慧坝上、智慧景区、智慧酒店、智慧乡村等建设，完善坝上旅游信息咨询服务平台，为游客提供优质服务与体验。三是完善坝上旅游接待服务功能。以全面提升吃、住、购等旅游要素品质为重点，完善坝上旅游接待及配套设施，加快游客接待中心、星级宾馆酒店、精品农家乐等工程项目建设，创意开发极具坝上地域特色的草原文化主题酒店、特色精品客栈、特色民宿、特色商店等。四是提升坝上旅游行业服务品质。强化坝上旅游从业人员队伍建设，开展业务培训，提高导游、酒店员工、乡村旅游从业人员的服务意识、服务技能和服务质量，从而实现坝上旅游行业服务品质的大幅提升。

参考文献

刘丽彤：《承德坝上草原生态旅游资源的开发研究》，硕士学位论文，河北师范大学，2011。

李春和等：《承德坝上草原旅游开发研究》，《河北民族师范学院学报》2015年第2期。

陈光林、吴团英：《草原文化的历史传承与创新发展》，《求是》2010年第19期。

董世魁、蒲小鹏：《草原文化与生态文明》，中国环境出版集团，2020。

韩建民等：《北方草原文化传承与草地资源保护调查研究》，中国农业出版社，2021。

业态新融合
New Integration of Business Forms

B.12 河北省红色旅游创新发展研究

王春蕾*

摘　要： 在新时期，红色旅游已成为有效利用红色资源、传承红色基因、培育爱国情感的创新方式。河北省是红色厚土，革命历史资源丰富，红色文化不断传承发展，河北省应积极发挥资源优势，紧抓历史机遇，适时审视红色旅游发展。本报告指出：在"十四五"时期，红色旅游正处于革故鼎新的历史交汇点，河北省应贯彻新发展理念，从提升宣教质量、优化产品供给、强化红旅品牌、构建保障体系出发，全面推进河北省红色旅游创新发展。

关键词： 红色旅游　新发展理念　红旅品牌

河北省是英雄的土地、革命的土地，是"新中国从这里走来"的地方。

---

* 王春蕾，河北省社会科学院旅游研究中心研究实习员，主要研究方向为旅游发展与管理。

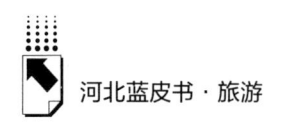

在党带领的长期革命、建设、改革实践过程中，红色文化逐渐孕育形成并不断传承发展，河北省积淀了丰富灿烂的革命历史文化资源。近年来，河北省高度重视红色旅游发展，积极弘扬红色革命文化，加强革命文物保护，第六届河北省旅游产业发展大会以"传承红色基因，创新绿色发展"为主题，将"国家红色旅游经典景区"作为全省旅游产业发展重点，红色旅游正在成为全省旅游业发展的新亮点、经济社会发展的新引擎。

一 河北省红色旅游发展成就

（一）种类全品质优，红色旅游资源丰富

河北省红色旅游资源类型丰富，数量众多，其中不乏在全国具有显著影响力、极高知名度的红色旅游资源，广袤的土地上留下了中国共产党带领人民群众在建党建军、土地革命、抗日战争、解放战争等各个时期英勇奋战的历史印记，见证了民族独立和人民解放的光辉历史。全省拥有重点红色文化旅游资源单体800多处，其中160余处具备对外接待能力，包括国家级爱国主义教育示范基地21处，省级基地102处，全国重点文物保护单位12处（见表1、表2）。近年来，全省高度重视红色资源的修复工作，陆续修复或扩建了百团大战前沿指挥所、晋察冀军区司令部旧址、水泉沟"万人坑"遗址、梅花惨案纪念馆等红色景区，河北省红色旅游的接待能力持续提升。

表1 河北省红色旅游资源

地区	旅游资源
石家庄	梅花惨案纪念馆、《晋察冀日报》旧址、陈庄歼灭战纪念碑、灵寿抗大二分校纪念馆、井陉挂云山烈士纪念碑、百团大战前沿指挥所、井陉矿区"万人坑"遗址、正定高平地道战旧址、石家庄劳工集中营蒙难同胞纪念碑、西柏坡中共中央旧址、华北人民政府旧址、合河口常峪晋察冀兵工厂、中共中央北方分局旧址、沕沕水水电站旧址、石家庄解放纪念碑、中央人民广播电台旧址、华北军区烈士陵园、辛集烈士陵园
唐山	开滦矿史展览馆、潘家戴庄惨案纪念馆、潘家峪惨案遗址及纪念馆、鲁家峪抗战旧址、喜峰口抗战旧址、冀东人民抗日暴动纪念碑、李大钊纪念馆、李大钊故居、冀东烈士陵园、杨家铺烈士陵园、魏春波烈士纪念馆、遵化市革命烈士陵园、玉田县烈士陵园

续表

地区	旅游资源
秦皇岛	山海关北街四野临时指挥部、山海关保卫战纪念厅、邵洪生烈士墓、昌黎县五峰山李大钊革命活动旧址、山海关烈士陵园、榆关抗战纪念碑
邯郸	磁县中共直南第一党支部纪念馆、八路军一二九师司令部旧址、太行行署礼堂旧址、晋冀鲁豫边区政府公安总局旧址、晋冀鲁豫边区政府旧址、工商总局税务总局冀南银行旧址、西达兵工厂旧址、朝鲜义勇军活动旧址、大名"七师纪念馆"、百家村惨案纪念馆、冶陶革命历史旧址及纪念馆、梁沟兵工厂、峰峰"万人坑"遗址纪念馆、邯郸起义指挥部旧址、涉县将军岭、抗日殉国烈士公墓(左权将军墓旧址)、晋冀鲁豫烈士陵园、朝鲜义勇军烈士纪念馆、晋冀鲁豫抗日殉国烈士公墓、馆陶革命英烈纪念馆
邢台	前南峪抗大旧址、一二九师供给部(被服厂、印刷厂、印币厂、刘邓办公室)遗址、沙河烈士陵园、冀南烈士陵园
保定	蠡县高蠡暴动纪念馆、高阳县高蠡暴动纪念馆、涞源县黄土岭战役纪念地、安新白洋淀雁翎队纪念馆、狼牙山五勇士跳崖处、冉庄地道战旧址、阜平石家寨晋察冀边区旧址、清风店战役纪念馆、白求恩柯棣华纪念馆、白求恩战地医院旧址、白求恩逝世纪念地、留法勤工俭学运动纪念馆、马兰烈士陵园、晋察冀烈士陵园、定州市北疃烈士陵园、保定市烈士陵园、高碑店烈士陵园、博野县烈士陵园、容城县北后台烈士陵园、满城县烈士陵园、雄县米家务乡烈士陵园、安新安州烈士陵园、涞水西岗塔烈士陵园、望都柳陀烈士纪念亭、清风店战役烈士陵园及战役遗址、新市区一亩泉烈士纪念碑
张家口	八角台抗日战争遗址、察哈尔农民协会旧址、平北抗日革命根据地、晋察冀军区司令部旧址、晋察冀画报社旧址、察哈尔民主政府旧址、冯玉祥"爱吾庐"及纪念馆、吉鸿昌纪念馆、察哈尔烈士陵园、察哈尔烈士纪念塔、多松年烈士纪念馆、董存瑞烈士陵园、苏蒙烈士陵园
承德	水泉沟"万人坑"遗址、董存瑞烈士陵园、热河革命烈士纪念馆、水泉沟烈士公墓、孙永勤烈士纪念馆
沧州	河间白求恩手术室旧址、解放沧州纪念碑及胜利公园、中共中央华北局城市工作部、马本斋烈士纪念馆、东光烈士陵园、冀中烈士陵园、南皮烈士陵园、黄骅烈士陵园、盐山烈士陵园、任丘烈士陵园、献县烈士陵园、沧州市烈士陵园、青县烈士陵园、孟村刘格平陵园、黄骅市博物馆及黄骅烈士殉难处、任丘市牛氏三杰纪念塔及烈士陵园
廊坊	林子里烈士陵园、廊坊市烈士陵园
衡水	安平县中国共产党第一个农村支部、衡水烈士陵园、景县烈士陵园、安平县烈士陵园、故城县冀南"四·二九"烈士陵园

资料来源：根据相关内容资料整理而得。

表2　全国爱国主义教育示范基地（河北）

批次	爱国主义教育示范基地
第一批	乐亭李大钊纪念馆、涉县一二九师司令部旧址、白求恩柯棣华纪念馆、清苑冉庄地道战遗址、西柏坡中共中央旧址、董存瑞烈士陵园
第二批	华北军区烈士陵园、潘家峪惨案纪念馆、中国人民抗日军事政治大学陈列馆、河北省博物馆、唐山抗震纪念馆

续表

批次	爱国主义教育示范基地
第三批	城南庄晋察冀军区司令部旧址、晋冀鲁豫烈士陵园、马本斋纪念馆、潘家戴庄惨案纪念馆
第四批	山海关长城博物馆、冀南烈士陵园、热河烈士陵园
第六批	沙石峪陈列馆
第七批	喜峰口长城抗战遗址、国家电网张北柔性直流电网工程

资料来源：根据相关网络资料整理而得。

（二）硕果累累，红色旅游发展基础结实

全省红色旅游总体规模不断扩大，体系不断完善，综合效益持续提高，在政治、经济、文化、社会、生态文明及党的建设等方面均发挥了积极作用。2011年，河北省出台《河北省红色旅游发展规划纲要（2012－2015年）》，规划纲要确定了"一个革命圣地、两条红色旅游产业带、十二个精品红色旅游区"的产业发展格局，进一步提升了全省红色旅游发展质量与效益。在《河北省红色旅游发展规划纲要（2012－2015年）》引导下，2015年河北省红色旅游全年接待人次首次突破7000万人次，红色旅游相关综合收入超过200亿元。近年来，河北省红色旅游规模与热度逐年攀升，总体创收与游客数量逐年增长，2018年全省红色旅游接待1.32亿人次，综合收入260亿元，分别比2017年增长10%、15%，[①] 河北省红色旅游发展势头强劲，红色旅游正在成为追寻红色记忆、传承民族精神的重要载体。

1. 建设了一批红色旅游精品景区

一是传统红色景区建设成绩卓然。依托丰富的红色旅游资源，全省共建成40余个国家A级景区，其中包括西柏坡、白洋淀、野三坡（平西抗日根据地）3个5A级景区，李大钊故居及纪念馆、八路军一二九师司令部旧址、狼牙山等24个国家4A级景区。在全国重点打造的300个红色旅游经典景区中，河北省占30个。2016年，西柏坡红色旅游系列景区、石家庄市华北军区烈士陵园、邯郸市红色旅游系列景区等14家红色景区入选《全国红色旅

---

① 数据来源于河北省文化和旅游厅相关文件资料。

游经典景区名录》；2017年，迁西县喜峰口长城抗战遗址、察哈尔省民主政府旧址、察哈尔烈士陵园等11家红色景区入选《全国红色旅游经典景区三期总体建设方案》；2021年，保定市与陕西省延安市、湖南省湘潭市共同荣获"2020中国国家旅游年度甄选红色旅游目的地"。

二是加快提升红色旅游融合度。全省积极推进红色旅游与自然生态、历史文化、乡村休闲等的融合发展，在全省范围内培育了一批主题鲜明、内涵丰富、形式多样的复合型红色旅游产品。全省形成了以西柏坡为核心，同时组合天桂山、驼梁等旅游资源的大西柏坡旅游区；融合了红色文化、地方民俗、自然景观的白洋淀旅游区；融合了休闲农业、民俗文化的前南峪红色旅游区。

2. 推出了系列红色旅游精品线路

基于在百年党史上具有巨大影响力的"李大钊精神""西柏坡精神""白求恩精神""塞罕坝精神""李保国精神"等诞生于河北的伟大红色精神，全省形成了"建党先驱——播撒火种红色之旅""抗日烽火——太行抗战红色之旅""新中国从这里走来——革命圣地红色之旅""砥砺赶考行——脱贫致富之旅""筑梦新时代——开拓奋进之旅"五大主题16类100条红色旅游线路，首次将全省200余处具备参观条件的红色旅游景点、革命纪念地、旧址故居串联起来。此外，在2021年5月，文化和旅游部、中央宣传部、中央党史和文献研究院、国家发展改革委联合发布的"建党百年红色旅游百条精品线路"之中，"不忘初心·进京赶考""烽火太行·抗战脊梁""千年大计·未来雄安""艰苦奋斗路·绿色塞罕坝""脱贫攻坚·小康河北"等精品线路均涉及河北红色旅游景点（见表3），充分展现了党带领人民群众在河北开展革命、建设、改革的历程中取得的重大成就。

表3　建党百年红色旅游百条精品线路（河北段）

名称	线路
"不忘初心·进京赶考"精品路线	河北省石家庄市西柏坡红色旅游系列景区—保定市淑吕村毛泽东住宿旧址—颐和园益寿堂(毛泽东带领党中央到达北平的第一个落脚点)—北京香山双清别墅—北京香山革命纪念馆

续表

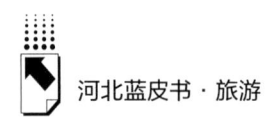

名称	线路
"烽火太行·抗战脊梁"精品线路	山西省长治市屯留区抗大一分校旧址—长治市潞城区神头岭伏击战遗址公园—长治市黎城县黄崖洞兵工厂旧址—长治市黎城县"北方局黎城会议纪念馆"—长治市武乡县八路军太行纪念馆—长治市武乡县王家峪八路军总部旧址景区—晋中市左权县麻田八路军纪念馆、八路军总部旧址—晋中市左权县晋冀鲁豫边区临时参议会旧址—河北省邢台市信都区前南峪抗大纪念馆—邯郸市武安市晋冀鲁豫中央局旧址
"千年大计·未来雄安"精品线路	北京大兴国际机场—雄安新区雄安高铁站—雄安新区规划展示中心—雄安新区市民服务中心—"千年秀林"大清河片林一区
"艰苦奋斗路·绿色塞罕坝"精品线路	河北省承德市滦平县金山岭长城—隆化县茅荆坝国家森林公园—围场县塞罕坝机械林场—御道口草原—丰宁县京北第一草原—千松坝国家森林公园—张家口市沽源县五花草甸—张北县德胜村
"脱贫攻坚·小康河北"精品线路	河北省保定市阜平县龙泉关镇骆驼湾村—阜平县龙泉关镇顾家台村—石家庄市平山县岗南镇李家庄村—西柏坡镇北庄村—石家庄市正定县塔元庄村—邢台市内丘县岗底村

资料来源:《文化和旅游部 中央宣传部 中央党史和文献研究院 国家发展改革委关于发布"建党百年红色旅游百条精品线路"的公告》,中国政府网,2021年5月14日,http://www.gov.cn/zhengce/zhengceku/2021-06/01/content_5614610.htm?_zbs_baidu_bk。

3. 创作了一批红色文创与旅游演艺作品

为进一步巩固拓展党史学习教育成效,充分发挥河北省红色文化资源优势,加快红色文创和旅游商品开发,2021年8月,河北省文化和旅游厅制定出台《河北省红色文创产品开发促进方案》。在该方案指导下,2019年,两个务必镇尺、将军杯、晓春书签等27件红色旅游文创产品入围全国红色旅游文创产品现场遴选名单;2021年7月,在全国红色旅游创意产品和红色旅游演艺创新成果首展中,西柏坡铜尺、西柏坡精神氛围灯、白毛女传奇氛围灯、京绣红船、致胜壶等12套红色旅游创意产品和话剧《塞罕长歌》、实景演出《太行山抗战》2部红色演艺作品入展。为进一步创作优秀红色演艺作品、传播红色革命文化、传承红色革命精神,2021年6月河北省红色旅游协会成立由退役军人艺术家组成的红色轻骑兵艺术团,指导全省红色旅游演艺活动,目前《人间正道》《风华涉县之英雄太行》等优秀红色旅游演艺作品已在全国具有一定影响力。

4.营销联动，红色旅游品牌影响力日渐提升

河北省利用节假日、重大纪念日，积极开展红色文化节庆活动与纪念活动、主题教育活动等，先后举办了"新中国从这里走来——河北红色旅游文化宣传周"活动、"红色记忆·胜利征程"系列活动、河北红色旅游巡礼活动、"红色太行·追逐梦想"红色旅游系列推广活动、中国红色旅游音乐节。并联合北京、天津两市举办了"京津冀红色旅游联合推介活动""京津冀红色旅游房车巡游活动""为纪念建军90周年京津冀红色旅游宣传推广活动"等，充分释放了河北的红色文化魅力，极大提升了河北省红色旅游的吸引力与影响力，塑造了河北红色旅游品牌形象。

5.联动发展，区域协同初见成效

河北省积极开展区域红色旅游资源整合，大力推进市域、省域间的红色旅游资源共建共享，以成立红色旅游合作组织为抓手，深入加强区域红色旅游合作。早在2012年，为加强三省红色旅游区域合作，在河北省、山西省、河南省的共同推动下，成立了晋冀豫三省十一市"红色曙光·雄秀太行"红色旅游联盟。全省22家红色经典景区和40家旅行社共同成立了"红色旅游营销联盟"，进一步加强了全省红色旅游行业间的交流协作。西柏坡联合全国146家红色旅游景区成立了"西柏坡红色旅游联盟"，八路军一二九师司令部旧址以已为核心成立了"晋冀鲁豫红色旅游联盟"，极大促进了区域红色旅游资源的整合共享与红色旅游产业的区域协同发展。

（三）支撑有效，红色旅游政策体系不断完善

近年来，河北省高度重视红色旅游发展，在助力红色旅游发展方面出台了一系列政策，多"策"并举引导全省红色旅游向高质量发展，编制出台了指导全省红色旅游高质量发展的政策《关于促进全省红色旅游创新发展和规范发展的指导意见》。同时，为加强红色旅游服务与管理、爱国主义教育基地建设与服务，相继出台了《红色旅游景区服务规范》《红色旅游景区设施规范》《爱国主义教育基地服务规范》《爱国主义教育基地设施规范》一系列标准规范，指导全省红色旅游标准化、品质化发展。

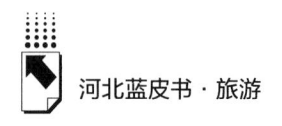

二 河北省红色旅游发展存在的问题与面临的挑战

河北省红色旅游发展基础良好，是全国开展红色旅游较早的地区之一，但是先发优势与红色旅游资源优势并未完全转化为河北省红色旅游的发展优势。与国内陕西省、山东省、湖南省等红色旅游发展水平较高的地区相比，其产业整体发展水平不高，成熟度较低，仍存在一些明显的差距，除知名度更高的西柏坡、八路军一二九师司令部旧址、狼牙山等红色旅游经典景区之外，更多的红色旅游景点开发力度不够、发展过程受阻，红色旅游目的地普遍存在红色文化认同感缺乏、旅游产品层次低的问题，进而产生核心竞争力不足、投资收益不高的消极影响。

（一）红色文化挖掘不深，思想政治教育价值释放不够

2018年，全国爱国主义教育基地、全国青少年教育示范基地河北冉庄地道战遗址出现身着伪军服装嬉戏拍照的游客，这与红色旅游传承爱国主义精神、开展革命传统教育的初衷背道而驰，不仅亵渎了神圣的革命遗址，也戏谑了伟大的革命精神。事实上，梳理河北省红色旅游资源发现，红色纪念馆、纪念碑、陈列馆占据了相当大的比例，经营方式往往以景区售票、讲解，游客参观为主，游客大多数的旅游体验只来源于参观展厅、陈列物，或是简单观看一段记录影像的表面层次。历史素材未吃透、新兴手段没用好、经营方式不恰当，导致游客在参观过程中只是走马观花，旅游体验过于被动，在旅游过程中难以对游客产生正面的引导、难以真正展现红色旅游景区所蕴含的深厚红色文化与革命精神、难以使游客从内心深处产生文化的认同感，达到爱国主义教育的最终目的。

从红色旅游的教育内容看，对红色文化的诠释程度不够，整体的科教水平有待提升。一是红色旅游项目的设计与策划缺少对红色史实的深入研究与充分挖掘，对重大事件、人物的提炼与总结不够，对红色文化特质的挖掘不深，难以准确捕捉并概括红色精神，使得红色旅游资源的教育价值难以释

放。二是教育内容流于表面、流于形式，时代性普遍不够突出，使红色文化背后革命精神的时代价值难以释放，表现为红色纪念设施建设形式化现象明显、教育内容与党的创新理论和最新成果的结合不够紧密，游客在学习、游览过程中获得的思想提升、审美愉悦有限，整个过程对游客理论困惑和实践难题的指导性不强。

从红色旅游的教育手段来看，游客的现场体验感不强，与高新科技的融合度不够。一是全省多数的红色旅游景区停留在以灌输式、说教式等单一形式为主的教育方式，局限于传统的"展览+讲解"模式，"说、看"有余，而"参与、体验"层面触及不够，对革命历史意义的解释、说明不够充分，游客难以形成共鸣，使革命价值教育意义被冲淡。二是缺乏对高新科技的创新使用，游客缺少沉浸式的旅游体验，包括西柏坡景区在内的红色旅游场馆、纪念设施未能融合 VR、AR、AI 等高科技手段，导致红色旅游的科教水平低，无法满足游客对体验红色文化、接受革命教育的实际需求，红色记忆难以转化成游客的切实感受，红色教育的成效难以真正发挥出来。

（二）红色旅游产业化程度不高，精品项目缺乏

全省红色旅游资源优势尚未转化成产品优势与品牌优势，产业化水平低，产品体系方面存在供给层次缺失、旅游产品相似度高的问题。同时，与其他旅游资源的融合发展水平低，没能形成连线成片、优势互补的开发策略。整体缺少红色旅游精品项目，红色旅游形象不够鲜明。

红色旅游产品相似度高，缺乏区域特色。全省多数红色旅游资源的开发仍处于初级阶段，开发层次不高，并且同时存在开发方式程式化、产品相似度高的弊病。一是红色旅游项目设置较为单一，难以摆脱"下车拍照、上车睡觉"的走马观花式行程，局限于遗址参观、旅游讲解等单一乏味的基本形式，缺少与游客的互动，参与性不强、体验度不高，难以满足游客个性化、多元化的红色旅游消费需求。二是红色旅游景区周边的配套服务设施相似度高，表现为周边配套的餐饮、住宿、娱乐等低水平重复建设，甚至存在恶性价格竞争的问题。

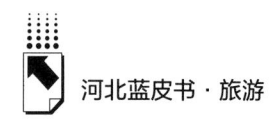

红色旅游融合程度低，资源的叠加效应发挥不充分。首先，河北省红色旅游资源分布广而散、体量小，没有形成连线成片、优势互补的开发策略，全省除大西柏坡旅游区、白洋淀旅游区、前南峪红色旅游区等规模大、影响力大的红色旅游区之外，多数红色旅游资源的区域整合情况并不佳，游客逗留时间短、消费水平低。其次，红色旅游正在向集乡村度假、研学教育、康养休闲等于一体的综合化方向发展，正在不断延伸与拓展产业链条，通过与乡村旅游、研学旅游、康养旅游、民俗体验、影视艺术等紧密结合来释放旅游资源的叠加效应，而目前河北省红色旅游与其他业态的融合程度不深，缺少精品红色旅游业态与红色旅游项目。

（三）旅游配套设施不完善，基础设施建设水平低

全省较大比例的红色旅游资源分布在经济社会欠发达、偏远的革命老区，资金缺口较大、建设难度高直接导致红色旅游景区周边的基础设施配套不完善，自我更新能力不足。区位条件的不佳则导致部分红色旅游资源的交通可达性较差、通达度不高，道路标识系统、停车场所建设不完善。此外，红色旅游景区周边的配套餐饮、住宿等接待服务设施有相当大的比例是当地居民自发经营，档次普遍低，服务水平高低不齐，安全性难以得到保障。此外，一些红色旅游景区的游客服务中心、旅游厕所、导览标识等公共服务设施的建设还较为欠缺，尤其是智慧旅游设施的配备尚不普及，难以满足游客对旅游服务的品质追求。

（四）体制机制不顺畅，开发管理实效性差

红色旅游是综合性产业，全省红色旅游资源种类繁多，分属文化、教育、住建、军事等不同部门管辖，部门之间缺乏高效协调的联动机制，"九龙治水"问题比较突出，造成红色旅游景点景区在管理、保护、开发、利用、宣传推广等方面难以形成合力，发展动力不足，难以捕捉消费市场新变化，导致出现红色旅游资源开发不足或重复开发、建设水平低、宣传力度小等问题。

（五）人才队伍建设不足，从业人员素质不高

红色旅游发展体系不完善，在开发、经营、管理方面仍然存在明显问题的重要原因之一就是缺少专业化、高素质的红色旅游人才，并且人才的缺失正在成为制约当地红色旅游发展的重要因素。由于众多的红色旅游资源处于环境闭塞、经济社会发展较为落后的乡村地区，对专业旅游人才的吸引力有限，包括讲解员、导游在内的绝大多数的红色旅游工作人员为当地居民，管理人员甚至由当地的村、社区工作人员兼任。红色旅游从业人员群体的综合能力不高、服务意识不强，这不仅难以为游客提供品质化的服务，更难以准确研判红色旅游的发展形势、难以准确选择红色旅游的发展路径、难以准确把握红色旅游发展机遇，直接导致红色旅游产业发展水平低下。

三 河北省红色旅游创新发展理念

随着我国迈入新时代，在"十四五"期间红色旅游也正处于革故鼎新的历史交汇点，在推进爱国主义教育、凝铸奋进精神等方面发挥着重要作用，红色革命文化与精神伟力也日益成为中国参与国际事务与全球治理的重要支撑力量。在新时代的背景下，做好红色旅游工作，更要牢固树立新发展理念，构建全省红色旅游发展的新格局，讲好河北红色故事、展现河北红色旅游形象，以创新的发展思维主动将红色旅游融入新时代社会发展需求，回应时代新关切。

（一）秉承创新发展理念，拓宽红色旅游发展思路

把"创新"理念融入红色旅游，着力解决可持续发展动力不足的问题，为红色旅游的蓬勃发展注入鲜活的生命力、提供强大的支撑力。在新时代的语境下，红色旅游正在承担着弘扬红色革命文化与红色革命精神、强化人民历史使命感与时代责任感的重要职责，并且正在扮演着转变区域经济发展方式、释放区域经济发展新动能的重要角色。新时代下，红色文化内在驱动力

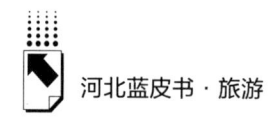

的激发与释放，必须守正出新，秉承创新发展理念，创新发展路径，着力扩大红色文化的受众覆盖面、提高红色文化的影响力。创新性地通过使用高新技术增强红色文化的吸引力，创新性地依靠科学有效、主题鲜明的规划提高红色旅游目的地的接待力，创新性地拓宽宣传营销渠道提升红色旅游的影响力。

（二）把握协调发展理念，发挥红色旅游多元效能

把"协调"理念融入红色旅游，注重红色旅游发展的整体效能，将经济效益与社会效益相协调，作为区域红色旅游发展的手段与目标，更要作为衡量其发展水平的标准。红色旅游的开发与建设、管理与运营不仅要创造经济效益，成为拓宽居民增收渠道、吸收当地剩余劳动力的重要形式，更要作为破解我国农村改革与发展难题的重要手段，着力解决城乡二元结构、三农问题、农村土地流转等领域的问题，让红色文化与红色旅游资源成为统筹城乡发展的纽带，成为美丽乡村建设、乡村治理的重要抓手，从而促进城乡精神文明的对接，实现经济认同、文化认同、社会认同的统一。

（三）坚持绿色发展理念，探索生态化发展道路

把"绿色"理念融入红色旅游，积极探索红色资源的绿色发展路径，实现产业发展动能的转化，准确把握红色旅游发展与生态环境保护之间相互支撑、互促互融的关系。"绿水青山就是金山银山"，主动依靠红色资源与生态环境资源走出一条"红绿结合"的道路，形成红色旅游主打文化品牌、绿色生态助力旅游转型的"红绿双轮驱动"的良好发展局面，通过瞻"红"赏"绿"的"红绿结合"发展形式，实现自然与人文的交融，激发红色资源的乘数效应，在传承红色基因、引领绿色发展中深入践行"绿水青山就是金山银山"的理念。

（四）推进开放发展理念，主动融入区域发展大格局

将"开放"理念融入红色旅游，以开放的发展思维着力打造开放的

发展模式、发展路径，主动融入"双循环"发展格局，推动红色旅游向更宽、更广、更深的方向发展。以开放包容的姿态将自然生态景观、地域特色文化等资源纳入红色旅游架构，在新发展理念指引下，突破行政区域限制、打破行业边界、割除行业樊篱，为红色旅游拓展更大的发展空间。在"红色旅游+""+红色旅游"的倡导实施下，各旅游目的地之间、各旅游资源要素之间着力形成协同共进、相得益彰的局面，在增加红色旅游产品体系与服务体系独特性的同时，构建"美美与共"的发展格局。

（五）围绕共享发展理念，着力提升人民生活幸福感

将"共享"理念融入红色旅游，坚持打造红色旅游共创共建共享的发展新格局，努力将当地居民对红色文化的自豪感、对红色资源的责任感转化为积极参与红色旅游发展的热情。注重优质公共服务向乡村的倾斜，努力将红色旅游目的地打造成为高品质的文旅公共服务空间，始终将富农惠农、提升人民群众的幸福感与获得感作为发展红色旅游的落脚点，通过乡村振兴、红色旅游、脱贫攻坚的紧密结合，全面深化红色旅游在助推脱贫攻坚、助力乡村振兴的积极作用，实现红色旅游便民、红色旅游富民，积极构建全民共享红色旅游发展"红利"的大好局面。

四 河北省红色旅游创新发展对策研究

（一）立足红色史实，提升红色教育质量

红色教育必须立足红色史实，始终紧扣爱国主义教育和革命传统教育的深刻主题，将思想教育规律、红色旅游发展规律贯穿于红色旅游的宣教过程之中，真正让历史成为最好的"教科书""营养剂"。习近平总书记曾强调："发展红色旅游要把准方向，核心是进行红色教育、传承红色基因，让干部

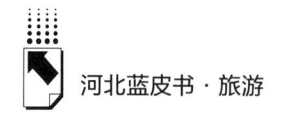

群众到这里来能接受红色精神洗礼。"[1] 红色旅游是对党的光辉历史的重温，其教育功能的发挥必须尊重革命史实，客观解读红色文化内涵，保证红色旅游"不走调""不褪色"，牢牢把握好红色教育的主基调。

一方面，红色旅游每个活动环节的实质，都必须以"尊重历史、还原历史、再现历史"为基本原则，深刻、完整地还原历史事件，吃透背后的伟大革命精神，向公众展现其中的深刻内涵，以真实的历史保持红色文化的底色，避免歪曲、篡改历史，给公众造成不必要的误导；另一方面，也要防止红色旅游的低俗化、娱乐化与过度的商业化，准确处理好主题严肃化与体验娱乐化的平衡，提升讲述革命历史的能力，创新传达革命精神的方式，力戒刻意迎合某些游客的娱乐化心态，歪曲、篡改红色历史，将"野史""戏说"加入导游词，将过度娱乐化的不当环节融入旅游过程，使红色精神被消解。

（二）加快宣教方式创新，传承红色基因

坚持讲授与体验结合，提高教育的感染性。根据文化和旅游部的调查，红色文化日益受到年轻群体的认同，红色旅游也正在呈现年轻化、亲子化的特征，红色旅游群体中年轻人群所占的比例已实现逐年提高。面对年轻消费者，红色旅游更需要注重加强现场体验感和时代感，打破"跟着讲解员走"这一单一的参观方式，尝试高新科技的使用，个性化、参与型活动项目的设置使红色旅游产品更为动态化、立体化，缩短游客与历史之间的距离，吸引游客主动发掘革命历史与红色文化，自主创造沉浸式的红色文化体验，让游客在更为真实的情境下了解革命历史、体悟红色精神，实现从"参观者"到"参与者"的转变，感受更加鲜活的旅游体验。

坚持思想与价值相结合，提高教育的针对性。红色旅游资源是党在各个时期留存的珍贵遗迹与精神财富，是革命文化的现实载体，是中华优秀传统

---

[1] 《用好红色资源 凝聚发展力量（红色地标巡礼）——"红色地标巡礼"专栏报道综述》，中国旅游新闻网，2021年10月14日，http://www.ctnews.com.cn/hsly/content/2021-10/14/content_ 113293.html。

文化的赓续传承，指引着社会主义先进文化的前进方向。红色旅游的宣教过程不仅要注重与马克思主义信仰教育相结合，更要落脚于新时代主题教育，将红色资源的政治教育功能、感情熏陶功能、思想引领功能、榜样激励功能发挥出来。充分发挥全省红色旅游资源中纪念场馆多、革命遗址多的优势，用好具有重大历史意义的革命圣地、红色旧址，积极与党政机关的主题教育活动、学校的思政教育与社会实践活动结合起来，将丰富的历史遗存作为开展党员干部党性教育的生动课堂、开展学校学生思政教育与社会实践的生动教材，持续扩大全省红色文化的影响力，在广泛的实践中切实增强各游客群体对红色文化的认同感，承担起社会思潮价值引领的重任，将红色旅游教育实效真正转化为广大游客的精神"内驱力"。

（三）典型引领，建立融合发展示范区

推动红色旅游资源与其他旅游资源的深度融合。以红色旅游资源为主线，将乡村旅游资源、生态旅游资源、民俗旅游资源等串联起来，形成新兴复合型的住宿、餐饮、文创、旅游演艺等旅游产品，丰富红色旅游供给层级，充分释放红色旅游在助力脱贫攻坚、保护生态环境、传承民俗文化等方面的社会效益，在全省建设一批红色旅游小镇、红色历史街区、红色旅游产业园等。其中，要重点发挥核心旅游景区的吸引力，在平山、白洋淀、易县等革命老区实现红色旅游点位的有机串联，打造融合红色元素的复合型旅游产品，在全省推出一批业态丰富、产品新颖、环境良好、彰显河北特色的红色旅游融合发展示范区。

推动跨区域合作发展。要树立整体观、全局观，统筹全省红色旅游景点景区，依据不同的旅游主题，以历史为脉络主线，将红色旅游资源串联成线，连线成片，推出河北红色旅游精品主题线路。优化空间布局，激发跨市域、省域的合作潜力，整合区域旅游资源，以核心景点带动构筑新型的旅游功能区，减少相似度高的红色旅游资源恶性竞争，努力构建资源共享、客源互补、市场互通的良性发展大格局。

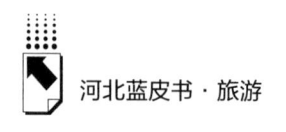

（四）创新建设思路，强化红色旅游品牌

强化品牌意识，做好"西柏坡·红色圣地""一二九师·太行堡垒""保定·抗战英雄""冀东·大钊故里""张家口·红山城"等既有优质品牌的维护、管理与推广，持续提升河北省红色旅游的知名度与影响力。立足于红色旅游资源丰富的地区，围绕国家级爱国主义教育示范基地、A级红色旅游景区等实施重点开发战略，在全省推出多层次、主题鲜明、社会认可度高的红色旅游目的地系列品牌。

扩大品牌效应，借助重大时间节点、事件加强红色旅游资源的宣传推广，以脱贫攻坚、建党百年、党史学习教育深入推进、电视剧《觉醒年代》热播等为契机，顺势做好李大钊故居，建党百年红色旅游百条精品线路之"不忘初心·进京赶考"精品线路、"脱贫攻坚·小康河北"精品线路等的宣传推广。

创新宣传方式，推进"互联网＋红色旅游"，在河北旅游资讯网、各地市旅游官方网站设置红色旅游专栏，广泛利用微博、微信、短视频等新媒体开展河北省红色旅游宣传，同时借助河北省各级旅发大会、旅游产品推介活动、旅游节庆等做好线下推广工作，全面构建河北省红色旅游品牌立体化的宣传网络。

（五）加大开发力度，丰富红色旅游产品

提升重点景区的吸引力，推动传统红色旅游景区的品质升级。以5A级景区引领、A级景区创建为主，加大红色旅游景区的开发建设力度，扩大精品景区的规模、提高景区的数量。以游客需求为导向，加快完善游客服务中心、旅游厕所、停车场、标识系统、智慧旅游等基础设施建设，提升景区整体形象和吸引力，打造"可进入、可停留、可欣赏、可享受、可回味"的红色旅游景区。

丰富旅游服务要素供给，提升红色旅游的服务质量。鼓励各类市场主体参与红色旅游的开发经营活动，投身红色旅游餐饮业、住宿业等行业，不断

丰富红色旅游服务要素的内容与形式，提升景区接待能力与接待质量，满足游客多元化、多层次的旅游消费需求。积极开发红色旅游相关的文创产品、演艺产品，打造出红色文化传播的创新载体，提升旅游品牌的价值与市场影响力，同时增加游客黏性，延长客流停留时间，带动革命老区经济增长。

（六）强化保障，加大红色旅游扶持力度

一是持续完善红色旅游标准规范体系。在《红色旅游景区服务规范》《红色旅游景区设施规范》《爱国主义教育基地服务规范》《爱国主义教育基地设施规范》等既有行业规范的基础上，尽快完善河北省在"十四五"时期红色旅游在开发建设、经营管理与服务等各个环节的行业标准，构建更为成熟、更具执行力的标准体系，实现全省红色旅游的标准化管理。

二是强化监督，保障红色旅游市场安全。严格规范红色旅游市场，加大对意识形态、新冠肺炎疫情防控、消费者权益保护等重点工作的监督与整治力度，发挥市县各级文化市场综合行政执法局、全国旅游监管服务平台、各级行业组织的作用，着力构建监督有效、保障有力的红色旅游综合执法管理体制；加强对红色旅游市场的安全管理，重点强化对游乐设施、旅游餐饮、交通重点风险源的日常管理，加大安全生产宣传力度、执法检查力度，实现红色旅游行业的安全生产监管常态化。

（七）协调联动，增强红色资源管理实效

一是成立由省委宣传部或省文化和旅游厅牵头的全省红色旅游资源专项管理部门，将省委党史研究室、省文物局、省教育厅、省档案馆、省退役军人事务厅等相关部门纳入其中，建立高效协调的联动机制，解决在红色旅游保护、开发、利用、宣传等方面长期存在的"九龙治水"问题。二是鼓励各地建立红色旅游协会或红色旅游行业联盟，搭建红色旅游多方合作的平台，既要充分发挥行业组织"穿针引线政企间"的作用，维系政府与企业间的良性互动，又要推动红色旅游主体间的信息共享，维护全行业的共同利益。

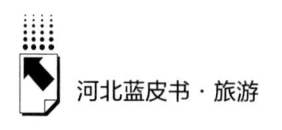

（八）推进红色文化教育，构建人才队伍梯队

造就一支专业化、多元化的人才队伍，是红色革命价值转化为红色旅游价值的关键环节。根据河北省红色旅游发展特色及产业化发展需要，制定行之有效的人才培养措施，共创更为丰富的红色旅游价值。其一，创新红色旅游人才的培养模式，以培养本土人才为主线，注重培养知识结构完整、善于经营管理、富有创新精神的中高级红色旅游人才，也要通过优秀人才引进，院校、企业人才专项培养等途径做好人才培育与输送工作。其二，要着力加强红色讲解员、导游员的分级分类与培训工作，造就一支政治过硬、业务熟练、知识丰富的红色旅游景区导览队伍，并且积极将学生、老战士、老干部等群体吸纳到讲解员队伍当中，强化人民群众对红色旅游的主体意识与责任意识。

参考文献

邸明慧等：《河北省红色文化旅游发展研究》，《产业与科技论坛》2021年第1期。
吴若山：《红色旅游发展的"破"与"立"》，《旅游学刊》2021年第6期。
叶昊等：《新时代下推进红色旅游创新发展》，《中国文化报》2021年11月27日。
柳菲、李佳荣：《新发展理念视角下中国旅游经济发展质量分析》，《北方经贸》2021年第8期。
汤姿、郭家鹏：《以新发展理念引领生态旅游高质量发展》，《奋斗》2021年第8期。
李阳：《主客共享　美好生活——文化和旅游公共服务融合发展的实践、经验与展望》，《图书馆论坛》2021年第10期。
杜晓飞等：《甘肃红色文化资源育人功能及实践路径研究》，《大众文艺》2021年第21期。

B.13 河北省乡村旅游与乡村振兴融合发展研究

陈 胜[*]

摘 要： 党的十九大报告提出"乡村振兴"战略以来，党中央、国务院按照乡村振兴战略总要求，对实施乡村振兴战略进行了全面部署。乡村旅游与乡村振兴具有很好的耦合关系，本报告从产业兴旺、生态宜居、乡风文明、治理有效、生活富裕等五个方面分析了乡村旅游与乡村振兴融合发展的内在机理，并对河北省乡村旅游与乡村振兴的融合发展现状进行了全面总结。本报告指出：河北省乡村旅游发展应重点实现与三次产业、乡村生态建设、乡村文化建设、乡村"三治"、村民创业就业等方面的融合发展，助力河北省乡村振兴。

关键词： 乡村旅游 乡村振兴 融合机理

乡村振兴战略是党中央在准确分析我国现阶段主要矛盾、科学研判我国所处历史方位、深刻认识我国经济社会发展面临主要问题及城乡关系、变化趋势与城乡发展规律的基础上提出的，是党中央着眼农业农村短板问题导向和"两个一百年"奋斗目标导向做出的战略安排。党的十九大报告提出"乡村振兴"战略以来，党中央、国务院按照产业兴旺、生态宜居、乡风文明、治理有效、生活富裕的总要求，对实施乡村振兴战略进行了全面部署。

---

[*] 陈胜，河北省社会科学院经济论坛杂志社副研究员，主要研究方向为旅游经济与旅游规划。

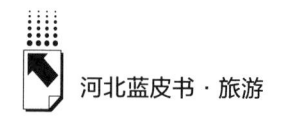

乡村旅游发展涵盖了经济、社会、生态、文化等多个领域，与乡村振兴战略有着相同的目标和共同的方向，乡村旅游与乡村振兴拥有天然的耦合关系，探索乡村旅游与乡村振兴融合发展成为我国一个重大的现实课题。习近平总书记也多次指出，发展乡村旅游，不仅搞好了农村经济，也是振兴乡村的好做法。发展乡村旅游，必须按照乡村振兴总要求，采取有针对性的措施，科学规划和合理设计乡村旅游驱动乡村振兴的实现路径，实现乡村旅游与乡村振兴融合发展，才能真正使乡村旅游成为推动乡村振兴的重要力量。

一 乡村旅游与乡村振兴融合发展内在机理分析

（一）乡村旅游发展助推乡村产业兴旺

乡村旅游通过资源转化、产业带动、产业培育等方式助推乡村产业兴旺，实现乡村振兴。乡村旅游本身作为一个产业，能促进乡村经济产业发展，发展乡村旅游，使得乡村的美景美食、历史人文、民俗活动等资源，通过"旅游"形式转化为产品，实现其商品价值，带动当地经济发展。乡村旅游是集"吃、住、行、游、购、娱"六要素于一体的新兴旅游业态，不仅能发展壮大涉及包括吃、住、行、游、购、娱等要素在内的旅游核心行业，还能通过其产业链培育，带动相关产业发展，产业带动效应和辐射效应明显。发展乡村旅游，还能够推动与乡村旅游相关联的建筑业、加工业、乡村物流运输、民宿餐饮、会务培训、文化娱乐、教育研学、休闲健康、户外拓展、农产品生产销售、信息服务等新兴产业发展，促进农村产业结构转型升级，实现农村产业现代化。发展乡村旅游，能够因地制宜、科学合理完善乡村产业体系，促进农村产业结构转型升级，实现农村产业现代化。

（二）乡村旅游发展推动乡村生态宜居

乡村旅游通过改善农村基础设施、改善村容村貌、保护生态环境等方式推动乡村生态宜居，最终实现乡村振兴。发展乡村旅游，能够不断完善游客中心、停车场、标识系统、无线网络等公共服务设施，不断完善道路交通以及农村水、电、通信等基础设施，进而提升农村基础设施整体水平。发展乡村旅游，能够不断完善农村污水处理、垃圾处理、供暖通气等环境设施，能够不断推进对村镇街区、院落的绿化、美化和景观化建设，进而改变农村脏、乱、差的居住环境，改善村容村貌，大幅提高农村居住水平。发展乡村旅游，能够加快对农村的生活垃圾、污水无害化处理，强化水资源、生态资源保护，促进农村环境综合整治，能够提升当地居民生态环境保护的自觉性和积极性，促进农村生态文明建设，奠定建设"生态宜居、美丽乡村"的稳固根基，能够将山、水、湖、田、林、草、海等乡村"绿水青山"转化为"金山银山"，真正实现农民富、农业强和农村美。

（三）乡村旅游发展带动乡村乡风文明

乡村旅游通过文化交流、文化教育、文化传承与保护等方式带动乡村乡风文明，驱动乡村振兴。发展乡村旅游，极大地拓展了城乡文化交流的广度和深度，广度上体现在乡村旅游促进了城乡文化交流人员数量增加和交流频次提高两方面；深度上体现在乡村旅游是"民间交流"、是面对面的交流、是客源地与旅游目的地居民之间的互动式交流，这种交流不预设主题、不先入为主，是平等的交流，影响力更大、更持久、更深入，能极大地促进城乡文化交流，提高当地居民文化水平和文明程度。发展乡村旅游，一般当地政府都会定期对当地居民进行职业培训，这极大地提高了当地居民的教育程度和文明水平。发展乡村旅游，需要深度挖掘当地特色的传统文化，如民族节庆、山歌、非遗文化等，吸引游客深度体验乡村民风民俗，这既挖掘和传播了乡村优秀的历史文化，又保护和传承了乡村文化，改善了乡风文明，促进了乡风文明建设。

（四）乡村旅游发展促进乡村治理有效

乡村旅游通过人才引进、职业培训、素质提升等方式提高乡村治理水平，实现乡村治理有效。发展乡村旅游，在国家政策的扶持下，吸引了大量人才返乡创业，如城市创客下乡、农民工返乡开办民宿等，为农村发展带来

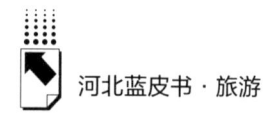

新鲜活力，拓展了当地居民的视野，促进了他们的文化素质提升，增强了他们参与乡村治理的能力，进而推动乡村治理水平的提升。发展乡村旅游，当地政府和乡村旅游企业会定期对村民进行职业培训和技能培训，这极大地提高了当地村民文化素养，增强了他们的自我管理能力。发展乡村旅游，市场化的管理手段有利于深化村民自治实践改革，建立健全村民自治有效机制，解决乡村社会和村民矛盾，提升乡村社会现代化治理能力；旅游经济利益驱动有利于提升村民参与度、共享度和创新度，促进村民自我教育和自我服务，增强村民自我发展和自我管理能力，乡村法治、自治和德治有利于提升乡村治理效率，提高乡村治理水平，实现乡村治理有效。

（五）乡村旅游发展实现乡村生活富裕

乡村旅游通过促进就业、拓宽收入来源等方式实现村民生活富裕，最终促进乡村振兴。乡村旅游是典型的富民产业，发展乡村旅游，增加了大量的就业岗位和创业机会，各地推广的各类经营模式，如"景区管委会＋公司＋农户""公司＋农户""合作社（协会、村支两委）＋农户""金融机构＋旅游集团＋农户"等多元合作经营机制，都是在扩大农民就业基础上建立起来的，这极大地促进了农民就地就业和就地创业，转移了农村剩余劳动力，提高了农民收入，增加了政府财税收入。国家在制定乡村旅游发展政策时，也制定了村民多元化的收入政策，如积极推动特色景观、林地、山场、房屋建筑等资源价值评估，按照量化到户、股份合作、保底分红、滚动发展的原则，鼓励资源折价入股，最大限度释放农村地区资源潜能，同时，整合村民不动产、土地使用权等，推行村民与合作社、旅游企业等互相参股的经营模式，为村民提供经营性收入、财产性收入和工资性收入等多种选择，促使农民收入结构多元化，拓宽了村民收入来源。

二 河北省乡村旅游与乡村振兴融合发展现状

"十三五"以来，河北省立足丰富的乡村旅游资源，实施了一系列促进乡村旅游发展的重要政策和工作举措，乡村旅游发展总体规模实现了稳步增长，综合效益不断提升，旅游扶贫成效显著，扶贫任务圆满完成，带动了乡村产业繁荣发展，提高了农民收入，大力发展乡村旅游带动了农村地区基础设施质量提升，提高了村民生活环境和文明水平，乡村旅游与乡村振兴融合发展稳步推进，为河北省乡村振兴提供了有力支撑。

（一）乡村旅游与乡村产业发展融合现状

"十三五"期间，河北省大力推进乡村旅游与乡村产业的融合发展，乡村旅游总体规模快速增长，接待总人数从2016年到2019年分别为：0.85亿人次、1.06亿人次、1.7亿人次、2.05亿人次，年均增长率为34.1%；乡村旅游综合收入从2016年到2019年分别为：148亿元、200亿元、350亿元、442.4亿元，年均增长率为44.1%。

乡村旅游与农村农业、工业、体育、康养、科技等多领域融合发展持续推进。在乡村旅游与农业融合发展方面，重点打造了一批休闲旅游与功能农业结合体，包括全国休闲农业与乡村旅游示范县（点）28家、中国重要农业文化遗产6处、国家田园综合体1家，同时，还打造了大量的观光农业、采摘园等。在乡村旅游与工业融合发展方面，以井陉矿区段家楼景区、武强周窝音乐小镇、君乐宝奶业小镇为核心，重点打造了一批工业旅游小镇。在乡村旅游与服务业融合发展方面，重点推进了乡村旅游与体育、康养、科技等领域的融合发展。

（二）乡村旅游与乡村生态宜居建设融合现状

大力发展乡村旅游，带动了全省农村地区基础设施水平的提升，推动了全省农村生态宜居建设。"十三五"期间，推动新建、改建旅游公路、风景道、绿道8000余公里，有效破解了乡村旅游交通的"最后一公里"问题。以乡村旅游聚集片区和星级乡村旅游区为重点，加快乡村游客服务中心、停车场、旅游厕所、医疗急救站、农副土特产品商店、文化广场和旅游标识标牌"七小工程"建设，极大地完善了全省乡村旅游扶贫重点村的水、电、气、通信等管网建设，帮助贫困户实施"三改一整"，有效弥补了农村地区公共服务设施短板，促进农村环境综合整治，实现乡村可持续发展。

（三）乡村旅游与乡村乡风文明建设融合现状

大力推动乡村旅游与文化融合发展、实施乡村旅游人才培养工程等，促进了农村地区文化繁荣和乡风文明建设。河北省历史文化旅游资源丰富，且大部分分布在广大农村地区，在推动乡村旅游与文化融合方面具有资源优势。"十三五"期间，各地以举办省、市旅游产业发展大会为契机，重点建设了一大批以古村落、民俗文化村、非遗文化村等为代表的旅游小镇，不仅促进了旅游产业发展，更重要的是使得全省公共文化服务均等化水平全面提升，让文化"活"起来了，加快了文化消费的普及化。"十三五"时期，河北省建立省、市、县三级乡村旅游人才培训体系，每年都组织实施乡村旅游人才培训，分级分类加强了对旅游扶贫村"村官"、致富带头人、旅游经营户、从业人员、传统技艺传承人的培训，极大地提高了村民文化水平和文明程度。

（四）乡村旅游与乡村治理融合现状

河北省在推进乡村旅游建设的同时，十分重视乡村旅游与乡村治理的同步推进和相互促进。"十三五"时期，建立了旅游工作领导小组统筹全省乡村旅游提升及旅游精准扶贫工作，省文化和旅游厅专设机构具体负责相关事务的工作机制，并在重点市、县（市、区）成立了乡村旅游办公室，重点乡镇成立了乡村旅游工作站，形成"四级联动"的乡村旅游管理体系。在"十三五"时期，制定了乡村旅游企业（点）登记管理条例，明确了乡村旅游经营主体责任，定期联合相关部门对乡村旅游企业（点）进行联合督查，维护了乡村旅游经营秩序。同时，在全省乡村旅游重点村、乡镇鼓励成立乡村旅游协会，制定协会章程和行业自律公约，评选诚信经营模范。这些都有效地推进了全省乡村旅游与乡村治理的融合发展。

（五）乡村旅游与农民增收融合现状

"十三五"时期，河北省以乡村旅游为载体，通过增加村民就业、创新乡村旅游收益分配方式和扶贫模式，极大地增加了农民收入，实现了乡村旅游与农民增收深度融合发展，助力全省乡村振兴。全省乡村旅游带动就业77.6万人，助力793个旅游扶贫重点村脱贫，近30万贫困人口实现增收。"十三五"时期，在全省全面建立和完善了乡村旅游农户资产收益机制，"公司+农户"、"合作社+农户"、"村委会+农户"、"景区管委会+公司+农户"、"乡村+旅行社"、"金融机构+旅游集团+农户"、"股份合作制"、农户独立经营等多种经营模式在全省得到推广。"十三五"时期，河北省文化和旅游厅把脱贫攻坚作为"主战场"，探索形成了"旅发大会+扶贫""景区+扶贫""非遗+扶贫""文艺+扶贫""红色旅游+扶贫""展会营销+扶贫"等典型做法（见表1），如期打赢脱贫攻坚战。

表1　河北省乡村旅游与乡村振兴融合发展典型案例

融合内容	代表村名	典型做法
乡村旅游与乡村产业发展融合发展	秦皇岛市青龙满族自治县花果山村	《体验脱贫成就·助力乡村振兴　全国乡村旅游扶贫示范案例选编》（文化和旅游部）收录的全国100个典型案例之一。典型做法：政府和社会合资投入2.5亿元，加大核心景区花果山旅游风景区的改造提升力度，强力推进"旅游+农业""旅游+互联网""旅游+商务"快速发展，推动了乡村旅游的高质量发展，带动全村旅游从业人员达到200多人，实现了全村脱贫致富
乡村旅游与乡村生态宜居建设融合发展	承德市国家"一号风景大道"	2019年入选"国家旅游扶贫案例生态保护类"，2020年入选"2020世界旅游联盟旅游减贫案例"。典型做法：国家"一号风景大道"位于承德市坝上地区，全长180公里，通过打造国家"一号风景大道"，坚持生态优先，谋划绿色生态长廊，在建设时，秉承"景观辐射带动周边发展"的理念，在保护中开发、在自然中游玩，辐射带动承德坝上区域16个乡镇、2.1万贫困人口稳定脱贫，坝下区域33个乡镇、4.1万贫困人口致富，通过乡村旅游与生态宜居建设的融合发展，促进乡村振兴

续表

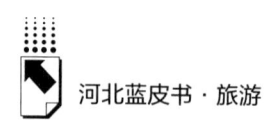

融合内容	代表村名	典型做法
乡村旅游与乡村乡风文明建设融合发展	廊坊市大厂县威武屯村	河北省"美丽乡村"示范区。典型做法：大力发展乡村旅游，将环境卫生写进村规民约，并与村级"五好文明家庭""十星级文明户"评选挂钩，高标准建设文化广场村民文体娱乐室、图书阅览室、多功能厅等，成立了红白事理事会，制定了村规民约，大力倡导节俭办事，反对大操大办，不仅营造了积极向上的文明乡风，也大大优化了旅游发展的人文环境，让旅游与乡风文明建设实现了融合发展和良性互动
乡村旅游与乡村治理融合发展	石家庄市平山县梁家沟村	被评为"全国美丽宜居村庄""全国民主法治示范村"。典型做法：村党支部坚持党建引领，以发展旅游为突破口，探索出一条自治主导、法治保障、德治为先的"三治融合"乡村治理路子；为规范乡村旅游发展，成立了平山县第一家乡村旅游专业合作社，举办乡村旅游培训班，打造了"红色旅游"升级版，发展旅游业，提供村民就业机会100余个，人均收入由3300元（2009年）提高到了25000元（2019年）
乡村旅游与农民增收融合发展	张家口市张北县德胜村	获得了"全国文明村""河北省乡村旅游重点村""张家口市最美特色小镇"等荣誉称号。典型做法：利用"回归＋共创""企业＋农村"的发展模式，成立有限公司，充分利用农村宅基地闲置存量资源，大力发展民宿产业，已形成了村民民宿96套、企业样板民宿40套，打造了"京北地区民宿第一村"；土地流转、民宿出租和实施田园综合体建设，使资源变资产、农民变股东，农民成为真正意义上的资产权益人；全村发展民宿产业的30多户村民接待住宿客近3000人次，直接收益达到60多万元，2019年人均纯收入达1.37万元，实施精准扶贫，共脱贫211户442人

三 推进河北省乡村旅游与乡村振兴融合发展的对策建议

（一）推进乡村旅游与三次产业融合发展，助力乡村产业兴旺

推进乡村旅游与第一、二、三产业融合发展，不仅能培育农村新产业、新业态，还能延伸三次产业的产业链，促进乡村产业结构优化，助力乡村产业兴旺。

推进乡村旅游与农业融合发展。河北省有着丰富的农业资源，重点依托丰富的田园景观、农产品、农业生产活动和适宜的气候等旅游吸引物，推进

"乡村旅游+田园农业"融合发展，开发形成田园度假游、农业科技游、务农体验游、园林观光游等主题旅游活动，满足游客体验农业、回归自然的需求。依托各类丰富的农业观光园、农业生态园、农业博览园、农产品展览馆等资源，推进"乡村旅游+农业科普教育"融合发展，让游客了解农业知识，促进农业繁荣发展。

推进乡村旅游与农村工业融合发展。依托河北省农村地区丰富的生态农产品资源，推进"乡村旅游+农产品加工业"融合发展，形成丰富多彩的食品、饮料等旅游特色食品产业，带动一批品牌食品加工企业发展。依托农村地区独特的文化资源和动植物资源，提升创意设计水平，推进"乡村旅游+工艺品制造"融合发展，引导农村企业开发和销售具有本地特色的旅游纪念品，如木雕、角雕、石刻、刺绣等旅游工艺产品，打造多样化、品质化特色旅游工艺品，不断刺激游客购物消费，促进农村工业繁荣发展。

推进乡村旅游与服务业融合发展。依托河北省太行山农村地区良好的生态环境、气候条件以及独特的养生文化和中医药资源，推进"乡村旅游+健康养老产业"融合发展，大力发展乡村田园养生类和中医药文化养生类乡村旅游。围绕全省乡村地区丰富多彩的地域特征和文化特点，将教育功能融入乡村旅游产品开发，推进"乡村旅游+教育产业"融合发展，大力发展自然科学类、传统文化类和红色文化类等三大类乡村研学旅游。依托全省数量众多的建筑类资源，在保护的前提下，与优秀建筑设计师合作，以井陉县大梁江村、石头村等为融合示范村，打造"乡村旅游+古建筑民宿"产业；依托村民空闲房间，结合乡村人文和自然景观，进行个性化改造设计，推进"乡村旅游+民宿产业"融合发展，大力发展乡村旅游民宿，促进乡村服务业繁荣发展。

（二）推进乡村旅游与乡村生态建设融合发展，打造生态宜居新农村

推进乡村旅游与乡村生态建设融合发展，能提升乡村人居环境质量和村民生态文明水平，形成尊重自然、保护自然的绿色生产生活方式，打造生态宜居新农村。

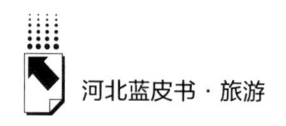

推进乡村旅游与乡村人居环境融合发展。发展乡村旅游要重视营造良好的乡村旅游环境，完善乡村旅游村水、电、气、通信等管网建设。针对河北太行山、燕山山区、东部平原地区等不同情况，鼓励各地区研发推广适合不同地区、不同条件的改厕技术和无害化处理模式，优先推进旅游村卫生厕所改造。推进村镇街区、院落的绿化、美化、景观化建设，加快生活垃圾、污水无害化处理，强化水资源、生态资源和文化资源等保护，促进农村人居环境综合治理，实现乡村可持续发展。

推进乡村旅游与村民绿色生产生活融合发展。发展乡村旅游，要始终坚持"绿水青山就是金山银山"的理念，要尊重自然、顺应自然、保护自然，在乡村旅游的开发建设、经营管理等方面要高举生态文明旗帜，大力推进生态文明建设，促进村民形成绿色生产生活理念。

（三）推进乡村旅游与乡村文化融合发展，促进乡风文明建设

推进乡村旅游与乡村文化融合发展，能促进文化传播，繁荣文化产业，提升村民文化自信和文明程度，促进乡风文明建设。

推进乡村旅游与乡村文化产品融合，为游客提供优质文旅产品。坚持"宜融则融、能融尽融"原则，通过活化、重组、延伸等途径，充分利用现代科技、演艺、节庆活动等手段，融合省内丰富的文化资源，如内画、杂技、年画、拉花等优秀手工艺和优秀戏曲曲艺等传统民间艺术，推进乡村旅游与传统历史文化、民族民俗文化、农耕文化等乡村文化融合发展，开发形成古村历史文化旅游、乡村民俗旅游、乡村旅游演艺、乡村旅游节庆活动等文旅产品，不断培育文旅新业态，繁荣文化产业。

推进乡村旅游与乡村文化服务融合，为游客提供优质文旅服务。坚持"融合共享、功能互补"原则，在乡村公共文化服务设施中加强旅游功能，支持乡村文化博物馆等公共文化设施建设，拓展旅游活动空间，将公共文化设施打造成为"有品位、有体验"的景点。在乡村旅游公共服务设施中融入文化功能，把旅游公共服务场所打造成展示文化、体验文化的重要窗口，促进乡风文明建设。

（四）推进乡村旅游与乡村"三治"融合发展，提高乡村治理能力

推进乡村旅游与乡村法治、自治和德治融合发展，将乡村"三治"理念融入乡村旅游开发与管理的整个过程，不仅有利于建立规范化的乡村旅游治理体系，更有利于提高乡村治理能力，建立"治理有效"的现代乡村治理体制。

推进乡村旅游与乡村法治融合发展。建立乡村旅游市场监管体系，严厉打击各类伪劣商品、价格欺诈等违法违规经营行为；加强对乡村旅游市场的安全管理，重点是对各类旅游娱乐设施质量、食品安全、农村交通安全等进行监管；完善乡村旅游市场主体和从业人员信用记录，将相关信用信息纳入全国信用信息共享平台，动态梳理乡村旅游红黑名单，建立联合激励和惩戒机制；在加强传统消费者维权体系建设和管理下，重点强化消费者维权信息化建设，把消费者网上维权作为智慧乡村旅游建设的重要内容，形成线上线下相结合的消费者维权服务体系，强化对消费者权益的行政保护。乡村旅游市场法治建设有利于增强村民法律意识，推进乡村法治体系建设。

推进乡村旅游与乡村自治融合发展。在乡村旅游的开发和管理过程中，要践行和强化村民自治，在村委会统一领导下，建立乡村旅游村民议事会、村民监事会和村民理事会等自治载体，凸显村民在乡村旅游治理中的主体地位，建立乡村旅游自治体系，切实增强村民自治的能力、动力，提高村民自治的水平。

推进乡村旅游与乡村德治融合发展。在乡村旅游开发和管理中，应高度重视乡村熟人社会中的道德力量和中华优秀传统文化因素，尤其是在乡村旅游市场治理过程中，制定村规民约和旅游市场道德公约等自律规范，弘扬中华民族传统美德。积极宣传在乡村旅游开发过程中出现的村民和游客好人好事等，教育引导村民向上向善、守信守法，这不仅有利于提高旅游吸引力，也能更好地引导村民投身于乡村振兴的伟业。

（五）推进乡村旅游与村民创业就业融合发展，实现村民生活富裕

推进乡村旅游与村民创业就业融合发展，大力推进"旅游富民"工作，

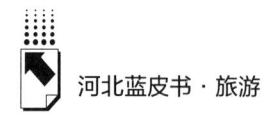

增加村民收入、提升村民获得感，实现村民生活富裕。

推进乡村旅游与村民创业融合发展。制定出台引进乡村旅游村民创业的土地、房租、税收等相关优惠政策，释放乡村创业活力，对从事乡村旅游创业的企业或个人，按国家相关政策给予税收优惠；支持优秀乡贤及农民工等从事乡村旅游创业，培育一批乡村旅游创客基地。

推进乡村旅游与村民就业融合发展。积极推广农户独立经营、"景区管委会＋公司＋农户"、"公司＋农户"、"合作社（协会、村支两委）＋农户"、"股份合作制"、"金融机构＋旅游集团＋农户"等多种农户参与开发模式，让村民充分参与乡村旅游开发。在乡村旅游村镇推进承包经营权流转，鼓励旅游村成立股份制旅游专业合作社、旅游合作联社等，整合建设资金、不动产、土地使用权等，明晰股权主体、管理及收益制度化等改革，提高村民资产收益，切实推动"资源变股权、资金变股金、村民变股民"。

参考文献

向延平：《乡村旅游驱动乡村振兴内在机理与动力机制研究》，《湖南社会科学》2021年第2期。

邓小海：《从"脱贫"迈向"振兴"：乡村旅游发展的动力转换》，《贵州社会科学》2021年第2期。

陈胜：《深化文旅融合，赋能美好生活》，《中国社会科学报》2020年9月30日。

程晖：《乡村旅游：让农民收入实现"一季两收"》，《中国经济导报》2019年3月28日。

宋才发：《传统文化是乡村振兴的根脉和基石》，《青海民族研究》2020年第4期。

《〈促进乡村旅游发展提质升级行动方案（2018年—2020年）〉发布》，中国政府网，2018年10月17日，http：//www.gov.cn/xinwen/2018-10/17/content_5331694.htm。

常鹏君：《国土空间规划背景下的乡村振兴发展模式研究》，《冶金管理》2021年第11期。

B.14
河北省研学旅游创新发展研究

贾子沛[*]

摘　要： 研学旅游渐渐突破了研学受众、组织模式的限制，逐步发展为社会化、常态化、大众化的全民性研学行为。基于研学旅游的重要时代意义和河北省研学旅游组织方、参与方、运营方存在的现实问题，本报告通过总结归纳国内外研学旅游开发与探索经验，针对河北省实际从组织协同、产品体系、管理服务、人才队伍和配套设施五个方面提出相应对策建议，为河北省研学旅游的创新发展提供科学参考。

关键词： 研学旅游　创新发展　智慧研学

一　新时期研学旅游的内涵与意义

（一）新时期研学旅游的内涵

当前，随着教育改革的不断深化和旅游消费结构的不断升级，形式多样、内容多元的研学旅行已经逐步在各省有序开展。中小学生研学旅行具有明确的定义："由教育部门和学校有计划地组织安排，通过集体旅行、集中食宿方式开展的研究性学习和旅行体验相结合的校外教育活动。"[①] 研学旅

---

[*] 贾子沛，河北省社会科学院旅游研究中心研究实习员，主要研究方向为旅游与区域发展。
[①] 《教育部等11部门关于推进中小学生研学旅行的意见》，中华人民共和国教育部网站，2016年12月2日，http://www.moe.gov.cn/srcsite/A06/s3325/201612/t20161219_292354.html。

行主要是通过研学旅行基地有计划地开展研究学习和旅行体验相结合的教育活动，其主要面向对象是中小学生、青少年群体，多由学校统一组织，联合旅行社等旅行服务机构集体性、阶段性开展，主要包括知识科普型、自然观赏型、文化康乐型、体验考察型和励志拓展型等教育类别，是一种有较明确目的和研学主题的实践教育活动。因此，研学旅行具有较为明确的实践对象、教育目标和组织模式。随着旅游的大众化趋势日益凸显，研学旅行突破固定受众和组织模式的局限，衍生成为社会化、常态化和大众化的研学旅游。因此，研学旅游是在研学旅行基础上衍生出的新型研学形式，具有研究、教育、旅游、休闲及娱乐等多重功能，是研学教育与旅游深度融合的全民性活动。

（二）新时期开展研学旅游的重要意义

新时期有序开展研学旅游对我国全民素质教育和旅游消费结构转型具有重要意义，具体来说有以下几个方面。

1. 推动全民素质教育的普及和深化

研学旅游突破固定受众、组织方式、出游时段等局限，对全民素质教育有重要意义。研学旅游内容涵盖面较广，包括了自然生态、历史文化、红色文化、运动康养、科技数字等，通过大众旅游的形式对受众开展知识传递和文化普及，是拓展国民视野、推进素质教育的重要手段，能够帮助旅游受众全面了解中国文化和中国精神，对激发国民文化自信、理论自信、制度自信、道路自信具有较强的引领性。

2. 推动我国旅游行业的优化和转型

以往的研学旅行多集中于中小学市场，且多通过旅行社与学校协作开展。研学旅游实现了研学的社会化和常态化，更加巨大的消费市场给我国旅游行业注入了更多活力，也带动了旅游行业不断优化，进而产生新式旅游模式和旅游服务。研学旅游作为"旅游+"新业态，有利于旅游产业链多元延伸，推动现阶段旅游业态不断融合和拓展，未来旅游服务、旅游规划等也会随着研学旅游消费升级和研学旅游市场细分而日趋完善和精确。

3. 带动旅游目的地更新迭代

研学旅游对传统景区和旅游目的地转型升级有着较强的引领和带动作用，是打破旅游资源碎片化、地方特色空置化的重要途径。当前，我国传统旅游目的地多以观光游览和体验娱乐等方式开展建设，极度依赖景区和名片，而研学旅游通过高质量研学基地建设，将地区旅游资源高效整合，如国防军事基地、产业生产基地等，提升旅游目的地文化教育价值和功能，推动传统旅游目的地深入实践"旅游+"，有效带动旅游目的地更新迭代，发展成为集特色性、全域性、融合性于一体的旅游综合体。

二 河北省研学旅游发展现状与不足

（一）河北省研学旅游发展基础与现状

河北省旅游资源丰富，拥有开展研学旅游得天独厚的基础优势。近些年来，河北省十分重视各类研学旅游的发展，出台多项措施助推省内研学旅游走向品牌化和优质化。河北省在2015年《关于促进旅游业改革发展的实施意见》当中明确要求，要在全省范围内开展研学旅游建设，建设一批高质量研学旅游基地和提供研学旅游配备服务，对河北省研学旅游的快速发展起到示范引领作用。在此指引下，河北省逐步建成了一批高质量的研学旅游基地，如红蓝绿研学营地、秦皇岛岗研学基地、八路军一二九师纪念馆等；2017年，河北西柏坡中央社会部旧址暨国家安全教育馆、马本斋烈士纪念馆等7家单位入选教育部第一批"全国中小学生研学实践教育基地"；2018年，中央有关部门联合各省级教育行政部门，在考察推荐、专家评议、实地核查及综合评定基础上，将河北省的唐山地震遗址纪念公园、全国青少年北戴河活动营地等17家研学基地评为国家级研学旅游教育基地（见表1）。河北省在省直有关部门和地方教育行政部门共同推荐的基础上，经过专家评议和综合考察等，划定了两批共107家单位为河北省中小学生研学实践教育基地，如石家庄市植物园、威县义和团纪念馆等。2018年，河北省还出台实施了《研学旅游示范基地评定规范》，在此基础上评选了李大钊纪念馆及故居、西柏坡纪念馆等十大

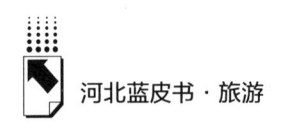

研学基地，为河北省研学旅游基地的创建和发展提供了客观、科学的指导，对河北省研学旅游行业的规范化、品质化起到了重要引导作用。

表1　2017～2018年河北省国家级研学旅游基地明细

所在市区	基地明细
石家庄	石家庄市规划馆
	中航通飞华北飞机工业有限公司
	河北西柏坡中央社会部旧址暨国家安全教育馆
	西柏坡纪念馆
	青少年社会综合实践学校
秦皇岛	全国青少年北戴河活动营地
	河北楷彤影视传媒有限公司
	启行营地教育科技有限公司
	河北柳江盆地地质遗迹国家级自然保护区
张家口	河北张家口市青少年冰雪运动综合实践基地
	蔚县青少年校外活动中心
保定	漕河渡槽南水北调中线干线工程建设管理局
	晋察冀边区革命纪念馆
	冉庄地道战纪念馆
	晋察冀军区司令部旧址
唐山	迁西县喜峰口旅游开发有限公司
	唐山地震遗址纪念公园
邢台	中国人民抗日军政大学陈列馆
承德	丰宁满族自治县青少年活动中心
沧州	吴桥杂技大世界旅游有限公司
	马本斋烈士纪念馆
邯郸	八路军一二九师纪念馆
	涉县青少年活动中心
涿州	河北省涿州市气象局

（二）河北省研学旅游存在的问题与不足

1.研学参与主体覆盖面窄

随着社会认知需求的逐步增多和旅游需求的不断升级，国内外研学旅游走出学校，发展成为全民的、大众的旅游行为是重要趋势。一方面，随着社会的不断发展，更多层次的人群逐步突破年龄、职业和学历限制，拥有极高的求知需求，这也是国家开展精神文明建设，推动全民精神文化获得的重要表现；另一方面，随着"文旅+"和"+文旅"、全域旅游等融合、协同理念的逐步深化，研学旅游越来越成为实现旅游大融合大发展的重要抓手，是践行文化旅游的重要手段。但综合来看，河北省研学旅游与全国先进省份还有不少的差距。整体来看，在创办研学基地和施行研学方针政策上，河北省依旧以中小学生、青少年为主，没有全面打破受众限制，也就无法充分发挥研学旅游"教育+旅游"的双重功能，因此未来河北省研学旅游应由学生群体向社会群体不断延伸，让研学旅游走出学校。

2. 研学旅游重视程度不够

"十四五"规划当中将文旅融合作为一项国家发展战略推动，落实文旅融合应以研学旅游为重要着力点。河北省是旅游资源大省，尤其红色文化底蕴丰厚，是传播红色精神、开展红色旅游的天然厚土，开展研学旅游是河北省全面提升人民素质、厚植爱国情怀、继承精神文脉的一项"时代工程"。但河北省研学旅游重视程度仍需提升。第一是政府层面，对研学旅游的开发支持力度较小，仅仅将其作为学校素质教育的一种实现手段，对省内研学基地的开发覆盖面窄，如红色研学旅游目前主要集中在石家庄、邢台、邯郸等冀西南片区；第二是旅游目的地层面，目前旅游项目多以盈利为目的，开发方向以娱乐、消费为主，无法发挥研学的教育功能，对研学基地认识程度不足，开发和配套设施不尽完善，无法发挥基地的带动效应；第三是旅游者层面，容易将"研学旅游"简单理解为旅游行为或学习行为，造成"重游轻学"或"重学轻游"，无法发挥研学旅游的文化传递作用。

3. 研学旅游产品体验度低

产品体系是研学旅游的重要环节，产品载体是研学旅游质量的重要保障。具体而言，研学产品开发主要以研学基地为依托、以研学课程为内容、以研学质量和研学体验为目标、以研学服务为保障。目前来看，河北省研学旅游产品开发程度还处于较低的阶段，需要从课程设置、体验形式、服务能力等多方面加大产品开发力度。第一是课程设置单一，创新力度不够。在课程讲解内容、研学路线上与传统导游讲解、传统游览路线严重重合，缺少明确的教育目标，无法给旅游者带来知识获得感；第二是体验形式创新程度不够，依旧以游览、展览、讲解为主，在感官体验、情景带入和"学游一体"上供给不足，容易造成"走马观花"和"只学不游"式研学；第三是服务能力与配套供给不足，主要表现在研学旅游缺乏"智慧性"，旅游公共服务能力的智慧能级较低，无法实现研学旅游的智能化、便利化。

4. 研学旅游专业人才供给乏力

现阶段，河北省研学旅游专业人才供给不足，主要表现在以下几个方面：第一，从研学人才培育上来说，由于研学旅游的主题可分为自然生态、人文历史、环境保护、休闲康养、艺术体育、科技信息、优势产业等多个类别，河北省亦属于旅游资源大省，多维度、多区域的研学内容对研学专业人才队伍尤其是研学导师的培育提出了极高的要求，目前来说河北省在研学导师的培育上主要由学校教师、景区导游兼任研学导师，并不能达到这样的要求；第二，从研学人才供给结构上来说，河北省研学人才组成主要集中在研学导师这一领域，在研学旅游研究、研学旅游宣介、研学产品开发方面人才供给缺失，造成整体研学人才供给不成体系；第三，从研学人才供给机制上来说，缺少良好的承接平台，高校、旅游地和旅游企业的联动性不强，无法构成"产学研"强效链接，缺少"一条龙"式人才供给链。

5. 研学基地配套服务缺失

从研学基地配套服务来看，主要表现在研学基地服务设施、研学基地安全系数、研学路线设计规划等方面。现阶段河北省研学基地服务设施配套不完善，在研学基地管理、运营、服务方面的智慧化、便利化和创新度方面不够。例如，散客服务接待中心、停车场、旅游厕所、智能导览等在传统旅游目的地的标准配备服务设施，在河北省各地各级研学基地供给上较少，许多研学基地并不具备持续性学习、旅游功能，无法提供食宿和安全保障，仅支持"一日游"等周期较短的研学旅游行为。此外，在课程呈现、教学体验、劳动实践等方面的科技支撑力度较小，数字化仪器、智慧化分析工具等配套设施不健全，在实际研学过程中往往依赖景区、基地的原始资源，无法达到研学旅游的教育实效，旅游者实际体验也有待提升。

三　国内外研学旅游实践经验与启示

（一）贵州省：推动研学旅游"点线面"共同发力

贵州省旅游资源品类众多，红色资源、生态资源和非遗资源尤其丰富。近些年来，贵州省在研学旅游方面下足功夫，将红色研学、地质研学等研学项目高效整合起来，推动本省研学资源焕发新活力和新价值，同时，在本省研学品牌、研学专业人才队伍、研学服务机制、研学课程体系和研学管理平台上同时发力，通过精品研学旅游目的地的打造、精品研学旅游线路的串联和研学旅游区域协同模式的探索，走出了一条"点线面"深度结合式的研学旅游模式，为全国提供了研学旅游的"贵州样板"。一是将研学旅游产品做精做优。贵州发挥本省优势，以"研学+科普""研学+红色""研学+山地""研学+非遗"为主线，开发了一批高质量的研学旅游目的地，如围绕"中国天眼"落户地平塘县，建设平塘国际天文体验馆、天文科普教育基地和国际天文文化体验区等示范平台，围绕天文科普全面打造研学旅游产品系列、全面建设成为贵州省天文科学研学旅游高地。二是发挥研学旅游线路建设串联效应。贵州省大力推进研学旅游线路建设，结合旅游市场细分需求，以"长征文化"、"非遗文化"和"天眼文化"为核心打造精品研学旅游线路，发挥主体线路串联全省研学发展的功能。如以"研学+非遗"为核心，打造黔东南侗族非遗旅游主题线路，将琵琶琴、侗族戏等非遗文化在旅游线路中完整活态呈现；以"非遗+红色"为核心，打造"四渡赤水"红色研学精品线路，实现长征历史步道和红色展示园区的有效串联。三是全面推进研学导师专业化。贵州省在研学导师培育、引进方面进行了有益探索，提升了研学导师专业能级，吸引了一批专家教授和研究学者，组建起专业的研学导师队伍，提升了研学旅游的质量。如在山地旅游方面，吸引了一

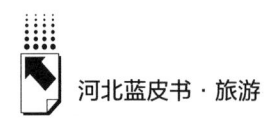

批地质地貌专家、化石专家、古生物生态专家等,组建起专业过硬、能力过强的研学导师导游队伍,将研学旅游人才队伍向高质量推进。四是着力探索区域互惠共享机制。贵州省在研学旅游区域协同发展方面,通过组织研学旅游行业协会,增进了区域协同和对外交流。多方参与的研学旅游行业协会推动了贵州研学旅游的品牌化、规范化、共享化发展之路,行业交流共享、研学旅游谋划、旅游目的地考察、研学项目和课程评审、研学旅游智慧服务平台打造等举措不断激发贵州省研学旅游在区域协同当中的活力。

(二)阿姆斯特丹微生物博物馆:打造深度体验式主题研学旅游目的地

阿姆斯特丹微生物博物馆位于荷兰,是目前全世界唯一以微生物为展览主题的自然科学博物馆,将科学技术与微生物展览完美融合在一起,是"科普+旅游+教育""生态+旅游+教育"的良好典范,可为河北省研学旅游基地建设提供经验与启示。阿姆斯特丹微生物博物馆在成立初期便拥有鲜明的打造主题和建设理念,通过引入大量多媒体装置、建设微生物展示墙、引入显微镜观测、微生物扫描仪等建设手段,为旅游者打造"沉浸式"研学体验,旅游者可以在阿姆斯特丹微生物博物馆中通过各类各式的观测装置、三维呈现装置和投影设备等对微生物进行观察学习。阿姆斯特丹微生物博物馆还将微生物等的静态观测进行活化处理,如利用场馆光影特效增强旅游场景的视觉效果、通过"亲吻计算"等趣味体验增强旅游者与展品间的良性互动、设置"微生物工作坊"等研学场所提高旅游者的研学获得感等。在研学实效上,阿姆斯特丹微生物博物馆将互动理念充分贯彻,通过科技感传递给旅游者场馆主题知识和信息,利用先进技术打造身临其境的研学体验环境,实现旅游者身份由"参观者"向"学习者"的转换。此外,阿姆斯特丹微生物博物馆还将研学旅游和教育活动紧密结合起来,将微生物展览拓展到日常课堂教学中,为学校课堂提供了大量知识信息和技术设备支撑,并积极参与学校课程设计、微生物研究会议,真正实现了研学旅游基地的教育功能,达成了"学生走进场馆研学"和"场馆走进课堂教学"的双向目标。

(三)安徽燕域田园综合体：推动研学旅游与产业发展共建互惠

"研学+"理念并不局限于研学旅游目的地或研学基地的产业融合，而是将研学理念和研学价值渗透到区域各类产业的发展过程，实现教育、旅游、产业发展和转型的大融合，推动区域建立以产业载体为依托、通过研学旅游提升附加价值的共建共享机制。"研学+"理念可以落实到区域优势产业的发展中，如"研学+农业""研学+制造业"等。燕域田园综合体位于安徽省合肥市，是生态农业和旅游观光相结合的新型田园型旅游目的地。近些年来，燕域田园综合体着力推动"研学+旅游+农业"模式，增加园区附加功能，如今园区已拓展为集旅游观光、农业生产、农产品产销、旅居休闲、学习教育、手工体验等于一体的田园综合体和研学基地。燕域田园综合体打破研学对象限制，不仅面向中小学开展研学旅游，还设置"燕窝亲子乐园"，包含曼陀罗生态传奇、将军林、鲁班工坊、牧民之家等六大亲子游玩项目，通过特色的项目体验方式和多元化的内容增强研学体验感，这种亲子互动的研学旅游环境的推广实际上有助于推动研学旅游向社会化、常态化发展。燕域田园综合体实现了"研学旅游+产业转型"的发展模式，河北省是农业、制造业大省，借鉴推广"研学+"理念和模式，对本省产业的高质量发展、发挥研学旅游的融合价值起着十分关键的作用。

四 河北省研学旅游创新发展对策与建议

(一)推动顶层设计引领与部门协调带动"双轮"并重

河北省在今后的发展中，应着力突破研学旅行限制，将研学政策、措施拓展到全域、全民、全产业，要做好相关顶层设计和部门协调工作。一是做好研学旅游顶层规划和评估。一方面要组建一支研学经验丰富、专业性强的专家队伍，联合教育、旅游相关部门和相关企业、学校，深入实地开展调

研，做好研学旅游资源分区、分类，明确研学旅游地发展定位和发展规划，为旅游目的地开展研学旅游工作提供引领和指导；另一方面要建立完备的研学旅游评价体系和评价标准，针对研学旅游目的地和研学基地的创建、运营、服务、效用等，通过专家评议、实地考察、科学反馈等渠道全面把握研学目的地信息，建立科学、客观、全面的评价标准和评价体系。二是推动研学旅游相关部门协调发力。要加强政府部门之间的沟通，尤其教育部门和旅游部门要形成合力，统一谋划，既要明确各自分工范围，又要建立部门间的协调合作机制，确保部门沟通与衔接顺畅高效，为河北省研学旅游的高质量发展建立完善、可持续的机制支撑。

（二）加快开发"游学一体"深度体验式产品体系

研学旅游产品体系包括了研学课程设计与开展、研学旅游项目开发与建设、研学旅游路线设计以及研学旅游服务等。河北省要从研学旅游产品方面重点破题，开发打造"游学一体、多维互动、深度体验"式的研学产品体系。一是要创新研学产品供给方式，推动研学产品由静态展览向活态互动的转型，如位于邢台的南和农业嘉年华田园综合体，设置创意体验馆、农业迪士尼等产品项目，将视觉、听觉、体感等体验性设计融入旅游和研学教育，突出"游学一体"式设计和深度体验理念，可以予以推广实践。二是要推动研学旅游课程体系创新。研学旅游课程设计应区别于普通课堂教育，将教育和旅游深度结合起来，并提高体验型教学的比例，推动研学旅游内容和课堂教学课程精准对接。研学课程不应局限于课中，而应全面围绕课前、课中、课后建设，如在研学课程之前支持开展自由探索、问访调查，在课后建立适当的课程评价机制等。研学课程设计应针对不同旅游者开发相应的研学课程体系，根据研学受众的不同学历、层次、年龄、接受程度开展分类化设计，促使旅游者以游促学、以学获思、以思践行。

（三）全面推进"1+2+N"智慧服务管理模式建设

智慧服务管理平台能够为研学旅游的智慧管理、数字服务和科学决策提供核心支撑。未来，河北省应着力开发研学旅游智慧管理服务平台，推动"1+2+N"研学旅游智慧管理服务模式的建设。其中"1"是指建立省级研学旅游智慧管理服务平台，全面掌握研学目的地旅游数据，为研学旅游宏观政策的制定提供科学参考；"2"是指通过智慧研学实现"旅游者—旅游地"双向互惠机制，旅游地通过研学旅游智慧平台、研学旅游智能 App 等为旅游者提供全方位的信息和服务，旅游者为研学旅游地建设提供旅游数据、问题反馈和开发建设意见等；"N"是指各级各地研学旅游地或研学基地建立数字社区平台，集旅游服务、产品展销、项目管理、秩序维护、智能开发于一体，为旅游者提供便捷、人性化的智慧服务的同时推动自身的科学建设。

（四）推动研学人才"外引内育"和"共建共享"

面对研学旅游的不断发展，河北省应在培育研学旅游人才队伍方面不断创新。一是要创新研学旅游人才培育模式。河北省应在研学导师创新培育方面持续发力，提升研学旅游人才专业能级，出台政策鼓励研学旅游目的地与高校、科研院所等智库单位深度合作，引进一批专家教授兼任研学导师，此外要推进与中小学课堂、旅行社、旅游和教育相关企业等的研学合作，推动研学人才专业知识培训机制，打造"学校—旅行社—旅游地"的研学人才链条。二是要探索研学旅游人才区域共建共享机制。河北省旅游资源众多，研学旅游品类丰富，建设研学旅游人才共享机制是当前破解本省研学人才供不应求的重要途径。研学旅游人才共建共享有赖于区域联动机制的有效建立，应支持各地实现科学、合理的区域联动，搭建研学旅游发展联盟，推动区域交流与合作，组建领域覆盖面广、专业扎实的研学旅游人才队伍，推动区域内研学导师共建共享，打造研学旅游"人才循环圈"。

（五）加快研学基地"教育+旅游+智慧"配套设施建设

河北省研学基地配套服务设施建设需要从教育、旅游、智能、服务等多方面开展。一是教育设施与服务配套建设。研学旅游具有极高的教育属性和

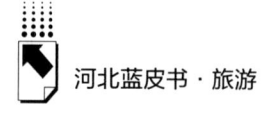

教育价值，需要研学基地配备完善的教育设备、教学场所、教学环境。因此，河北省研学基地配套服务设施建设应走出"只游不学"的商业化旅游思维，将教育配套服务设施作为研学基地开发的重点任务。二是旅游设施与服务配套建设。河北省应以游客需求为导向完善旅游配套设施建设，建设如旅游导览和标识系统、道路系统、停车场、旅游厕所、餐饮食宿系统等旅游目的地全套服务设施。三是加大"智慧设施进基地"的支持力度，在研学基地打造一批智能导航系统、可视化系统和智慧体验系统，提升研学旅游基地的体验感、便利化和人性化服务能级，推动本省研学旅游设施与服务机制向智能化、信息化方向发展。

参考文献

王思琪：《行走中的课堂——研学之旅》，《平安校园》2019年第7期。

饶俊：《研学旅行发展之现状》，《当代旅游》2019年第10期。

李渌等：《全域旅游视野下文化遗产与研学旅行目的地融合研究——以贵州省为例》，《中国名城》2021年第6期。

B.15
河北省文旅产业数字化转型发展研究

李晓 王春蕾*

摘 要: 近年来,以5G、大数据为代表的数字技术向河北省文化和旅游产业各环节广泛渗透,河北省文旅产业涌现丰富多彩的创新应用成果,整体呈现向数字化转型发展的态势。本报告首先分析了河北省文旅产业数字化转型发展的现状,继而探析了数字文旅迎来的发展新机遇,随后从认知水平、数字内容开发、经营管理模式、数字文旅品牌形象方面剖析了数字化转型发展过程中所面临的问题。最后以问题为导向,提出了文旅产业数字化转型发展的建议,以期促进河北省文化和旅游产业高质量发展。

关键词: 文旅产业 数字化转型 河北省

随着5G、大数据、云计算、物联网等高新技术的迅速发展,我国文旅产业迎来新的发展契机,以数字化为标志的数字文旅正在蓬勃发展。作为一种新兴的产业形态、一种新兴的发展理念,数字文旅突破了传统旅游的地域空间限制,实现了数字经济与实体经济的充分融合,是推动文化和旅游深度融合的重要形式、是文旅产业升级转型的重要途径,为文旅产业高质量发展提供了新的路径。新冠肺炎疫情发生以来,全国旅游业遭受到前所未有的重创,国内旅游、出入境旅游基本停摆,而数字科技使其化危为机,并在文旅

---

* 李晓,河北省社会科学院旅游研究中心助理研究员,主要研究方向为旅游经济;王春蕾,河北省社会科学院旅游研究中心研究实习员,主要研究方向为旅游发展与管理。

行业的应用逐渐广泛,"云直播""云看展""云娱乐"等线上文旅产品成为旅游景区、企业自救的良药。在疫情防控常态化形势下、在新发展理念的引领下,信息技术正在赋能文旅产业转型升级,文旅产业数字化、网络化、智能化正在加速升级,旅游信息基础设施建设正在加强,国内文旅产业迎来数字化信息时代。

一 河北省数字文旅产业发展现状

(一)智慧旅游景区建设成效卓然

河北省文旅产业数字化、智慧化程度持续提升,能够为游客提供更加智能化、便捷化的服务。为助力全省文旅产业数字化转型,提升景区数字化、智慧化水平,省文化和旅游厅出台《河北省智慧旅游专项行动计划(2020-2022年)》,推出乐游冀平台,平台充分发挥了5G、大数据、人工智能等技术优势,承载了全省景区及公共文化场馆、酒店民宿、网红线路、乡村民俗、文创商品等类型丰富的旅游资源,被誉为汇聚河北文旅数据的"掌上大百科"。全省各地加强建设文旅信息中心和大数据中心,纷纷推出公众号、小程序等在线文旅平台,积极对接省级文旅大数据中心,着力在全省构建"一部手机游河北"的生态体系,实现了省市文旅数据互通共享,为游客提供了更加便捷、更加智能的旅游服务。

疫情防控常态化时期,全省加速推动智慧景区建设,全面提升景区智慧化管理与建设水平。为统筹疫情防控常态化形势下景区的智慧化管理服务工作,河北省文化和旅游厅出台《疫情防控常态化景区智慧化管理服务指南》,加速云计算、大数据、5G应用等新基建布局,加速个人健康码、在线购票、客流监控等广泛应用,加速线上服务平台、监管平台建设。目前,全省431家A级旅游景区已全部实现通过省平台线上预约和入园核销,基本实现了对旅游市场的综合调度和应急指挥。景区数字化、智慧化已经成为景区加强风险抵抗能力、提升疫情防控常态化时期市场竞争力的重要手段,在科学防疫、复工复产等方面更加主动。

（二）公共文化数字化进程加快

一是整体推进公共文化云平台体系建设。为实现对接国家公共文化云平台的目标，全省推进省级公共文化云平台、县（市）级公共文化云平台搭建，建设全省集成的管理与服务应用体系，构建公共文化服务信息管理系统，逐步完善全省广播电视和网络视听监测监管体系，着力推进各级公共文化云平台互联互通、数据共享。按照《河北省公共文化服务体系建设"十四五"规划》预期，到2035年将基本建成省市公共文化云平台体系，实现平台之间无障碍联通，不断提升平台管理端和服务端核心功能，打破"信息孤岛"，形成"集聚效应"。

二是推出了示范性公共数字文化项目。近期，省文化和旅游厅编制了《河北省"十四五"公共数字文化服务体系建设实施方案》，支持建设省市县公共文化云、智慧图书馆等公共数字文化示范项目，推进大数据、人工智能、物联网、云计算等新技术在公共文化场馆的建设、运营、管理、服务等环节中的应用，打造一批示范性数字文化场馆，构建公共文化数字生活平台，推动各地因地制宜建设一批符合时代潮流的公共数字文化项目；为更好地保存文化资料，河北省珍贵艺术资料数字化保护工程实施抢救性保护，分阶段实现库存珍贵艺术资料数字化、影像化，将艺术资料室升级为艺术档案馆，搭建数据资源共享平台，对外开放；建设乐享冀·艺术讲堂、掌上河北·乐享文旅、跟着毛公畅读诗经、红色主题文献等一批数字资源，不断丰富河北特色数字文化资源库。

（三）数字化引领文旅活动新形式

数字文旅产品层出不穷。全省把握移动互联网特点规律，创新文旅活动开展形式，活动阵地从线下拓展到线上，建设优化了一批适合移动在线观演、传播、体验的数字文旅产品。为丰富人民群众精神文化生活，河北省创新服务形式，扩大文旅产品有效供给，以"互联网+旅游"形式，在省文化和旅游厅官微、官博、客户端、网站等平台，在全国率先推出了"云游"

系列宣传专栏，开展了"云游河北"系列主题活动，开展了"防疫抗疫，河北文旅在创作"主题活动，创办了"河北演艺网云剧场"平台，上线了数字博物馆、线上图书馆、探索有故事的河北、网上非遗、行走长城等在线文旅产品，推送了景区景点VR游、"云剧场"、"云游"等活动，聚集多平台、多形式讲述河北文旅故事，宣传河北文旅资源。

数字化成为文旅活动发展的新方向。"主会场＋分会场""视频连线＋线上多渠道直播"的会议新形式、"陆空并进＋全线跟拍""云端＋实地"的观摩新模式已成为全省文旅活动不可或缺的一部分。当前，借助5G、云计算、人工智能等技术，河北省市级旅发大会纷纷开启"云展览、云观摩、云带货、云旅游"，实现智能办会与安全办会相统一，数字化、科技化的与会形式让观众的体验更加多元化、立体化，不仅大大增加了活动的参与人数、扩大了活动的规模，也提升了观众的体验感、参与感、实效感。

数字化拓宽文旅宣传渠道。河北省加强与各级主流媒体、行业权威网络平台的合作，线上宣传、直播宣传、直播带货、云上购物等已成为新的营销宣传方式。一是积极与央视新闻、澎湃新闻、新浪微博、去哪儿网等平台合作，利用抖音、腾讯微视频、微信平台、今日头条等新媒体进行线上宣传；二是通过形式多样的线上节目宣传展示河北省深厚的历史文化和丰富的旅游资源，相继推出了"名牌导游带您游河北"系列音频节目、《动听河北》栏目的文旅故事板块；三是把直播带货与旅游推介相结合，将政府工作人员、职业主播、专业学者、艺术家等群体吸引到旅游产品的宣传推介活动当中，将河北省好景好物推介给网民，用流量来带动销量。

（四）推进文旅项目信息化平台建设

构建旅游云项目平台。2017年，河北省旅游工作领导小组印发《河北省旅游云建设行动计划》，按照计划全省整体推进"一个中心、三个平台、N个应用"工程建设，搭建云数据中心、智慧管理平台、智慧服务平台、智慧营销平台，开发各类应用。2020年6月，河北省旅游云项目获评文化和旅游信息化发展典型案例。

构建产业信息管理服务平台。全省不断优化完善平台内文旅项目库、招商项目库、投资信息库、重点企业库、经营数据直报系统等板块，对文旅项目实施全链条、数字化、精准化管理和服务，每季度形成重点文旅企业经营数据分析报告，每年度编撰《河北省文化和旅游产业项目投融资报告》。

二 数字文旅迎来发展新机遇

（一）网络文化高质量繁荣发展开辟文旅融合新空间

当前，数字化转型正在文化领域迅速进行，内容创作、生产模式、传播推广、反馈接收等环节对互联网的依赖程度与日俱增，数字化工具不仅成为提升文化创作水准、实现内容共创的优选平台，更大大降低了推广成本。越来越多的人将休闲娱乐阵地从线下转移到线上，线上娱乐内容丰富、形式繁多、不局限于狭窄的时空，以其海量、实时、交互性的优势信息特点，更加符合大众偏好，促使大众从既有消费价值的被动接受者转变为主流消费价值的创造者。从网络游戏、网络文学到网络音乐、网络动漫，网络文化越来越影响着人们的生活，《中国网络版权产业发展报告（2020）》显示，2020年，中国网络版权产业市场规模达11847.3亿元，"十三五"期间增长规模超过一倍。

网络空间具有极强的创新能力、与其他规模产业强大的结合力。近年来，文博单位、景区景点加快与网络互联互通，主动拓宽文旅空间，国内迅速涌现一批以数字敦煌、数字故宫等为代表的优秀数字文旅作品，吸引了诸多的网络游客，这成为满足游客多样化、个性化旅游需求的重要方式。同时，文旅资源的数字化也成为文创产品创作以及网络动漫、游戏、影视等网络文化产品不可或缺的元素，网络文化正在拓宽文旅资源的利用空间，为文旅资源的数字化赋能。

（二）疫情防控常态化开启数字文旅新时代

新冠肺炎疫情对文旅产业产生重大影响，线下聚集的文旅消费娱乐活动

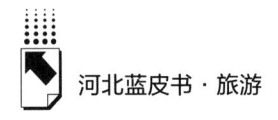

受到的冲击最为严重。而与此同时，数字文旅新业态崭露头角。Quest Mobile 数据显示，在 2020 年春节，短视频、直播等在线文娱消费的新用户增加迅速，"云放映""云演唱会""云展览""云旅游"等新文旅消费模式在疫情防控常态化时期被迅速催生，数字化、智能化正在进一步模糊文化和旅游的边界，正在渗透到文旅产业的生产、消费、体验等各个环节，成为助推文旅产业供给侧结构性改革的重要引擎。

在疫情防控常态化时期，一些同质化严重、对线下资源依赖性强、风险抵御能力较差的文旅业态将被逐渐淘汰，而事实上我国旅游业将保持三个不变：支撑旅游业发展的中国经济不会变、持续增长的大众旅游意愿不会变、游客对于高品质旅游的追求不会变。伴随 5G 技术的逐渐成熟及"新基建"进程的加快，数字文旅将开启新的时代，数字技术成为连接游客与线下文旅资源的纽带，为游客提供更为"广泛"的文旅消费体验，持续满足人们对美好旅游生活的需求。文化旅游、会展推介活动、娱乐演艺、旅游购物等传统线下文旅活动正在依托虚拟现实、5G、8K 视频等高新技术向线上转移。同时，数字化帮助文旅产业构建了及时有效的风险管控和应急处置体系，推动解决了景区管控与游客安全保障这一旅游行业面临的重要问题，不仅大大提升了疫情防控常态化时期景区的管理实效，也保障了游客在游前、游中、游后各个环节的智慧体验。

（三）重大国家战略推动文旅数字化

2017 年 12 月，习近平总书记强调推动实施国家大数据战略，推进数据资源整合和开放共享，加快建设数字中国；2020 年，文化和旅游部、国家发改委相继发布《关于推动数字文化产业高质量发展的意见》《关于深化"互联网+旅游"推动旅游业高质量发展的意见》；党的十九届五中全会通过的"十四五"规划明确提出"加快数字化发展""推动景区、博物馆等发展线上数字化体验产品，建设景区监测设施和大数据平台，发展沉浸式体验、虚拟展厅、高清直播等新型文旅服务"，并做出系统部署，数字经济已成为实现高质量发展和建设社会主义现代化强国的重大决策部署。

河北省同样高度重视数字经济发展，相继出台了《关于加快发展数字经济的实施意见》《关于加快发展"大智移云"的指导意见》《战略性新兴产业发展三年行动计划》等系列文件，发布实施了《河北省数字经济发展规划（2021－2025年）》以对全省数字经济发展做出整体部署；中国国际数字经济博览会永久落户省会石家庄。在数字强国战略目标及相关政策指引下，数字经济正在逐渐覆盖我国经济、政治、文化、社会、生态等各个领域，也正在拓宽旅游产业的新空间，文旅数字新基建、文旅产品数字化、运营管理数字化建设进程加快，智慧景区、云游、云购物等沉浸式、场景化的文旅消费体验正在成为新的发展趋势。

三　河北省文旅数字化转型发展存在的问题

（一）对数字文旅的认知有待提升

在河北省有关文旅产业的各类指导性政策文件中，"数字化"多作为智慧旅游的组成部分被提及，且侧重于数字技术的应用，对"数字化"推动产业重构、产业生态更新等方面的价值认知有待提升。具体而言，企业和景区对"数字化"存在一定的片面理解，普遍还停留在硬件改良层面，缺乏借势转型意识与市场"嗅觉"。比如大多景区运营者通过以下两种方式来实现数字化转型发展：一是利用数字化技术改变景观呈现方式；二是开设门户网站或开辟线上文创商品购物渠道改变文旅产品展示方式。总之，企业和景区对数字文旅的认知大多停留在表层，对业态融合创新发展等深层理论与实践方式理解不到位，在一定程度上制约了河北省文旅产业数字化转型发展。

（二）数字内容开发有待创新

"互联网＋"时代，内容的持续创新是数字文旅高质量发展的必要条件。目前，河北省关于数字文旅内容开发的内生动力不足，主要表现在以下三方面：一是文旅景区或企业针对数字内容的创新开发较少，尤其是在数字游览内容和线上营销内容方面缺乏新意；二是数字内容开发对文化内涵的挖掘不到位，没有很好地凸显河北文化，出现严重的文旅产品同质化现象，不能引起游客的好奇心和兴趣，急需在数字技术的指引下，拓展文旅融合深度和广度；三是数字内容的持续更新频率较低，没有紧跟文旅热点或消费者的兴趣点去开发，导致数字内容缺乏新鲜感，不能引起游客的持续关注。

（三）经营管理模式有待转型

从文旅需求端来看，90后、00后乃至10后作为新消费主体登场，游客需求已经从单一化向个性化、多样化和智能化转变，正自下而上地加速供应链的迭代，这倒逼文旅产业的经营管理模式转型。当前，河北省文旅产业的经营管理模式未随着数字化转型发展进行转变，而是基本维持原本模式。具体而言，数字技术仅仅作为"提亮"部分嵌入经营管理环节，未对经营管理流程进行梳理和重组，没有形成新的经营管理模式。例如，2021年，"一部手机游河北"（乐游冀）平台正式上线，它强调的是一部手机满足游客全程的服务需求，但这一过程的实质是将数字技术嫁接到传统的消费流程中，通过跳转等方式改变了消费途径，突出消费的便捷性，但并未从根本上对消费流程进行全方位的改造。因此，受制于经营管理模式的滞后，从长远来看，现有的智能服务和管理并不能全方位更新消费流程，也不能满足游客的需求体验，从而影响文旅消费的有效提升。

（四）数字文旅品牌形象有待塑造

在旅游市场同质化、竞争白热化的趋势下，实施品牌化战略已成为文旅行业发展的主要趋势之一。近年来，随着"京畿福地·乐享河北"旅游品牌的推出，河北省旅游市场迎来了快速发展期，但在数字文旅品牌形象塑造方面还有所缺失。具体而言，随着数字经济持续平稳发展，河北省各地纷纷响应国家和省的号召，积极进行数字文旅项目开发，但由于各地资金、技术、人才等要素的差异较大，大多数三线及以下城市呈现力不从心之态，它们所能承载真正意义上的数字文旅项目数量较少且规模较小。因此，这种

"零星"式的发展不能形成集聚效应,从而导致全省在数字文旅品牌形象塑造方面,存在引领性品牌缺失、品牌联动性不强等一系列问题,河北省急需合力打造数字文旅品牌形象来扭转困局。此外,由于专业数字营销团队的缺失、新媒体营销宣传缺乏系统性等,河北省数字文旅品牌的营销宣传体系还未成熟,这导致出现了品牌形象不够鲜明、品牌影响力和号召力不强等问题,河北省急需对数字文旅品牌形象进行系统塑造。

四 推动河北省文旅数字化转型发展的建议

(一)注重市场"真需求",转变不同主体的传统认知

转变传统观念,提升文旅从业人员对"数字化"的认知是推进文旅数字化转型发展的先决条件,尤其需要多管齐下打破文旅企业、政府和游客三者的认知局限性。一是以了解市场"真需求"为认知导向,文旅企业需深入调研游客对于"数字化"的真正需求,从而明晰和领会河北省文旅行业数字化转型发展的意义、发展进程等,并基于此,以市场需求为核心,逐步推进河北省文旅数字化转型发展。二是以组织数字文旅推进会为桥梁,政府通过对河北省文旅产业数字化转型的研讨,加深人们对数字化转型的理解,逐渐打破他们思维的局限性,如定期了解数字化转型的发展现状和面临挑战、总结国内外文旅数字化转型的优秀经验做法。三是以建设三维数字化展示平台为示范手段,嵌入式地展现景区细节,让游客直观体会文旅数字化的魅力,推动他们传统观念的转变,并增强政府、文旅企业和游客间的互动,打破三者之间的思想隔阂。

(二)加强文旅融合,实现数字内容开发的创新发展

数字经济时代,文旅数字化转型需要以内容为王,而数字内容的开发需要借助文旅融合的力量,以拓展数字内容的应用深度和广度。一是建设河北省文旅数据资源体系,形成主题数据库。进一步梳理整合河北省文化事业、

文化产业和旅游业相关数据及横向数据，依托"国家文化大数据""公共文化云"建设工程，实现涉文、涉旅的数据整合。同时，逐步开展河北省旅游资源、文物资源、非物质文化遗产资源、文艺资源、红色文化资源等专项数据库建设，实现文旅资源的分类分级查询、检索、统计和分析应用。二是深入挖掘河北文化内涵，提升数字内容策划水平。立足文旅资源数据库，深入挖掘每个专题所涵盖的历史文化、名人故事和文学形象等文化要素，并将其与时代精神、国家价值相融合，以提升数字内容的深度和高度。三是依据《"十四五"文化和旅游科技创新规划》，创新内容应用场景研究。一方面，开展5G在移动端云游平台、全景直播以及文旅消费场景等方面的课题申报和应用研究，提升5G大数据创新实验室科技创新成果转化能力；另一方面，开展景区客流、门禁票务、智能停车场、视频监控、Wi-Fi、厕所等领域内容数字孪生技术应用调研。

（三）优化平台服务，提升数字文旅的管理效能

全面优化云平台管理服务是提升数字文旅管理效能的有效途径。一是提升平台服务能力和保障信息系统顺利运行；持续推进"文化和旅游云"升级改造，提升平台服务功能，提高业务系统使用率；继续开展数据整合提升专项行动，加大数据整合力度，提高数据中心数据存量和分析能力；持续建设监管平台，进一步加强景区监控视频的部署和运维，提高视频数据在线率；升级分时预约平台，做好技术支撑和运行保障，提升平台服务能力。做好信息系统运行服务，对视频会议运维服务和技术进行升级，保障部省市县（区）四级视频信号畅通；做好机关机房、信息系统、信息办公设备的服务保障，确保机关信息办公安全稳定。二是加强"一部手机游河北"（乐游冀）平台的升级改造和运维管理；提升平台服务功能，根据游客需求，优化平台功能、增加应用服务功能模块，对地图导览、预约预订、线路推荐、信息查询等板块进行功能升级，提升服务质量；做好线上商城的运行服务，丰富产品类型、数量，逐步推进市场化运营；推进平台数据中心建设，做好公共服务信息的生产和发布，加大对河北省涉文、涉旅信息的汇总、编辑力

度，丰富游客可查询信息；做好宣传和市场营销，推出主题活动和优惠措施。做好服务保障，开发手机端业务管理和智能会议系统，为数字文旅业务提供技术支撑。

（四）聚焦产业打造，重塑数字文旅的品牌格局

实施数字品牌化战略是新时期、新常态、新思维、新阶段下文旅发展战略的再创新、再定位和再突破，也是一场全新认识、推动、打响未来旅游目的地的攻坚战，是具有深远特殊意义的变革。一是以"龙头项目"为引领，构筑河北省数字文旅品牌新格局，即在数字文旅整体规划的基础上，结合当下文旅新业态的特色热点领域，深入挖掘河北文化旅游资源，把握品牌文化底蕴，深度融合文化创意，打造"龙头项目"，培育河北省数字文旅的引领品牌，并结合其他中小型项目，与"龙头项目"进行呼应、补充和联动，从而构筑数字文旅的品牌新格局。二是完善产业链建设，增强数字文旅品牌的核心竞争力。一方面，做好河北省文旅产业上下游的数字化搭建，尤其对三线及以下城市的文旅企业给予资金、人才等方面的帮扶，提升它们在技术研发、装备升级等环节的效率；另一方面，推动当地文旅企业积极融入数字文旅产业链建设，聚焦数字内容研发和智能管理等产业环节，逐步完善产业链建设，带动河北数字文旅品牌形象全面提升。三是加强新媒体营销，增强数字文旅品牌的吸引力和影响力。以2022年冬奥会为契机，借助新媒体和大数据分析，整合区域营销，加快发展智慧营销和精准营销，广泛利用旅游在线直播、短视频、网剧、投票抽奖等形式，不断创新营销传播模式，讲好河北文旅故事，向游客全方位展示河北特色魅力，让河北数字文旅品牌更加深入人心，品牌价值持续提升。

参考文献

李如、李骊明：《数字旅游在大线路旅游开发中的应用——兼论丝绸之路信息驿站建设的意义》，《人文地理》2015年第3期。

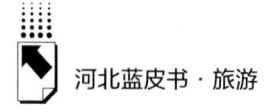

李云鹏、晁夕：《智慧旅游：从旅游信息化到旅游智慧化》，中国旅游出版社，2013。

谭晓平：《智慧旅游背景下环塔里木非遗旅游数字化研究》，硕士学位论文，石河子大学，2016。

陈岩英、谢朝武：《常态化疫情防控下的旅游发展：转型机遇与战略优化》，《旅游学刊》2021年第2期。

钱坤等：《旅游产业数字化转型发展路径研究》，《绿色科技》2020年第15期。

罗志慧、王宁：《国内外乡村旅游产业数字化发展现状与发展对策》，《农村经济与科技》2020年第23期。

林德荣、陈莹盈：《智慧旅游乡村建设的困境与突破：从智慧潮流走向可持续发展》，《旅游学刊》2019年第8期。

杨路明等：《云南省旅游产业数字化实践研究》，《洛阳师范学院学报》2020年第4期。

唐晓云：《以数字化为核心提升文化和旅游公共服务》，《中国旅游报》2020年11月19日。

陈滢：《数字旅游产业发展的机遇与路径探析》，《中国经贸导刊》（中）2020年第11期。

齐妙青：《浅析加快新疆数字旅游发展对策》，《中国产经》2020年第4期。

李建军：《数字文旅产业发展思考》，《合作经济与科技》2021年第24期。

李婷：《浙江省文旅产业数字化转型现状及建议》，《合作经济与科技》2021年第7期。

李翠军、熊莉：《数字经济时代武汉"云旅游"与线下旅游的融合发展》，《决策与信息》2021年第11期。

张苗茨：《加快数字化转型　做大做强数字文旅产业》，《中国旅游报》2021年11月9日。

刘美君：《2020中国旅游集团发展报告发布：稳的格局没有改变进的态势持续发展》，一点资讯，2020年12月13日，http：//www.yidianzixun.com/article/0SNGpJw2？COLLCC=1205438332&COLLCC=3045794397&appid=s3rd_op398&s=op398。

B.16 河北省旅游休闲购物街区创新发展研究

张葳*

摘　要： 旅游休闲城市及街区建设是国家"十四五"时期文旅产业融合发展的重点。近年来，河北省旅游休闲购物街区建设取得了积极成效，形成了一批新型产品、打响了一批特色IP，文化消费场景不断丰富，但也暴露出一系列问题，如对旅游休闲购物街区的认识不够、文化主题和特色不鲜明、产品和业态同质化、公共空间布局不够合理、公共服务设施不完善、运营管理机制不成熟等。本报告深入分析现状、科学研判问题、充分借鉴国内外先进经验，提出高质量推动河北旅游休闲购物街区创新发展的对策建议。

关键词： 旅游休闲购物街区　文旅融合　创新发展　河北省

旅游休闲城市及街区建设是国家"十四五"时期文旅产业融合发展的重点，提出要"打造一批文化特色鲜明的国家级旅游休闲城市和街区"。近年来，伴随新型城镇化和经济结构转型升级，中国城市发展正在由增量开发向存量更新转变，城市微更新的概念应运而生。城市微更新不同于传统的城市更新，不主张"大拆大建"，而是从细微处入手，不破坏城市基础结构进行修复再生，扩大公共空间，改善公共服务设施，人性化营造社区空间，赋予城市新的内涵。例如历史文化街区的改造，保留原始建筑；微更新的融入

---

* 张葳，河北省社会科学院省情研究所副所长、副研究员，主要研究方向为旅游经济、区域经济。

现代设计和多元化的商业业态，都是展现城市文化特质的重要方式，展示了城市的发展沿革，也传承创新了历史文化。2021年初，文化和旅游部发布了旅游休闲街区等级划分的国家标准；2021年4月，文化和旅游部印发了国家层面推动旅游休闲街区工作的文件，标准引领与政策文件"双轮"驱动，旅游休闲购物街区发展进入快车道。

一 河北省旅游休闲购物街区发展现状

（一）政策上积极推动

河北省委、省政府近年来对文创产业发展、文旅融合工作高度重视，以旅游购物商店、旅游休闲购物街区创建为抓手，出台了一系列利好政策，制定了关于等级划分、质量评定的相关地方标准，同时相关部门加强标准宣贯和加大实施监督力度。2020年、2021年，河北省开展了两次全省旅游特色商品购物店、旅游休闲购物街区的评定工作，各市积极为当地旅游休闲购物街区的创建工作给予政策倾斜，多部门联动支持，并组织专家通过评定验收工作为旅游购物商店和旅游休闲购物街区的规范发展"把脉"指导。

（二）高标准引领发展

依据《河北省旅游购物商店、旅游休闲购物街区评定管理办法（试行）》，为确保旅游特色商品购物店、旅游休闲购物街区评定质量，河北省遵循公平、公正、公开的原则，严格规范开展评定工作。一是各地文化和旅游部门高度重视，通过广泛动员，全省共有46家企业踊跃申报省级旅游休闲购物街区和旅游特色商品购物店，其中商店23家、街区23家，评定工作包括省级初审、现场检查和专家评审会三个环节，从评定专家库中抽选专家参与具体评定工作。针对重点购物街区、商店代表，5A级旅游景区、省级旅游度假区、非遗工坊、特色小镇单位负责人进行了两个地方标准、评定流程及注意事项专题培训。

（三）市场主体积极响应

近年来，省级层面旅游特色商品购物店、旅游休闲购物街区创建评定工作的大力推进，同时充分利用各种媒体、推介会、博览会或展会进行广泛宣传，并将其纳入旅游线路，提高社会影响力和知名度。2020年、2021年举办两次全省旅游特色商品购物店及旅游休闲购物街区评定工作，全省各地积极组织企业申报，近百家企业参与申报，经各市初审推荐、现场检查、对标打分、专家评审、社会公示等环节，2020年有14家全省旅游特色商品购物店、14家旅游休闲购物街区通过验收，2021年有12家河北省旅游特色商品购物店、7家旅游休闲购物街区通过验收，两次评定工作共计47家企业通过验收，为河北旅游休闲购物街区的高质量发展做出了积极示范。

（四）形成一批新型产品

近两年，随着旅游休闲购物街区创建工作的推进，河北省培育了100余家重点文创设计机构，发展了200多家销售额超500万元的文创和旅游商品生产销售企业，2020年评定出首批10家旅游特色商品购物店和6家旅游休闲购物街区，打造出了"河北旅游不得不购的十大商品"，一批省市旅游商品形象品牌"冀在心礼""河北游礼""冀念品""秦皇岛礼物""张家口礼物"等应运而生，大大促进了文创消费标准化、规范化、品牌化发展。秦皇岛1984文化创意产业园区打造了陶艺馆、射箭馆、活字印刷、实景剧场、文创店铺、城市书房等多种业态和产品；廊坊印巷的吕端文创馆开发了具有自主知识产权的城市动漫IP形象——国士吕端，并制作了以弘扬中国传统文化为核心的动漫——《少年吕端》，主要旅游商品有毛绒玩偶、书包、手机壳、鼠标垫、笔记本、拼图、冰箱贴、便签等文创衍生品；不糊涂茶饮和承德本地手工艺品、非遗产品等共计30多个品类，涉及日常用品、办公用品、生活用品、数码产品等多个领域，占比达全部商品的90%以上。第六届河北省旅游产业发展大会打造的赤水湾街区，日间、夜间产品丰富，开发了街头歌手表演、市井特色游赏、项目形象IP、特色展馆、商户自带表演、

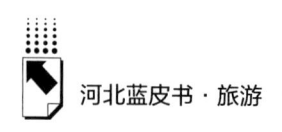

街区热场交替六大日间游产品，以及夜桥—览小桥、夜河—赏水景、夜街—瞧街景、夜河—望河灯、夜宵—品小吃、夜曲—听小曲六大夜游产品，在街区和店铺内呈现给游客，从视觉、感观、体验、氛围上直接刺激游客，让游客对项目留下了深刻印象，形成了良好的口碑。

（五）一批特色IP迅速打响

在省市各级的积极行动下，河北省2020年培育了石家庄西部长青德明古镇、承德廿一号民俗街、中国马镇舞马商业街、张家口太舞小镇北美风情商业街、北戴河集发农业梦想王国吉吉集市、秦皇岛1984文化创意产业园区、唐山曹妃甸文创尚街、保定易县易水文化产业街、唐县庆都山·唐尧古镇、高碑店市北库小镇、满城未央古镇、沧州文化大厦旅游街区、邯郸磁州窑文化艺术街区、定州宋街等一批特色街区，2021年培育了阿那亚旅游休闲购物街区、迁安市轩辕里民俗体验街区、承德鼎盛·元宝街旅游休闲购物街区、唐山吾悦广场"忒儿街"、安国华海·中央步行街旅游休闲购物街区、吴桥杂技文化休闲街区等一批特色街区。河北省旅游休闲购物街区创建工作取得积极成效，逐渐向主题化、精品化、多元化快速发展。"夜经济""旅游演艺""线上观光"等新型旅游业态频出，一个个旅游休闲购物街区如定州宋街实现了旅游势能的聚变和文化价值的提升，逐渐被打造成区域夜经济的新地标。第六届河北省旅游产业发展大会打造的赤水湾街区，实施免收门票制，深受游客赞誉，吸引了大量游客，2021年5月开业至2021年11月底，仅仅7个月就接待了省内外游客220万人。唐山吾悦广场"忒儿街"以当年唐王东征驻军大城山为文化内核，提取唐文化及建筑形式，打造了主题为"盛唐印巷"的文化街，在地文化与"潮"文化相结合，主题文化特色鲜明。

（六）文化消费场景不断丰富

旅游休闲购物街区在业态选择上能够以顺应周边游、本地游需求趋势调整业态，在保护文化原真性的同时，围绕具有市场感召力的文化主题，创新推出特色IP，丰富了美食和人文的消费场景，增加了主题酒店、主题餐饮、小吃街、特色文创商店等，大大激活了文旅消费，也加快了传统产业转型升级，注重体验业态、新型产品的融入，不断促进街区内经济、社会、文化、生态等因素协调发展。承德廿一号民俗街经营项目按场景化、特色化，游客可参与、可体验的形式打造，其中传统的老粉房、老豆腐坊、老酒坊、鲜花玫瑰饼、土豆坊深受游客喜爱，整个街区突出体现了"木兰秋狝"文化、生态农业文化和大清猎酒文化，是与坝上草原、森林等自然景观的最佳结合，使游客来围场既能欣赏坝上的生态资源，又能体验坝下的皇家文化。迁安市轩辕里民俗体验街区内古韵风情主街和时光IN巷辅街均是销售地域特色商品的购物店铺，其中包括麻糖馆（唐山非物质文化遗产）、粗布坊、摩登红人、荆州锅盔（湖北特产）、杨柳青年画（天津非物质文化遗产）等，凸显轩辕文化及传统文化。承德鼎盛·元宝街街区以皇家文化为主线营造商业氛围场景、景观绿化、铺装、雕塑等，活动IP以皇家文化为主线，结合康熙大典演出进行线下互动，穿插清朝服饰进行巡游活动，现场互动活动游戏和舞蹈表演让顾客有身临其境的感觉，让历史融入当下生活，同时汇集风味餐饮和特色文创等，营造兼具皇家文化与市井文化的情景生活体验氛围。吴桥杂技文化休闲街区的江湖文化城休闲购物街区重现了当年北京天桥、天津"三不管"、上海大世界、南京夫子庙四个民俗文化集散地的表演特色和江湖文化景观，让人们充分领略吴桥杂技艺人的奇招绝活。漫步街区可以尽情欣赏各具特色的杂技、戏法、气功、曲艺、独台戏、拉洋片、驯白鼠等艺术表演。近两年来，景区推行品牌化经营战略，包装推出了"九月庙会街景""大福地""国术团""运河人家""杂技小院"等民俗旅游品牌。

二 河北省旅游休闲购物街区发展存在的问题

（一）对旅游休闲购物街区的认识不够

有的地方只是引用概念，没有形成对旅游休闲购物街区的正确认识，重

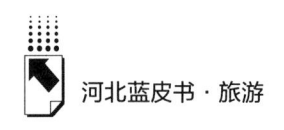

视程度不够，有的地市根本就不重视文创开发，对购物街区和商店评定标准学习不够，不研究，申报材料质量太低。从省级旅游休闲购物街区创建上看，各地申报不够积极，推荐的企业和商品质量参差不齐，参与的企业数量不多，宣传动员不够，有的企业根本就不知道有这项工作。

（二）文化主题和特色不够鲜明

对当地和街区本身历史文化价值挖掘不够，有的追求"潮流"却与街区本身传统文化脱节，有的街区建筑风格与周边历史环境不协调，有的就是一味地追求仿古建筑，无法彰显其特色价值。在挖掘自身文化、典故、习俗等方面不深入，在提炼主题文化、树立形象IP等方面存在不足。有的街区商店装修缺乏特色和设计，展陈方式单一。有的地区还用传统手段去推进，学习交流不够、研究创新不够，导致街区建设没有什么明显成效。多数街区旅游淡旺季依然明显，季节性突出，四季业态产品不够丰富，缺乏持续性的亮点与吸引力。

（三）产品和业态同质化

在街区业态的选择上缺乏规划和统筹，有些过度商业化，存在与街区主题不符的产品，同质化经营现象较为普遍。大多数街区零售和餐饮业态居多，文化产业比重普遍不高，有的虽然有文创购物商店但无特色商品，且业态层次不高，有的直接拉低了街区的品位。如沧州文化大厦旅游街区主营旅游商品种类相对单一，游客定位是爱好文玩字画的专项游客，针对普通游客的文创旅游商品开发种类较少。

（四）公共空间布局不够合理

总体来看，当前省内休闲购物街区布局空间形式较为单一，景观小品不多，多为一贯到底的空间业态，缺少极具地方符号的景观小品、标志节点、休憩空间等，游客的游览体验感不强。街边休憩座椅偏少，有些街区绿化不足。

（五）公共设施的配套不完善

当前来看，全省旅游休闲购物街区普遍存在基础、公共服务设施不完善，标识标牌不规范、不统一，形象标志识别度低等问题。有的停车场面积较小，难免产生地面违规停车；有的街区周边路网及交通节点建设滞后，难以满足游客需求，尤其是节假日，有的街区人车混行，造成了一定的安全隐患；有的街区未设置分类垃圾桶，且垃圾桶数量较少，风格各异，垃圾清理不及时，公共环卫设施不足，对当地居民的正常生活造成影响，对街区历史风貌的维护也产生了不良影响；有的街区内旅游厕所的指示牌数量较少，不便于游客寻找旅游厕所；有的街区未设置游客中心、电脑触摸屏等服务设施。

（六）运营管理机制不成熟

多数街区并没有成熟的运营管理模式，缺乏专业团队、缺乏规范管理，有的甚至认为复制照搬一些著名街区案例就可以。街区利益主体和参与主体是复杂多样的，有的出现了观点不一致导致管理难以平衡、街区从规划到实施再到运营管理未形成有效闭环的问题。多数街区未建立数据统计制度和质量管理体系，消费者投诉处理和处理记录不完整。有的购物商店价格标签管理不规范，部分商品没有明码标价。当前来看，省内旅游休闲购物街区淡季运营能力普遍不足，如承德鼎盛·元宝街旅游市场淡旺季明显，加上淡季针对性产品不足，游客量少，街区店铺基本闭店，造成街区旅游资源的闲置（见表1）。

表1 2021年河北省代表性旅游休闲购物街区情况

街区名称	长度	主题	特点	主要业态	存在问题
阿那亚旅游休闲购物街区	1000米	国际网红滨海休闲度假	现代建筑美学先锋；为社区居民和游客提供丰富多样的休闲方式；活动丰富	书店、酒吧、电影院、茶室、市集、马会、水上中心、酒店等	在地文化特色不突出

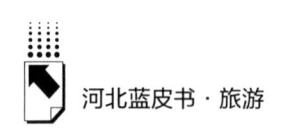

续表

街区名称	长度	主题	特点	主要业态	存在问题
迁安市轩辕里民俗体验街区	800米	轩辕黄帝文化民俗体验	轩辕黄帝文化主题特色鲜明，中式古建筑基底，提炼并融入迁安多种传统文化符号，购物类店铺文化特色明显	餐饮服务、旅游购物、本地非遗、休闲娱乐以及文化鲜明的住宿	淡旺季明显；基础服务设施不全
承德鼎盛·元宝街旅游休闲购物街区	600米	皇家文化商业街	皇家文化与市井文化兼具的情景生活体验氛围；清代仿古建筑风格；实景演出和主题游乐园"鼎盛梅园"形成良性互补	跨界书店、品质简餐、儿童娱乐、国际快餐、调性餐饮、文化体验、文创零售、咖啡茶饮、特色美食、属地餐饮、娱乐互动、网红轻餐等	淡季针对性产品不足；特色购物店数量少，特色文化旅游商品不丰富，文创研发有待加强
唐山吾悦广场"忒儿街"	330米	"盛唐印巷"主题文化街	以唐王东征驻军大城山为文化内核；集瓷器、手工艺、特色小吃于一体，时尚与唐风结合的唐商文化街	各国餐饮、工艺品、特色商品等	购物类业态不足；基础设施不完善；与周边景区的互动性较差
安国华海·中央步行街旅游休闲购物街区	600米	中国药都康养街区	引进中医药康养品牌西子湖畔及部分康养项目；打造了中国药都直播基地	零售、餐饮、娱乐、教育、生活配套五大经营业态	主题不突出，管理欠规范，文化特色不浓
吴桥杂技文化休闲街区	江湖文化城休闲购物部分街区长度为400米	杂技和江湖文化体验	老街的杂技文化和江湖特色明显；综合型旅游商业群落	特色餐饮、文创产品、酒业	基础设施不完备；休憩设施较少；综合服务能力不足

三 国内外旅游休闲购物街区先进经验借鉴

（一）"文化IP+商业组团"的西安大唐不夜城

白天是旅游景点，晚上就成了盛唐场景，沉浸式的体验让游客仿佛穿越到唐朝。街区整体建筑风格都参照唐代建筑，盛唐时期的文化随处可见，如配电箱是箱笼式的、长椅是卷轴式的。各种各样的商业形态汇聚在一起，如西安饭庄等老字号、小镜糕等特色小吃店、商业综合体等。在体验项目中充分融入了科技手段，增强了场景的渲染效果和与游客的互动。2019年，大唐不夜城的客流量达到了1.2亿人次，在国内5A级景区游客量名列第一，日均30万人次。其"不倒翁小姐姐"视频艺术表演、"敦煌飞天"等文化IP在抖音的播放量超过了50亿次。街区的年营业额达到1.2亿元，对西安旅游经济的拉动超过了10亿元，2020年被商务部评为"国家示范步行街"。

（二）历史文化与国际顶尖时尚碰撞的成都太古里

太古里保留着历史建筑和古老街巷，与现代设计融合在一起，在古香古色中穿插着时尚，富含历史韵味的青瓦坡屋顶搭配着现代简约的落地窗幕墙，充分展现了多元化的视觉艺术；街区中业态丰富，有全球时尚品牌店、高档购物店、高端餐饮店等，细节中都展现了街区的特点与品位。

（三）主题公园性质的美国洛杉矶 City Walk 商业街区

该旅游休闲空间是以电影为主题的商业街区，建筑风格动感、时尚、绚丽，视觉冲击强烈，商业氛围浓厚，业态设置紧扣电影主题，围绕时尚动态，并附有丰富的娱乐活动，每年都吸引大量人流聚集驻足。

（四）设计理念突出的日本神户马赛克广场商业街区

街内各种建筑，如广场、花园、文创商店、餐饮店、杂货店、时装店、电影院等，以马赛克的形式开放式地组合在一起。业态设置主要符合年轻人喜好，休闲餐饮占了一半的比重，同时设置了主题休闲娱乐设施和多种景观小品、雕塑、休闲椅等，营造了轻松的购物环境。

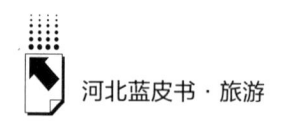

四 高质量推动河北省旅游休闲购物街区创新发展的对策建议

（一）标准引领，高品质培育旅游休闲购物街区

一是提高认识，加强学习。省市各级层面要加大对标准的宣贯力度，将旅游休闲购物街区的相关标准学好、用活，发挥标准引领作用，不断提升街区和商店的建设水平。要加大对创建工作的指导监督力度，邀请专业力量开展业务培训、技术指导，提高创建水平。要严格把好初审关，严格初审推荐条件，本着宁缺毋滥的原则进行推荐。二是要科学谋划，因地制宜。各地要结合自身实际，科学谋划旅游休闲购物街区建设，把握街区文脉，对街区建筑风貌、业态、民风民俗、景观肌理、生态环境进行改造设计，促进街区的业态更新、经济发展和传统文化的保护传承。加强"走出去"学习，找准工作的着力点和发力点，突出街区产品的原创化、生活化，以"原创IP"和"爆品思维"理念让街区业态和产品形象化、故事化。三是要示范引领、重点培育。培育一批文创开发水平高、建设规范、服务优质的标杆购物街区和商店，在各地乃至全省形成示范效应。树立原创思维、场景思维、平台思维、产业思维、在地化思维，把握"休闲旅游""特色""街区"三个要素，突出场景化、体验化，从产品设计到销售空间设计，充分利用体验式、沉浸式场景营销，这是当前购物街区和商店发展的方向；突出科技化、智慧化，提升街区业态科技含量和附加值；突出"产业化""在地化"，构建具有当地特色的文创全产业体系，加快文创在地化生产，打造街区文化特质，让河北每个城市都有体现当地文化、创意的"在地化"特色和气质。四是制定标准，规范经营。基于法律、法规规范的开发者、经营者行为，出台相关鼓励政策，支持有益、正确、合理的开发、经营行为。加强街区标准化提升，对照标准完善街区基础服务设施设置管理，合理增设公共信息图形符号，正确使用导向标识符号，增加外语服务语种数量，打造高质量街区。

（二）凸显特色，打造每个街区自己的文化基因

一是聚焦街区自身文化特色。充分挖掘自身区位优势和资源条件，加强街区历史文化遗产资源的调查、分析与运用。深度挖掘文化特色，以鲜明的标志性景观展示城市文化风貌，以品类多样的特色节事、夜间娱乐、街头艺术等文化活动丰富街区体验环节。二是培育街区"网红"产品。充分研究评估街区历史、社会和文化资源，创新表现形式，提炼最具地域历史积淀和市场感召力的元素作为街区文化亮点，打造特色文化IP、"网红"打卡点。丰富文化演绎形式，通过灯光秀、街头演艺、VR虚拟体验等多种形式创新街区文化体验。三是打造街区独有的文化符号。围绕街区文化主题优化景观体系，在建筑体量、空间布局、节点小品等方面，要充分体现地方文化，在景点标识牌、介绍牌、路灯路牌、沿街商铺店面名称等方面，也要体现街区文化内涵。四是提升在地文化体验感。在目前街区现有业态的基础上，进一步加强在地文化研究，进而通过艺术化的包装设计，形成良好的业态支撑，增加具有地方文化特色的休闲活动，提升游客的体验感。

（三）业态多元，引导街区产业高质量发展

一是引导旅游经济和多元业态发展。旅游收入与旅游人均消费支出以及游客停留时间是旅游产品质量和吸引力的重要体现，要科学衡量该地区旅游发展现状和前景，丰富街区夜间业态，用有质量的"夜生活"吸引游客，丰富城市"夜文化"。二是科学合理布局业态。依据街区地脉、文脉确定其主题定位，同时针对细分市场的消费者心理和习惯，合理布置业态类型，配置业态功能，丰富经营内容，使业态类别向主题化、个性化、体验化、国际化发展。加强对四季产品的开发，不断丰富街区业态，增加购物、住宿、休闲娱乐等功能，弥补街区季节性差异大的不足，为街区注入新活力，打造多功能文化主题街区。如承德鼎盛·元宝街区应深度融合皇家文化、当地民俗节庆文化、文化演艺、饮食等，开发冬季主题性旅游活动和产品，针对冬季气候特点，灵活运用街区场地，开发冰雪体验相关产品，注重室内和室外旅

游产品相结合，增加冬季旅游产品和服务，激活冬季旅游市场。三是聚焦产业链条延伸。注重平衡文化生产与文化消费，建立健全集文化生产—文化流通—文化消费于一体的文化产业链，优化产业结构，提升文化产业业态，促进街区经济可持续发展。

（四）聚焦文创，让特色文创商店为街区增值

一是引进特色购物，加强文创商品研发。本报告建议加强休闲购物特色店的引入，加强具有地域特色的文创商品、旅游纪念品的研发以及制作、展示、售卖，形成具有浓郁地方文化特色的休闲购物街区。二是高质量营造文创发展环境。文创工作是涉及多部门、多领域的系统性、综合性工作，需要各部门联动、各类社会力量配合。要进一步提高认识，高度重视文创工作，厘清工作思路，明确工作重点，积极推进文创商品开发体制机制创新改革，打破体质障碍，激发发展活力，打通政策落实的"最后一公里"。三是加大政策支持力度，各地要认真研究落实国家、河北省关于文创工作的支持政策，借鉴先进地区的经验做法，根据各地实际积极制定支持政策，对文创和旅游商品研发设计、生产和销售的企业机构、项目、个人，在资金、税收、土地、投融资、市场准入等方面给予大力支持，为文创产业发展创造良好的发展环境。

（五）功能叠加，优化街区配套设施和综合服务

一是多元功能叠加。完善和优化街区功能，打造物质空间、精神空间及社会空间的综合体。围绕旅游业发展"吃、住、行、游、购、娱"六大要素，进一步完善街区硬件建设配套与服务内容，使街区具有旅游休闲、文化体验和公共服务等功能。二是完善配套设施。完善街区标识系统，统一设计风格，补充公共信息符号，标识牌、垃圾桶、招牌等使用统一名称和logo，增设电脑触摸屏系统、影视屏等旅游宣传设施。合理规划街区交通路网和停车系统，便利区域内交通出行。扩大游客中心空间范围，增设儿童活动场所、低位收款台等设施，提供小件行李寄存等便利服务。完善街区内无障碍

服务设施系统建设内容，如盲道、无障碍坡道安全抓杆等，并能够做好定期维护巡检。三是提升综合服务能力。强化对客运道路、节庆活动、大型游乐设施等重点领域及环节的监管工作和应急预案准备。进一步整治环境秩序，加强环境卫生和车辆停放管理，整顿街区及周边区域环境秩序，加强对商户的服务和管理，维护街区景观环境。提供畅通的 Wi-Fi 服务和移动通信服务。

（六）强化运营，提升街区管理运营和治理水平

一是加强资源整合，加强与周边资源的互动。加快推进街区周边商业、文化、旅游等资源的有效整合，提高整体互动性、联合度，将旅游休闲购物街区纳入城市旅游大线路，提高街区市场影响力。二是提升运营管理和社会治理水平。统筹谋划街区商铺招商和管理工作，加强业态品牌升级引导，促进街区可持续发展。三是加快建立健全街区动态数据监管平台，摸清资源底数，建立省市旅游休闲购物街区文化遗产数据库、街区业态运营监测、旅游信息查询系统等智慧平台。鼓励运用大数据实现线上系统的有效集成和信息资源的同步共享，实时关注游客在网络上对街区评论的积极情绪占比、特征描述等。四是推进多元主体参与，政府牵头协调开发商、居民、企事业单位等各方利益相关者的需求和利益，加强街区空间、功能与多元主体有机联动，实现历史文化保护、有机更新与社会治理的共生共融。

（七）强化品牌，打造城市文化旅游新名片

一是强化旅游品牌建设。进一步提高入驻品牌的品质，丰富品类，增加休闲体验项目，将街区打造成时尚风向标、休闲嘉年华、地域文化体验馆、文化创意策源地、国货大牌荟萃园、美食购物新天地。二是加大街区 IP 宣传推广力度。增强街区市场宣传能力，提高知名度，加强市场宣传能力、加大市场宣传力度，提高街区工作人员宣传意识，多渠道、多部门、多途径对街区进行推广宣传，积极利用新媒体网络技术，提高街区市场影响力及知名度。三是优化文旅消费场景游线。优化街区功能分区，做好目标客源需求分

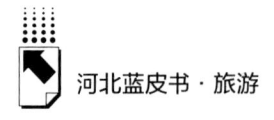

析，有效串联街区内吃、住、行、游、娱、购等主要节点，将日间造景与晚间营境巧妙结合，打造进出有序、错落有致、动静分离的游线。营造街区内外场景与氛围上的连贯衔接，在空间上围绕传承历史勾勒文旅游线，丰富文化消费场景，打造城市文化旅游新名片。同时，以街区为轴或者核心节点，差异化组合周边资源，打造特色文旅线路。

参考文献

侯国林等：《城市商业游憩区的形成及其空间结构分析》，《人文地理》2002年第5期。

张岚：《城市旅游街区开发模式研究》，硕士学位论文，南京师范大学，2005。

朱竑等：《历史街区型购物场所顾客满意度研究——广州状元坊案例》，《旅游学刊》2009年第5期。

许小曼：《大城市休闲街区形成机制研究》，硕士学位论文，西安外国语大学，2011。

宋长海：《我国休闲街区标准化的内涵及实践》，《城市问题》2013年第4期。

柳绮文：《商业休闲街区的创意文化探索——成都宽窄巷子历史保护街区改造中的得与失》，《中国商论》2015年第13期。

顾至欣：《基于行为注记法的休闲街区夜间旅游活动研究》，《地域研究与开发》2016年第3期。

余构雄、曾国军：《都市旅游体验的一个理论探索——以广州珠江夜游为例》，《经济管理》2019年第6期。

《博雅视野 | 旅游休闲街区运营的成功密码》，"博雅方略"微信公众号，2021年12月9日，https://mp.weixin.qq.com/s/2x_PtqFi8cGLc4sm9Wmjcw。

实践新探索

New Exploration of Practice

B.17

京张体育文化旅游带发展策略研究

张 葳[*]

摘 要： 坚持绿色发展理念是京张体育文化旅游带高质量发展的内在要求。近年来，在冬奥前景驱动下，京张两地交通、环境、产业、公共服务等领域合作不断深入，取得了积极成效，但也暴露出发展软实力不足的问题。本报告在深入调研基础上，以新发展理念为指导，坚持问题导向，从夯实基础、集约利用、发挥优势、文化赋能、产业升级、深化改革、跨区联动、培树品牌八个方面提出加快京张体育文化旅游带绿色发展的对策建议。

关键词： 京张体育文化旅游带　绿色发展　冬奥经济

---

[*] 张葳，河北省社会科学院省情研究所副所长、副研究员，主要研究方向为旅游经济、区域经济。

2021年初，习近平总书记第一次公开提出"加快建设京张体育文化旅游带"，为京津冀协同发展注入新的内涵。① 京张体育文化旅游带以崇礼区、桥东区、桥西区、宣化区、下花园区、万全区、张北县、怀来县、赤城县、涿鹿县等为重点建设区（县），辐射带动张家口市全域范围。近年来，京张两地生态环境联防联治成效明显，在冬奥前景驱动下两地在交通、环境、产业、公共服务等领域合作不断深入。张家口城市现代化进程快速推进，冰雪产业链关联产业不断发展壮大，区域整体影响力不断提升。

一 京张山水同源、资源互补，体育文化旅游带前期建设已取得积极成效

（一）政策支撑不断夯实

出台了张家口作为首都水源涵养功能区和生态环境支撑区的建设规划和推进方案，明确了绿色发展模式；成立了张家口市促进绿色建筑发展专家委员会，印发了绿色城镇建设、建筑节能、推进装配式建筑等一系列推进区域绿色发展的政策和指导性文件。以国家层面有关规划为导向，在充分结合河北张家口市经济社会发展实际和"十四五"发展规划的基础上，高水平编制《京张体育文化旅游带建设规划》。

（二）文化旅游资源丰富

京张两地旅游资源丰富多彩、延伸交融，泥河湾遗址群、周口店古人类遗址、涿鹿黄帝城遗址，以及故宫博物院、军事博物馆等，连接起人类文明发展的红线。张家口现存战国（燕、赵）、秦、北魏、北齐、金、明等朝代长城1804公里，烽火台2000多个，与居庸关、八达岭等共同构成"长城博

---

① 《第一观察丨习近平考察冬奥，首次部署这项任务》，新华网，2021年1月21日，http://www.xinhuanet.com/politics/leaders/2021-01/21/c_1127006370.htm。

物馆"。以独特文化遗存、冬奥品牌为核心的冰雪运动、康养旅居、户外运动、节庆赛事等新业态快速崛起，张家口已建成9家大型滑雪场，拥有雪道近200条180公里，形成了国内最大的雪场集群。

（三）经济社会深度融合

随着2022年冬奥会筹办举办，京津冀协同发展向纵深推进，京张两地联系日益紧密，交通、环境、产业、公共服务等领域合作不断深入。京礼、京藏、京新、太行山等高速联通京张两地，沙城、涿鹿、下花园等地直通北京的公交线路达到4条；京张、张大、张呼高铁和崇礼等多条铁路同步运营，"1小时交通圈"推动了张家口、北京的同城效应。京张教育合作项目195个、医疗合作项目64个，引入产业项目220个，两地借助联合办奥纽带，同城化发展基础更加坚实。

（四）绿色发展优势凸显

一是地理优势凸显，张家口市处于内蒙古高原、黄土高原、华北平原的过渡地带，坝上高原区地势平坦、草原辽阔，坝下低中山盆地，过渡地带山峦起伏，适于发展滑雪、攀岩、山地自行车等户外运动体育旅游产业。北京平原由潮白河和永定河冲积形成，张家口近2.5万平方公里的山川河流与北京平原是一个地表水、地下水、大气环流、物种分布等完整的自然生态系统。张家口与北京由太行山—燕山山脉相连，南北互接，山系特点、自然环境状况相似；以密云水库、官厅水库为节点，形成"洋河—官厅水库—永定河和白河—密云水库—潮白河"的水资源格局，构成了"河—库—河"水系互连、上下贯通的生态共同体。二是自然休闲度假资源丰富，有安家沟生态旅游区、张北中都原始草原度假村、沽源天鹅湖旅游度假村、崇礼万龙滑雪场、太舞四季小镇等15处国家4A级景区，有国家级自然保护区3处、省级自然保护区1处、省级风景名胜区3处、国家级森林公园5处、省级森林公园20处、国家级湿地公园8处、省级湿地公园8处、省级地质公园3处、国家级沙漠公园1处等共计52处自然保护地。现代休闲农业基础良好，怀来县地处北纬40°

世界酿酒葡萄适宜栽培区内，是中国优质酿酒葡萄三大产区之一。三是生态旅游快速发展。近年来，张家口围绕"两区"建设和良好的生态环境，以打造京北户外休闲和生态度假目的地为宗旨，集生态观光、户外休闲运动、避暑养生等功能于一体的赤城海坨山谷、张北五色天路、宣化桑干河大峡谷等一批生态旅游项目已经建设运营，吸引了大批游客来此避暑度假。

（五）产业体系逐渐健全

一是积极发展现代农业，做精做优特色农牧产业，如张北积极发展莜麦、胡麻等绿色食品产业，一大批绿色优质农产品、农业领军品牌正在形成规模效应。二是工业发展的绿色属性逐渐增强。怀安经济开发区领克汽车工厂、沃尔沃汽车发动机制造有限公司两家企业分别被工信部评为"绿色工厂"和智能制造4.0工厂，西山、宣化经济开发区装备产业基地入选省级新型工业化产业示范基地。崇礼区跳台滑雪中心、越野滑雪中心、冬季两项中心和张家口冬奥村等一大批高品质绿色建筑项目及冬奥项目落地生根。三是新能源产业体系逐步形成。以建设国家可再生能源示范区为契机，新型能源产业链条不断完善，全市可再生能源装机规模位居全国地级市之首。着力延伸大数据产业链，打造全国大数据应用先行区和大数据产业发展新高地。大力发展康养产业，重点实施了运动康养、旅居康养、地产康养、膳食康养、区域医养五大培育工程，打造了官厅水库国家湿地公园、天鹅湖度假村、桑干河大峡谷生态旅游区等一批康旅融合高品质产品。

二 京张体育文化旅游带当前发展软实力尚不足

（一）资源价值尚未充分发掘

京张体育文化旅游带尚未明确边界，从区域整体来看沿线旅游资源呈线性分布，比较分散，需要加强整体空间布局。绿色产业专业技术人才不足，农村人才大量流失依然严重，缺乏支撑绿色高质量发展的基本队伍。

（二）产业综合竞争力还不强

产业发展层次较低，产业融合广度和深度不足，文化旅游、健康养生产品不少但精品不多，冰雪旅游服务能力还处于中低水平，高端制造业研发能力还不强，产业链条偏短，数字经济应用能力不强，文化旅游、体育旅游产品数字科技技术应用不足。

（三）区域合作机制和方案还不完善

促进跨区域和部门协同管控的激励机制尚未建立，京张相关部门协同联动的发展能力还不强，尚未形成强有力的高层次统筹协调机制。推动生态优先绿色发展的长效机制尚未建立，促进环境友好和资源保护的体制机制尚不完善，促进绿色生产和绿色消费的法律法规尚不健全。

（四）体育专业人才不足

由于体育产业本身对人才的吸引力较弱，城市经济发展水平不高，体育产业专业人才匮乏，同时懂专业技术、懂旅游管理、懂市场营销的复合型人才更是紧缺。社会体育文化的氛围还不够浓，对体育人才发展的引导和激励政策不足，"推动三亿人上冰雪"的体育强国建设任重而道远。

三 绿色发展是京张体育文化旅游带的应有之义

（一）绿色发展是习近平生态文明思想的核心要义

新时代，人民群众对美好生态、美好生活、美好体验提出了更高要求，绿色发展是实现资源集约利用、产业循环发展、经济社会生态可持续发展的核心路径，也是贯彻新发展理念，促进生态文明的生动实践。

（二）绿色发展是实现碳达峰、碳中和的重要策略

绿色低碳是推动经济社会高质量发展的内在要求，是一场深刻的系统性

变革，必须从长远发展的角度，领会实现碳达峰、碳中和的重大意义。坚持生态优先，提高思想自觉和行动自觉，坚持为人民提供优质的、绿色生态的体育文化旅游产品。

（三）绿色发展是京张体育文化旅游带高质量发展的必然选择

发展适宜产业，在推进产业生态化和生态产业化的转型中实现绿色发展、生态强市、"换道超车"，达到绿富同兴，是这一地区长期努力探索的道路。绿水青山就是金山银山，绿色生态低碳理念已经贯穿京张体育文化旅游带规划、开发、建设、管理、服务全过程，严守生态保护红线，正确处理开发利用与生态保护的关系，树立发展绿色经济、建设绿色城市的导向，促进"生态产业化"和"产业生态化"，推动京张体育文化旅游带绿色发展。

四 加快京张体育文化旅游带绿色发展的几点思考

（一）夯实基础，构建京张体育文化旅游带绿色发展"强支撑"

一是完善交通支撑。构建高速铁路、城际铁路和普通铁路交织的区域轨道交通网络，加快重点景区与交通干道连接线改造提升，加快风景道、绿道建设和铁路旅游专线改造，形成"快旅慢游"综合公共交通网络。完善交通能源互联网和智慧交通设施，提高交通应急处置能力和游客出行便捷度。二是充分释放绿色发展潜能。科学统筹冬奥遗产保护利用，充分发挥冬奥场馆功能，积极举办、承办国际国内高端冰雪运动赛事和专业训练，开发场馆冰雪运动和体育休闲功能，同时打造专业性强、主题各异的大众冰雪运动体验基地。注重公共服务设施建设绿色化，提升清洁生产、低排放、低能耗标准，积极开发利用新能源，促进冰雪文旅产业链的全方位循环与再生利用。建立京张生态环境监测区域协作机制，坚持协同治理理念，处理好生态保护与产业发展的关系。三是加大绿色发展政策与资金支持力度。促进绿色制造由点到面逐步扩展、全面覆盖，促进工业、产业绿色升级转型发展。创新突破人才政策，大力放宽人才落户、创业补贴扶持等政策，号召本地人才返乡加入体育文化旅游相关产业建设，对有一定手工技艺基础的村民进行有针对性的培训，充分发挥村民本身的特长，启发村民利用现代旅游理念和绿色服务标准传承创新传统文化和传统手工技艺。积极探索绿色金融对具体项目的资金和智力支持，切实推动京张体育文化旅游带项目绿色化。四是加快完善绿色发展相关标准。全面分析京张体育文化旅游带沿线产业能源消费总量、碳排放总量等指标，引导相关企业改进技术，鼓励绿色生产，建立健全绿色低碳循环发展的经济体系。

（二）集约利用，整合京张体育文化旅游带绿色发展"资源盘"

一是奥运场馆资源的整合利用。充分利用好奥运遗产，加强奥运场馆的多功能利用，承接国内国际重大赛事和会展，完善周边功能配套设施和相关业态补充，打造国际会议会展新高地；将部分奥运场馆还利于民，打造体育文化综合体、运动公园，引入体育俱乐部和潮流运动等；完善冬奥村服务配套设施，打造兼具本地特色和全球影响的国际交流平台。二是与周边资源的融合发展。辐射带动周边滑雪、低空、越野、电竞、马术等体育运动发展，打造崇礼太舞滑雪小镇、怀来幽州古道超级越野公园等一批体育特色小镇和山地运动综合体。三是市场需求下新资源观的整合创新。整合冬奥崇礼赛区各大滑雪场资源、康养资源，打造高端旅居社区、休闲娱乐综合服务中心和康养基地，增强休闲养生度假服务接待能力。推动场馆设施景区化、博物馆化改造利用，将部分冬奥运动赛事场地改造为冬奥博物馆，打造集文化展示、科技体验、科普研学等于一体的奥运主题博物馆。

（三）发挥优势，实现京张体育文化旅游带绿色发展"优供给"

坚持绿色发展的产业生态化导向，以绿色、低能耗、循环经济为原则，串联京张两地关联优势资源，打造全域、四季、智慧的体育文化旅游融合发展带。一是大力发展生态旅游，以17个省级以上乡村旅游重点村、52处自然保护地为核心，在保护生态环境基础上，适度开发"生态+观光""生态+乡村""生态+休闲""生态+康养""生态+研学"等业态融合新产品，坚持精品导向和错位发展原则，高品质打造一批生态型旅游目的地。二是积极发展康养旅游。对接北京优势医疗资源，学习国际先进经验，利用张家口优越的自然生态环境，健全服务体系，以健康养生、休闲旅游为发展核心，大力发展康养旅游综合体和示范区，因地制宜利用当地资源，积极培育健康养生新业态，打造"京张康养旅游带"。三是完善冰雪产业链。全面整合太舞、云顶、万龙等滑雪场资源，创建质量高、功能全的中国特色滑雪小镇，培育形成一批国际赛事品牌，打造世界著名的滑雪运动胜地。在冰雪赛事筹办、举办过程中，深入挖掘张家口历史文化和资源禀赋，将办赛过程变成城市宣传的过程。推进冰雪与文化旅游资源相结合、与消费体验相结合。大力发展大众体育运动和休闲活动，推动冰雪度假基地、冰雪主题街区、体育运动综合体等建设，实现由单一滑雪向多业态、四季旅游全面发展，打造京津冀体育运动大本营、国家高品质旅游度假区。科学推动冬奥场馆及设施赛后利用，大力发展旅游经济、赛事经济、会展经济、群众性体育休闲活动，加快打造文化特色鲜明、产业链条完善、设施服务优质的世界级冰雪旅游目的地。四是全方位开发研学旅游产品。依托张家口自然文化遗产资源，新建或完善博物馆、图书馆、文化馆、美术馆等公共文化设施、场所；基于延怀河谷葡萄、桑洋水路乡村民俗、北京延庆百里山水画廊、草原天路等资源，推出以爱国主义教育、历史人文、社会民俗、自然科考等为主题的特色化、专业化、分众化研学旅游线路和产品，打造国际研学旅游目的地。五是打造独具特色的美食文化旅游。围绕都市旅游、乡村旅游展开美食宣传推广，推进张北、蔚县特色小吃标准化生产，以本地绿色农产品为基础，开发符合旅游体验、分享的特色食品。推进宴品餐食特色化，打造京菜、口菜（张家口菜）融合创新的特色餐饮体验产品。积极开展文化餐饮"申遗"工作，评选推出一批金牌小吃和特色体验店，打造一批特色餐饮街区、美食综合体。

（四）文化赋能，打造京张体育文化旅游带绿色发展"强内核"

一是做好文化保护传承利用。扩大优质文化产品供给，培育新型文化业态和消费模式，传承中华民族优秀文化。塑造冬奥城市特色风貌，建设一批有地方特色符号、体现奥运文化的标志性城市建筑群落；深入挖掘大境门和崇礼长城文化内涵和外延，统筹好利用好宣府镇城、万全右卫城、赤城独石口长城、怀来样边长城等重点资源；做好张家口堡、大境门、宣化古城、鸡鸣驿城等"万里茶道"张家口段保护修缮和文化挖掘；整合京张铁路沿线历史人文、工业遗址、现代农业等资源，挖掘历史价值，加强对张家口站、宣化站等重要文化遗产资源的科学保护与创新利用，打造主题展示、文化体验、爱国教育等文化休闲新空间。二是大力研发集聚地方特色和国际设计的文创产品。支持蔚县剪纸、京剧等传统文化与现代文化以创意产业的方式进行相互融合，重点推出以冬奥、冰雪、长城为主题的特色文创商品，开发以会徽、吉祥物、雪如意、特色建筑等为设计元素的冬奥文创产品。联合开发承载京张文化元素又切合新消费群体需求的伴手礼、工艺美术品、文化艺术品和土特产品等多品类文创产品，促进博物馆、书店资源与文创街区、名人故居、历史遗迹、文创空间联动开发文创产品。三是推动新技术应用于产品创新。促进数字经济内容向体育、文化和旅游领域延伸，结合沉浸式体验的艺术手法，创新推出一批实景演艺精品。支持蔚县"打树花"等民俗演艺发展，创新表演形式，与乡村旅游发展、特色小镇建设、休闲街区打造等相结合，推出一批特色民俗演艺产品。推动绿色低碳循环经济和产业转型升级，优化能源结构，大力推动新能源产业发展。

（五）产业升级，增值京张体育文化旅游带绿色发展"价值链"

一是体育运动装备制造。构建"北京研发定制+张家口生产销售"产业链条模式，引进高端冰雪装备和户外运动研发制造企业，发展冰雪轻装备、重装备以及户外运动产品，打造集装备研发、设计、制造、检测、流通、仓储于一体的国家冰雪装备生产基地，形成一批知名户外运动装备品牌。二是积极承接北京研发生产应用产业转移，加快发展大数据产业，在共享数据资源、数字化运营、精准营销、智能化管理等方面，强化大数据技术和思维的运用，实现"智慧+"发展新模式；大力发展无人机产业，加快研发生产娱乐用、商用智能无人机产品，加强相关产品展示、应用，形成"智能+"体育文旅发展新模式。三是探索"新型能源+观光旅游"发展模式，通过风机涂鸦、光伏造型等方式，推进重点区域风电和光伏开发与体育文化旅游要素深度融合。完善优化"四方机制"（政府、国家电网、发电企业、用户），增强北京清洁能源供给能力，推动京张区域绿色能源一体化发展。四是绿色农牧产品生产加工。统筹黄芪等多种中草药种植区域，促进其规模化发展，逐步提高规范化程度，加快发展中药材精深加工业，建设集种植、加工、集散、销售于一体的特色中药材基地。结合都市农业、精品农业发展，围绕葡萄、乳业、燕麦、藜麦、亚麻油、小米、杏扁等特色农牧产品，发挥"产业+基地+农户"优势，搭建功能性食品技术研发、检测与产业化发展平台，开发彰显地方特色的绿色食品。

（六）深化改革，推动京张体育文化旅游带绿色发展"可持续"

一是引导绿色消费。对京张体育文化旅游带沿线企业实行生态化管理，加强生态旅游产品认证。引导游客树立绿色消费意识，鼓励当地居民为旅游者提供生态化服务设施和工具。二是倡导生态文明。促进经济社会发展全面绿色转型，加快构建人与自然和谐发展现代化建设新格局。倡导绿色生活标准，鼓励村民积极参与、自觉践行绿色生活方式和消费方式，建立绿色生活服务和信息平台，提供生态保护相关知识和具体查询方法，不断提升整体文明程度，提升人民群众获得感。三是推进生产生活方式绿色转型。积极发展新能源、新材料、绿色环保等生态型产业。加快产业清洁生产、循环化改造、资源综合利用，支持发展生态型农家乐和庭院观光式农家乐，培育一批生态化农户，发展以精品果蔬为基础的特色农业种植，充分植入有机循环再利用理念，倡导生态环保观念，探索生态产品价值实现路径。大力发展生态农业，鼓励地域标识农产品绿色认证。四是构建绿色治理体系。坚持系统思维，坚持生态要素跨区域协同治理，加强生态环境源头治理、系统治理，维持京张体育文化旅游带沿线区域生物多样性。加强京张生态修复协同联动，深化跨区域生态保护协作，打造"点—线—面—体"生态环境网格化立体监测，加强水、大气、土壤、生态、污染源等环境要素关联分析和环保技术集成，集治山、治水、土地复垦、生态修复于一体，实现京张体育文化旅游带生态环境综合治理。

（七）跨区联动，开创京张体育文化旅游带绿色发展"新格局"

一是推动新型城镇化发展。实施城市更新行动，优化城市空间布局，提升城市品质，以科技创新和数字治理有效提升大城市人口、资源与环境的承载力，提高城市高质量发展水平。二是处理好乡村振兴与生态发展的平衡关系。坚持绿色发展理念，严守生态保护红线，提升生态旅游、生态农业、特色手工艺品等相关产业与服务质量，加快建立现代农业产业体系，以乡村特色产业为"龙头"形成绿色产业链，促进乡村快速高质量发展。改善乡村人居环境，完善乡村厕所、垃圾处理等设施建设并加大普及力度。大力培育精品民宿、休闲农庄、创意田园小镇等乡村休闲度假产品，打造京张城市居民休闲度假"第二家园"。三是构建京张互动、共建共享的全域旅游新格局。完善区域旅游公共服务保障体系，构建系统完备、高效实用、智能绿色、安全可靠的现代化基础设施体系，强化旅游综合协调机制，实现区域统筹、产业联动、协调推进。紧抓冬奥机遇，积极与北京对接，开展文旅项目合作，共同打造京张文化体育旅游目的地。

（八）培树品牌，打造京张体育文化旅游带绿色发展"名片集"

一是冰雪运动品牌。打造国际冰雪运动训练基地，依托多个国际水准场馆设施，助力越野滑雪、自由式滑雪、短道速滑等项目的国家队和国际俱乐部训练。整合北京城区、延庆的奥运场馆，与崇礼冬奥场馆、滑雪场群等串联，打造国际冰雪运动聚集带。二是构建体文旅品牌体系。加快构建京张体育文化旅游带目的地形象体系，统一形象标识，强化专项赛会品牌、产品品

牌、服务品牌、线路品牌等支撑，构建多层次体育文旅品牌体系。加快品牌形象推广，广泛应用于各类体育文旅企业，提高品牌认知度。三是推出跨区域精品旅游线路。依托京张高铁、京尚高速，结合空间布局，推进跨区域资源要素整合，重点培育打造冬奥冰雪之旅、长城古道之旅、绿色生态之旅、历史文化之旅、民俗非遗之旅、红色研学之旅、京张铁路之旅、万里茶道之旅等一批品牌效应好、辐射范围大、吸引力强的区域旅游线路。

参考文献

张强：《以京张体育文化旅游带建设促进京津冀协同向纵深发展》，《经济与管理》2021年第5期。

B.18 河北定窑文化研学基地创新实践研究

吉利 李佳*

摘　要： 定窑文化研学基地师资力量雄厚、教育经验丰富、课程创新性十足，已成为全省乃至全国极具影响力的研学基地，正在发挥着育人价值，实现教育功能。本报告从曲阳定窑文化研学基地项目成立状况和创新运营等方面综合考量，提出由定窑经验助推研学基地发展的建议：一是加强"教""旅"融合，构建育人环境；二是坚定文化自信，弘扬工匠精神；三是研发特色课程，提高教育质量；四是加强师资建设，提高服务质量；五是注重过程管理，增强风险意识；六是讲好传统故事，加强品牌宣传。

关键词： 定窑研学基地　研学旅行　实践教育　综合实践活动

一　研学实践教育的提出与概念界定

（一）研学旅行是国家制定的一项国策

2013年2月，国务院办公厅颁布了《国民旅游休闲纲要（2013—2020年）》，提出"逐步推行中小学生研学旅行"，并指出，中小学生游学旨在"满足人们日益增长的旅游休闲需求，促进旅游休闲产业健康发展，推进具

---

* 吉利，河北省研学实践教育学会秘书长、研学实践专家，主要研究方向为研学实践教育基地规划设计、课程研发；李佳，曲阳定窑第二代传承人，主要研究方向为非物质文化遗产的保护与传承。

有中国特色的国民旅游休闲体系建设"。因此，大力推动中小学研学旅行的发展，探索"旅游+教育"的商业发展新模式，是推动我国经济发展的重要举措。

（二）研学旅行概念上的清晰界定

2016年11月30日，教育部联合多部门下发了《关于推进中小学生研学旅行的意见》。文件对中小学生研学旅行的概念进行了清晰的解释：中小学生研学旅行是"由教育部门和学校有计划地组织安排，通过集体旅行、集中食宿方式开展的研究性学习和旅行体验结合校外教育活动，是学校教育和校外教育衔接的创新形式，是教育教学的重要内容，是综合实践教育的有效途径"，这是对《国民旅游休闲纲要（2013—2020年）》提出的"中小学生研学旅行"的全面、详细的阐述。

（三）新时代人才培养的四大关键能力

2017年9月，中共中央办公厅、国务院办公厅下发了《关于深化教育体制机制改革的意见》。该意见指出，我国当前的教育改革和发展已经进入了一个新的阶段，亟须健全立德树人的系统化落实机制，并强调要构建以社会主义核心价值观为引领的大中小幼一体化德育体系。

文件明确提出了21世纪人才培养的四大关键能力，即培养认知能力、合作能力、创新能力和职业能力。这四个能力的提出，既是对素质教育的具体培养目标的进一步明确，同时也以教育外显的形式把学生核心素养进一步量化，能够有效地对其进行定量的测评。

二 陶瓷文化研学基地的发展与现状

（一）陶瓷文化研学基地发展的时代背景

2017年1月25日，中共中央办公厅、国务院办公厅发布了《关于实施中华优秀传统文化传承发展工程的意见》，对实施中华优秀传统文化传承发展工程的现实意义和具体内容做出明确的指示。这是中共中央办公厅、国务院办公厅第一次以中央发布文件的形式对中华优秀传统文化传承和发展工作进行要求和阐述，引发了文化界、教育界、艺术界等社会各界的广泛重视，中华优秀传统文化传承发展现已成为我国的国策。

（二）我国陶瓷文化研学的发展现状

"中国"的英文翻译"China"一词在英文中起初并无"瓷器"一意，进入17世纪，欧洲皇室兴起中国陶瓷之风，"China"一词才一语双关，中国陶瓷文化对欧洲各国的影响，在中国传统文化的影响中具有代表性。可以说，陶瓷的发展史是中华传统民族文化发展史的重要组成部分，因此以陶瓷文化为主题的传统文化研学在我国主要陶瓷产地及非陶瓷产区都有不同程度的发展。

在传统陶瓷产区，诸如江西景德镇，河北曲阳定窑、邯郸磁州窑，湖南醴陵，广东佛山，福建德化等地，都有着悠久的陶瓷文化历史，也都相继开设了陶瓷研学课程，吸引了大批学生学习陶瓷艺术。例如湖南醴陵瓷谷，是首批国家工业旅游创新单位，并荣获湖南省首届文化创新奖，该地机构以"研学旅行"为切入点，设计开发的"七彩醴陵——瓷谷陶艺研学"研学课程，获得了市场的广泛认可和家长的广泛好评；广东佛山，作为陶瓷工业生产聚集地，也开发了以陶瓷工业园区为主的研学相关课程，吸引了大批的学生参与；南风古灶景区位于佛山石湾镇，有南风古灶、高灶等国家重点保护文物，被称为"活陶瓷化石"，500年来窑火从未熄灭，实属世界罕见，已载入了吉尼斯世界纪录。

案例　上海市闸北区青少年活动中心陶艺文化研学实践工作经验

在非陶瓷产区，尽管不具备传统陶瓷产区陶瓷文化研学的先天优势，但由于国家相关政策推动，全国许多城市尤其是发达城市，如北京、上海、深圳、杭州、武汉等地均创办了不同的陶艺教育社会实践基地，一些城市中的

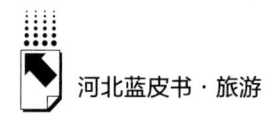

陶艺教育机构也以课外陶艺兴趣班、陶艺进课堂的形式参与了中小学的陶瓷文化教育推广。

上海作为中国经济发展的前沿城市，陶瓷文化的教育也走在了全国的前列。自2000年起，上海市闸北区青少年活动中心就着手进行陶瓷课程的探索与建设，在探索活动课程的同时，也在探索与其相适应的活动课程管理体制，努力摆脱学校运行模式的管理方式，强化活动课程的专业性、教师管理的自主性和灵活性，提高管理效率，服务教育教学工作。不同于许多校外陶瓷教育机构，闸北区青少年活动中心有着系统的陶艺教育理念和教学目标：一是以学生发展为本；二是建构多元化与个性化统一的活动内容体系；三是关注"重在创新"的教学设计；四是推动以实践和创造能力为核心的多维、动态评估；五是吸引社区和家庭的资源。在其具体实践教学中，其陶瓷设计主张也充分尊重孩子的个性与见解，鼓励孩子大胆创新，主动观察大自然、人物、城市和日常生活，再通过各种陶瓷成型技法创作陶艺作品，实现了学生在陶艺教学基础上的自我表达，从而达到了激活思维、培养创新能力和动手实践能力的良好效果。

三 定窑文化研学基地的发展与实践

（一）定窑在中国陶瓷的历史地位

定窑位于今天的河北省曲阳县，古属定州管辖，故被称为定窑。定瓷烧制始于隋朝，兴盛于北宋，衰落于元朝，与当时的汝窑、钧窑、官窑、哥窑齐名，是宋代五大名窑之一。定窑窑炉最大的贡献是燃烧工艺的发明，使生产效率提高了10～20倍，可见定窑在中国陶瓷史上的重要地位。20世纪70年代初期，在周恩来总理的关怀下，失传千年的定瓷工艺走向新生，在以国家级工艺美术大师、国家级非物质文化遗产传承人陈文增为核心的"定瓷三杰"（陈文增、蔺占献、和焕）带领下，历经40余载风雨坎坷，终于恢复定窑生产绝技，它实现了传统工艺与当代艺术瓷器和生活瓷的平行发展。

（二）定窑文化研学基地发展历程

河北定窑文化研学起于20世纪初期，在"定瓷三杰"的带动下，定瓷产业进入了快速发展阶段。随着曲阳定瓷知名度的提升，京津冀的一些艺术院校学生开始到陈氏定窑公司学习，由于公司场地空间狭小，这些学生都以参观为主。2012年以后，随着公司搬迁扩建、产业扩大，加之相关政策的推动，来公司参观的学生越来越多，尤其是在2017年，陈氏定窑公司成立了曲阳县定瓷职业培训学校、陈文增定瓷艺术馆，曲阳定窑文化研学迎来了更快的发展机遇。目前，基地师资力量雄厚、教育经验丰富，重点针对周边城市的中小学群体，开设了不同学段的研学实践课程。

河北省曲阳定瓷有限公司成立近30年，技术水平、场地设施设备处于同行业领先地位，内部保障机制健全，公司管理制度完善，安全生产制度健全，周边无安全隐患，设有专门的安全应急通道和配备消防设施，配备安全监控系统。截至目前，陈氏定窑公司及其所属机构曲阳县定瓷职业培训学校、陈文增定瓷艺术馆平均每年接待游客、大中小学生研学数千人，成功举办、承办中外陶瓷艺术家创作营、河北省少儿陶瓷大赛，与景德镇陶瓷大学、河北大学等多所高校艺术学院建立常态化校企合作模式，建立小学、中学、高校实训基地、实践基地等，获得了国家非物质文化遗产"定瓷烧制技艺"保护单位、河北省文化产业示范基地、河北省工业旅游示范单位、保定市非物质文化遗产传承基地、保定市非物质文化遗产项目体验基地等多项荣誉。2021年6月，陈氏定窑公司被命名为"河北省第二批中小学研学实践教育基地"，这是河北省唯一的以陶瓷文化为主的研学实践教育基地，至此陈氏定窑文化研学基地正式被省级教育行政部门认定。

（三）定窑文化研学基地创新经验

定瓷研学之旅是文化之旅，研学主线路设定为"定窑历史博物馆—陈文增定瓷艺术馆—艺术瓷展厅和日用瓷展厅—公司生产车间—定瓷培训学校"。研学课程设计重在"研究性"学习和"体验性"学习两个方向，同时充分利用参观学习、讲解答疑、互动体验、创作分享等形式丰富充实研学的课程内容,将"实践创新"融入"创新实践"当中。参观定窑博物馆、陈氏定窑现代定瓷产品展厅、定瓷生产加工车间,让学生们感受到中国陶瓷艺术的博大精深以及"匠心创新"精神;在惊叹于近千年前陶瓷的无限魅力的同时,通过亲手体验制作、沉浸式的多感官互动体验,学生也能更深切地体会陶瓷制作带来的无尽想象。

同时,定窑文化研学基地也在积极开发"曲阳石雕""北岳庙碑林拓片"等课程,通过听故事、看经典、学文化、做创意、继传承等多种教育形式,将曲阳研学实践教育推广到全省乃至全国。

1. 加强校企合作,宣传文化特色

作为国家级非遗保护单位,陈氏定窑公司已成为当代规模最大的定瓷生产企业,拥有完备的定瓷产业链,在陈文增等两代定瓷人努力下形成了"光中华之绝技,创定窑之全新"发展理念,开发了仿古瓷、艺术瓷、生活用瓷三大系列数百个品种。公司与清华大学美术学院、景德镇陶瓷大学建立了深入的合作关系,有效推进了校企合作。公司在深入研究、弘扬定窑传统文化的同时,也非常注重对当代新科技、新理念的融入,实现了当代定瓷的高质量发展。

定瓷职业培训学校成立以来共开展了61期定瓷文化进校园、青少年陶瓷体验培训、大学生研习等活动,接待大中小团体数千人,并为曲阳县学校培养了一批陶艺教师,联合河北省美协、河北省陶瓷协会举办了河北省陶艺大赛、少儿陶艺现场比赛。多年来,邀请30余名中外著名陶艺家创作交流,促进了非遗文化国际交流拓展。同时,学校与曲阳县人社局合作组织社会公益培训,培训课程包括定瓷原料、成型、装饰等。

2. 打造经验团队,树立品牌效应

通过不断努力,定窑文化研学基地目前已培养出全国劳动模范2人,全国人大代表1人,享受国务院政府特殊津贴专家5人,以及数位国家级、省级非遗传承人和美术大师,执有高级、中级、初级相关专业职业技能等级证书教师数10人,从业均10年以上,讲解教授经验丰富,课程辅导更专业、

更系统化。多年来，陈氏定窑公司与多所中小学、高校建立了实践教育合作关系。曲阳定窑有限责任公司于 2012 年 9 月被原河北省文化厅授予"河北省非物质文化遗产传承示范基地"；2014 年 11 月被河北省人力资源和社会保障厅授予"博士后创新实践基地"；目前，已成为曲阳县永宁小学、保师附小等多所小学的综合实践基地，北京大学（艺术学院）师生师教实践基地、河北美术学院校企实训基地、清华大学美术学院陈文增·和焕定瓷教学实践基地、河北传媒学院教学实习基地、河北大学艺术学院实践教学基地、河北农业大学艺术学院教学实习基地、保定学院教育教学实习实训基地。

3."定根"传统文化，构建专属课程

曲阳是千年古县，从汉宣帝到清顺治，一直是皇帝祭祀北岳恒山的地方。曲阳地理位置优越，拥有雕刻、定瓷、北岳庙三个国家级甚至是世界级的文化名片。曲阳定窑研学之旅在曲阳这片土地上有着广阔的外延，可以说是中华传统文化研学之旅。在这里，不但可以领略中国陶瓷文化的博大精深，亦可以领略中国优秀的雕刻文化，以及充满历史气息的北岳庙。

定窑文化研学基地的专属课程是建立在对自身文化以及对社会资源详尽分析的基础上，在河北省研学实践教育学会专家组专业的规划设计下深度挖掘打造而成的，课程由两大部分组成：一是非遗传承课程，其课程的研发主要遵循四个原则，即内容为王、文化为核、体验为本、实践为用；二是乡土乡亲课程，其课程的研发主要为发挥四个教育作用，即以乡史明理、以乡文激情、以乡景染情、以乡境励志。

四 由"定窑经验"谈研学基地发展建议

（一）加强"教""旅"融合，构建育人环境

虽然研学实践教育近三年发展迅速，但在很多方面还有待改善。其中，最突出的问题是研学旅行与传统旅游概念上的混淆，这使专业化和规范化欠

缺。从传统的旅游来讲，"吃、住、行、游、购、娱"是旅游最基本的要素和功能。旅游是一种具有社会、休闲和消费属性的临时性体验，是个体以到其他地方寻求审美愉悦为主要目的而进行的消费活动，而旅游企业和旅游从业人员是通过为这类人群提供旅游服务，从而创造经济效益和社会效益。

那么对研学旅行而言，也可归纳为六个字："吃、住、行、践、学、研"。从中可以比对出研学旅行中"教""旅"的结合处。

"践"就是体验与实践的形式，这也是研学旅行最基本的活动方式。学生走出校园，走向社会，不是为了"游"中"游"，而是要通过社会实践和体验寻找生活中的真实认知，这也是走出校园的意义。

"学"是研学旅行的本质。研学旅行纳入学校的教学工作计划，就是为了让学生在广阔的社会大课堂中进行实践教育。

"研"是研学旅行的学习方式。学生在研学旅行过程中以小组的形式构建共同体，开展探究性和研究性学习，在亲身实践和体验的基础上实现社会实践教育，用理论联系实践的方式完成课堂知识的有效转化。

可以看出，研学旅行中"教""旅"的融合应该是有主题、有目的、有设计、有方向、有方法的学习，绝不是简单地在游玩中的感知性学习。随着教育改革的不断深入、国家相关政策的不断出台，"教""旅"融合下的研学实践教育将为综合素质测评提供重要依据。

（二）坚定文化自信，弘扬工匠精神

河北省曲阳定瓷有限公司于1992年成立，陈文增等大师数千次的研究和测试，终于在定瓷的生产和技术上取得了可喜的成绩。原料工艺传承古法，以优为本，形成了仿古、日用、艺术三大系列产品的生产规模，成为国家博物馆指定生产厂、河北省文化产业示范基地，在陶瓷界、工艺美术界享有极高的声誉。

2013年12月，原河北省文化厅授予陈文增大师"省级非物质文化遗产项目代表性传承人"称号；2009年6月，原文化部授予陈文增大师"国家级非物质文化遗产项目代表性传承人"称号；2010年4月，国务院授予陈

文增大师"全国劳动模范"称号，发放国务院政府特殊津贴。

目前，定窑历史博物馆和定窑艺术馆已接待数万名省内外中小学生。同学们可以感受到定窑文化的博大精深与独特的魅力，也可以通过实践性探究学习深入体会大国工匠精神，增强民族自豪感。定窑的回归属于新时代留给学生们的一种思考，它是大国工匠精神最具有代表性的体现。定窑的复兴史是中国陶瓷文化的传承，也是中华民族文化的发展历史。

（三）研发特色课程，提高教育质量

1. 课程体系构建的理论依据

从研学实践教育的性质而言，研学实践活动课程立足于学生对社会生活的真实体验，从学生的真实生活出发，基于学生学习兴趣需要，从生活情境中发现这些问题，将这些问题转化为经济活动主题，通过分析探究、服务、制作、体验等方式，培养提高学生的综合能力素质。基地研学实践活动课程大体可分成五类：一是优秀传统文化类；二是革命传统教育类；三是国情教育类；四是国防科工类；五是自然生态类。为了便于区分，一般也把国防科工类划分成两类，即国防教育类、科技教育类。这样就形成了六大类研学教育领域。

一是认知教育：在学习过程中，学生可以感受到祖国的大好河山、我国的传统美德、革命的辉煌历史、改革开放的伟大成就，增强他们对"四个自信"的理解和认识，促进"三观"的正确形成。

二是体验（实践）教育：让学生在现实生活中学会动手动脑、学会生活和工作，促进身心健康，锻炼强壮体魄和坚强意志，培养他们成为"全面发展的人"。

三是赏识教育：寓教于乐，把知识、教学、游戏融为一体，让孩子在赏识中、在关爱和鼓励中成长。

四是感恩教育：倡导民族传统美德，引导孩子懂得感恩社会、感恩生活。

五是挫折教育：在实践学习中适当提高难度，让孩子在体验中感知挫

265

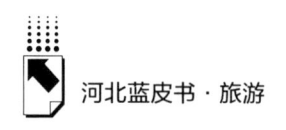

折，明白生活的真谛，在经历挫折中变得顽强，磨炼他们的意志。

六是生本教育：在教育方法上相信学生，依靠学生自身体验和感悟，提升学生合作和自主学习能力。

2.特色课程的精准定位

如果说课程是研学实践教育基地的生命，那么特色课程就是这一体系的呼吸。打造特色课程、保持课程特色，是保障研学实践教育活动顺利开展的生命线。精准定位是指在对基地自身的社会资源进行分析的基础上，开掘基地研学课程的独特内容，提出独特且新颖的课程理念，在课程理念的基础上构建自有独特表现形式的优质课程。

要做到精准定位有三个步骤：一是要对自身的地域特点、占有资源以及资源的有效性进行科学分析，归纳提炼出其独特优质的优势；二是在开掘出独到资源的基础上分析其特色课程的核心要素，即个性化的教育目标，明确教育理念，统整课程结构，构建多元化的课程实施方法和特色化课程评价体系，形成背景分析、愿景构建、内容设计以及评价角度的基本课程模式，为下一步的特色课程研发提供基础；三是把基地的特色资源进行系统归纳，从特色课程构架、特色课程表达以及特色课程方案设计三个方面进行设计开发，要注意课程的整体性，体现课程的创新性，并使之呈现能够长期实践、体现地域特色、具有多元形式的特征。

3.以资源的独占性呈现特色

独占性指的是资源的独占性和不易复制性。资源的独占性指的是基地特有的资源，主要特征是有形性和异质性。独占性资源是基地开发特色课程，形成独特竞争优势的主要来源。特色课程的研发必须建立在基地原有教育资源的深度开发上。因此，这一独特性应该是基地本身所形成的有法律意义的知识产权保护，是基于对资源的独特占有、建立在独有资源上开发的研学课程，其他单位想要模仿也无从谈起，或者复制起来要付出巨大成本。

4.以文化的差异打造特色

构建特色课程的第三种方法是充分开掘课程资源和内在文化差异，要用与其他相近课程不同的独特视角审视课程资源，从多个层面寻找特色课程的独有价值。这就需要基地课程研发者有一种开放的心态、一种深刻的文化价值观，能够在基地有限的教育资源中从历史、文化、知识以及操作角度，利用实践课程模型构建多种多样、有特色的研学实践活动课程。

5. 以方法和材料的差异性体现特色

基于研学实践的研学课程实施，其操作方式多种多样，需要从学生的兴趣、爱好与特长出发；要善于利用课程材料，作为思想表达的"中介物"，从学生喜爱的动手操作的课件中选取课程资源，引导学生开展研学实践活动。配置适合学生操作的课程材料，引导学生自己调查、采访、收集相关资料并动手实践制作，在实践中解决问题，从中认识生活、了解生活，这样的实践活动课程将会充满生机和活力。

（四）加强师资建设，提高服务质量

当代教育的发展趋势是教育要走向对话、教育要走向合作、教育要走向学习共同体。在研学实践教育活动中，教师、研学导师要与学生一起，构建学习共同体、生活共同体。这是一种以生活为基础的师生共同沉浸式的生活范式，这是一种和谐的境界，而这种和谐的结构就是教育共同体。

1. 研学实践教育的本质是对话

在研学实践教育中，由于研学导师主体地位的弱化，研学导师与学生构建学习共同体就是一种必然趋势。研学导师不仅是活动的引导者，同时也是活动的实践者之一。在这种平等对话、通力合作、共同实践的过程中，研学导师赢得了学生的尊重，与学生共同享受收获实践成果的欢乐。

2. 研学实践教育的形式是合作

在研学实践活动中，研学导师和学生是一种合作的学习状态，在研学导师的引导下，学生自主选择感兴趣的内容，采用自己擅长的方式，共同开展探究、体验、实践学习。这种实践学习是超越课本的学习、是以校外教育活动为载体的学习、是学生间合作共享的快乐体验和分享的学习，这种学习氛围的营造，是传统课堂教育无法实现的。

3. 研学实践教学的模式是学习共同体的学习

研学导师在这种开发的合作模式学习中，必须突破传统以师为主的教学模式，时刻以生本观念为活动的指导原则，在以学生为主体的活动视角下，关注学生情绪变化、兴趣的转移、合作的程度、探究的兴趣，让学生在快乐参与的氛围中主动获取知识和信息，在基于活动发展和变化的生动且真实的社会环境中引导学生兴趣，在各个不同的活动环节中潜移默化地与学生一起共同完成研学实践教育的课程任务。这正是构建研学实践教育共同体的根本出发点。

4. 研学导师的多样化角色

在整个研学实践教育活动中，研学导师扮演着多样化的角色。研学导师不仅是活动的指导者、知识学习的引导者、课程进程的掌控者，还需要随时关注活动中学生的行为表现，规范学生的行为；要兼任活动的巡视员、活动的记录员等。这就需要研学导师有很强的课程执行能力和多样化的生活示范本领。其在研学实践教育活动中的角色具体表现为：活动课程的设计者、课程资源的协调者、活动组织者、学习动机的激发者、学习方法的指导者、项目任务的合作者、课程进程的掌控者和促进者、活动记录者、活动安全员、生活管理员。

（五）注重过程管理，增强风险意识

活动安全保障是研学实践教育顺利开展和实施的前提条件。研学实践教育过程中的管理是一个动态化的管理过程，从活动内容而言，每一次研学实践教育活动都是独特的，没有一套完善及不变的程序可以解决所有问题。因而，丰富多彩的活动内容，决定了其风险内容的复杂性。为预防研学实践活动过程中安全事故的发生，让每个学生在研学实践活动过程中的安全得到有效保障，许多省（市）协会出台了研学旅行配备安全员的规定，这应该是未来研学实践教育走向规范化的趋势。为防止出现意外情况，基地相关负责人应加强对安全员的培训和管理，同时组织单位也要注意加强对研学实践活动中的行前辅导、行中安全、过程教学、配套餐饮及住宿等方面的监管并制定行之有效的安全管理预案。

（六）讲好传统故事，加强品牌宣传

习近平总书记强调："教育决定着人类的今天，也决定着人类的未来。人类社会需要通过教育不断培养社会需要的人才，需要通过教育来传授已知、更新旧知、开掘新知、探索未知，从而使人们能够更好认识世界、更好创造人类的美好未来。"[1] 一个真正强大的民族，必然是由先进文化引领、具有较高文明程度的民族，中华文明的复兴，固然需要一个强大的经济基础支撑，也需要一个文化建设的过程。近年来，省委、省政府在构建优秀传统文化传承体系方面做了大量工作，深入挖掘有代表性的历史人物、讲好历史故事，可以使传统文化研学实践教育更加生动鲜活，同时也可以培养学生们的民族文化认同感、综合知识素养、创新意识、实践能力。研学旅行将以政策为指导，以自身文化为基础，联合省内专业研学实践教育组织，开展专业化的研学实践教育活动，结合主流媒体及自媒体有组织、有计划地进行宣传报道，树立自主研学品牌，提升形象，扩大影响。

参考文献

《教育部等11部门关于推进中小学生研学旅行的意见》，中华人民共和国教育部网站，2016年11月30日，http://www.moe.gov.cn/srcsite/A06/s3325/201612/t20161219_292354.html。

《国务院办公厅关于印发国民旅游休闲纲要（2013—2020年）的通知》，中国政府网，2013年2月18日，http://www.gov.cn/zwgk/2013-02/18/content_2333544.htm。

《中共中央办公厅、国务院办公厅印发〈关于实施中共优秀传统文化传承发展工程的意见〉》，中国政府网，2017年1月25日，http://www.gov.cn/zhengce/2017-01/25/content_5163472.htm。

---

[1] 赵婀娜：《清华大学苏世民学者项目启动仪式在京举行 习近平奥巴马致贺信》，中国共产党新闻网，2013年4月22日，http://cpc.people.com.cn/n/2013/0422/c64094-21222426.html。

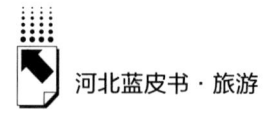

《中共中央办公厅、国务院办公厅印发〈关于深化教育体制机制改革的意见〉》，中国政府网，2017年9月24日，http://www.gov.cn/xinwen/2017-09/24/content_5227267.htm。

顾家成：《研学旅行：实践教育蓝皮书》，中国书籍出版社，2020。

姚力、柳亦春：《青浦青少年活动中心》，《建筑学报》2012年第9期。

许艳：《陶源结艺》，武汉大学出版社，2010。

B.19
河北太行红河谷旅游区创新发展研究

李志勇 沈和江 刘 爽*

摘 要： 依托河北太行山丰富深厚的红色资源和丰富的生态资源，建设河北太行红河谷文化旅游区，形成具有带动作用的旅游经济带，是"十四五"期间推进太行革命老区旅游发展、生态提升、乡村振兴的重大举措。本报告首先分析了河北太行红河谷旅游区的资源基础；其次对河北太行红河谷旅游区创新发展的模式进行解读，提出创新产品供给、推动产业深度融合、实施乡村振兴战略等发展模式；最后总结了河北太行红河谷旅游区创新发展的经验借鉴，为我国河谷型生态旅游区的规划建设提供了更多的启示。

关键词： 太行红河谷旅游区 创新发展 产业融合

为贯彻习近平总书记"绿水青山就是金山银山"的发展理念，进一步落实国家发展改革委、文化和旅游部联合印发的《太行山旅游业发展规划（2020—2035年）》，推动邯郸旅游高质量发展，河北省开启了河北太行红河谷旅游区的规划建设。

河北太行红河谷旅游区规划总面积约1959平方公里，以清漳河流域范围为主，北至山西与河北交界的清漳河，南至磁县岳城水库的河谷地带，包含了涉县全域、磁县中西部地区、峰峰矿区老刁沟瀑布、跃峰渠纪念馆等区

---

* 李志勇，河北师范大学副教授，主要研究方向为旅游地理、旅游规划；沈和江，河北师范大学教授，主要研究方向为区域规划、社区旅游；刘爽，石家庄市第八中学教师，主要研究方向为人文地理。

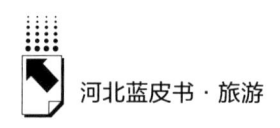

域。河北太行红河谷旅游区通过整合山水林田湖草等生态资源，以"英雄太行山·中国红河谷"为形象定位，通过传承红色基因与协同协调发展、绿色发展与文旅融合，从而带动乡村振兴，最终把河北太行红河谷旅游区建设成为国家红色研学旅游示范区、太行山绿色产业示范区、特色山水旅游胜地。

一 河北太行红河谷旅游区创新发展的资源辨识

（一）深厚的红色文化底蕴

河北太行红河谷旅游区红色文化底蕴深厚。在抗日战争时期，刘伯承、邓小平率领的一二九师在此进行了长达六年之久的战斗生活，有110多个党政军机关曾驻扎在涉县，并以涉县为中心创建了晋冀鲁豫抗日根据地，为抗日战争的胜利和新中国的成立做出了重大的贡献。在这里还走出了中国改革开放的"总设计师"邓小平，刘伯承、徐向前两位元帅和366位将军，被誉为"中国第二代领导核心的摇篮"，形成了强大的红色文化软实力和正能量。

（二）独特的生态河谷景观

河北太行红河谷地貌结构为独特的"四山夹一谷、分隔二十沟"，拥有景观独特的赤壁丹崖，河道、湖泊纵横交错，蜿蜒流淌的清漳河、浊漳河融汇于漳河，生态湿地系统独具特色，农耕稻田和旱作梯田共同构成太行山最壮阔的农作画卷；群山连绵，植被繁茂，森林覆盖率高达56%，被誉为"太行山最绿的地方"，金秋红叶漫山遍野，共同构成了太行山区独特的生态河谷景观。

（三）特色的农工产品品牌

河北太行红河谷地势平坦、土壤肥沃、水源充足，农业生产自然条件较好。这里有着丰富的中药材资源，已形成原料药制造、中药饮片加工、现代中药制剂、中药保健品生产等产业集群，涉县作为"中国核桃之乡""中国花椒之乡"，具备发展优质高效农业的良好基础。

（四）坚实的人文资源基础

涉县是首批全国全域旅游示范区，河谷旅游业发展迅速。目前已拥有1个国家5A级旅游景区，即娲皇宫，3个国家4A级旅游景区，即八路军一二九师司令部旧址、太行五指山旅游区和韩王九寨旅游景区，10个全国重点文物保护单位，2个国家级非物质文化遗产，即女娲祭典、赛戏，还有丰富多彩的民俗文化，如高抬、上刀山、平调落子等。涉县还是美食的天堂，冷水鱼、冰葡萄被人津津乐道，小米焖饭、干菜抿节、铁锅卤面等农家饭，让人垂涎欲滴、回味无穷。

二 河北太行红河谷旅游区创新发展的模式解读

（一）构建空间格局，塑造和谐共生关系

立足红河谷现有的优势条件，以太行红河谷文化旅游经济带为引领，构建"一轴一环四沟峪、四大龙头多节点"的空间格局，打造从旅游消费到健康养生、康养休闲，旅游要素集聚、综合性产业集群。

1. 清漳河谷产业轴引领

围绕清漳河谷，挖掘红色资源，营造浓厚红色氛围，增强独特的红色旅游体验，联动周边重要节点，实现清漳河谷水域、岸线及沿岸重要的文化、生态、旅游等资源点带汇聚、有机组合和高效升级，形成清漳河谷产业轴。重点打造四条红色文化带，即抗战文化体验带、根据地政权建设文化体验带、根据地新闻文化体验带、国际抗战文化体验带（见表1）；集中做好两条乡村康养度假带，包括苏家庄—韩家窑—郝家村的皂荚中药养生带、王堡村的柴胡中药养生带；全力保障一条水上休闲带，桃城湖和赤水湾湖区域以

船行为主；精细化打造一条滨河地景长廊，将悬钟至大滩的"九山""六台""三谷""四湖"串联成精品区域。

表1 四条红色文化带

名称	范围
抗战文化体验带	一二九师司令部旧址、上温村、响堂铺伏击战遗址等
根据地政权建设文化体验带	弹音村、温村、靳家会村、东辽城村、刘家庄村等
根据地新闻文化体验带	桃城村华北新华日报社旧址、中原村太行版新华日报社旧址、东戌村新华日报印刷厂、沙河村陕北新华广播电台等
国际抗战文化体验带	河南店村朝鲜义勇军开办的大众医院旧址、照相馆旧址、太行纺织厂旧址、南庄村总部旧址、独立同盟旧址、五指山义勇军旧址等

2. 山水休闲度假环旅游联动

在生态保护红线基础上，以满足游客休闲、度假、康养、体育、乡愁等旅游需求为导向，串联省道S349、圣福天路、云中天路、X155阳索公路等十余条道路形成一条旅游风景环路，打造山水休闲度假环。通过线路带动沿途一二九师纪念馆、娲皇宫、庄子岭、王金庄、天宝寨、跃峰渠、漳河大曲峡、石岗连泉谷等众多旅游区，打造一批民宿村舍、生态农院、驿站营地等度假旅游产品，推动种植农林果、中草药等经济作物形成山林、梯田、花海等主题景观，沿线乡村风貌体现太行风情，提升道路等级和服务品质，规范完善旅游引导标识系统，建立具有交通、景观、服务等多重功能的智慧交通体系，塑造红河谷"千里天路"旅游品牌。

3. 四大沟峪片区综合带动

依托红河谷特有的红叶、梯田、峰谷、曲峡等自然资源与主题文化、特色产业，实施一体化发展战略，建设连通沟峪主路的旅游风景道，提升沿线生态景观，完善旅游公共服务设施，打造主题鲜明的旅游沟峪片区，包括庄子岭红叶谷、王金庄梯田谷、炉峰宝寨谷、漳河曲峡谷，形成对清漳河谷侧翼的重要支撑。

4. 四大龙头产品核心品牌

以抗战时期八路军一二九师和晋冀鲁豫边区政府历史的红色景区、女娲祭祀圣地娲皇宫、涉县旱作石堰梯田、太行红河谷万亩稻香田园景观为核心，深度挖掘文化特质和生态价值，功能互补、协同发展，布局文化型、红色型、生态型、康养型旅游新业态，形成一二九师红色研学旅游区、娲皇宫文化体验旅游区、石岗连泉谷休闲康养度假区、太行王后梯田生态文化旅游区四大旅游品牌，丰富创新供给、升级旅游消费、强化宜游品质，构筑红河谷特色文化旅游体验高地。

5. 打造多点合力的共同支撑

为进一步盘活红河谷乡村、景区、工业遗址、农业园区等空间资源，统筹推进旅游景区、旅游度假区、旅游综合体、特色小镇、旅游乡村、旅游街区、博物馆等旅游产品开发，提升综合竞争力。推进A级景区的对标建设与升级，整合提升资源潜力大、市场引力强的旅游景区（点），做好景区服务和环境建设，建立景区动态监管机制。科学建设特色小镇，盘活存量空间、丰富旅游业态、强化文化体验、升级旅游消费、优化服务设施，为周边景区提供产业支撑和旅游配套，创新"景区带小镇、小镇促乡村"的发展模式，实现乡村振兴。打造全域美丽乡村，围绕历史文脉、田园风光、乡村文化等优势，优化农渔体验、文化体验、休闲度假、健康养老等特色旅游产品，延长产业链条，提升产品价值，让农民共享全产业链的增值收益。

（二）推动产业深度融合，促进旅游高质量发展

1. 创意文化产业融合

围绕红河谷特色文化品牌，盘活用好文物资源，加强对红色文化、民俗文化、工业遗产文化的传承与活化利用，打造文化精品休闲业态，尤其是文化演艺、文化娱乐、创意设计、网络文化等产业的发展。

打造太行民俗风情街区、太行红河谷艺术中心、磁州窑文化创意旅游区、卸甲画艺小镇等一批高水准艺术创意基地、文化艺术主题村落。深入挖掘常乐土方酿酒、庄上石雕、王堡荆编柳编、泥塑陶艺等特色非物质文化遗产，结合一二九师、女娲等主题品牌，在餐饮、住宿、购物、娱乐等旅游要素中融合创新，开发一批文化主题鲜明的创意旅游商品。开发一批具有较强

市场吸引力、深度体验的文化演艺、文化娱乐、文化影视项目，打响红河谷旅游节品牌。鼓励工业遗产与旅游开发相结合，借助未来科技，重点打造来电艺术乐园、涉县小三线工业遗址旅游区、茨村纸艺小镇等精品旅游项目，培育一批工业博物馆、工业遗产主题公园、工业主题酒店。

2. 体育休闲产业融合

加强体育健身休闲、体育培训、体育竞赛表演、体育场馆服务产业发展，推动体育旅游生态化、生活化、产业化发展。依托涉县良好的生态和山地资源，大力发展登山健身、徒步骑行、漂流滑雪、户外营地等大众运动项目，丰富滑翔、赛车、极限运动等赛事活动，打造槐丰体育小镇、漳河大曲峡极限运动旅游区等一批优质体育旅游区。建设清漳河骑行路、红叶赛车公路、王后天路登山健身步道等运动休闲绿道。推进全民健身运动发展，建设一批体育公园、健身步道、滑雪场、马拉松赛道、自行车骑行道等，打造主客共享的文化健身场所。推动体育产业与旅游餐饮、住宿、休闲等业态结合，建设骑行驿站、单车主题餐厅、旅居全挂车营地、体育器材体验服务空间、体育训练基地。支持建设低空旅游特色服务点，与中国民航飞行学院等机构联合试点直升机、滑翔伞、热气球等低空旅游产品。推出太行一二九极限挑战赛，举办"红动太行"国际生态四项赛、圣福天路山地自行车邀请赛等赛事，提升红河谷的运动品牌影响力。

3. 研学教育产业融合

结合红河谷地区丰富的文化遗产和生态资源，打造红色研学、考古探究、农业体验、自然探索、民俗传承、工业探秘等具有本地特色的研学实践主题线路和体验产品。成立红河谷游学联盟，打造红河谷特色研学基地。研学活动帮助中小学生树立正确的人生观，成为爱国主义和革命传统教育的重要载体，提升学生的社会责任感和实践能力。

（三）推进城乡统筹，实施乡村振兴战略

一是优化升级旅游街区。太行民俗风情街区以服务一二九师司令部旧址景区游客为基础，以太行民俗风情度假为特色，重点发展以手工艺品、书画创作、太行石刻、太行木雕等为特色的文化创意产业，打造"老行当"手艺店铺街、"老味道"餐饮美食街、"老物件"古玩淘宝街、"老地方"居家客栈街、"老腔调"休闲娱乐街。探索夜间旅游模式，将太行民俗文化、创意文化、美食文化、夜景文化及主题演艺有机结合，打造夜间经济消费圈。引入"智慧化"的理念，利用现代科技技术运营管理平台，实现可视化管理和智能化运营，让太行民俗风情街区的旅游经济更加充满生命力。

二是有序推进小镇建设。在现有的基础上进一步提升，坚持产业突出、功能复合、形态多样、机制创新的目标，建设特色小镇，因地制宜地发展绿色生态农业、文化创意、健康医疗、教育研学、体育运动等特色主导产业，建设宜居宜业宜游的新型社区。

常乐鲟鱼小镇整合现有鲟鱼养殖基地，做大鲟鱼产业，适当延伸鱼子酱加工、健康保健食品等产业链。建设鲟鱼湾，结合鲟宝世界、鲟鱼研学园、鲟鱼美食宴等特色旅游产品，构建集育苗、种养、加工、观赏、科普于一体的绿色农业产业链，并进一步提升现有的冰葡萄种植、中药材种植等产业。

赤岸研学小镇以一二九师英雄故事为线索，将连心巷区域改造成为赤岸研学小镇的核心区，丰富旧址参观、情景故事体验、军需生产体验、红色文创设计、特色餐饮民宿等业态，全面提升旅游服务配套设施，打造一二九师精神文化研学体验区。

七彩创意小镇以村庄的七彩元素和艺术涂鸦为基础，新建涂鸦石板街、涂鸦飘香果园、杏林湾儿童乐园等重点项目，改造闲置民居、老年活动中心、烈士纪念馆、熊耳寺等建筑，打造民俗、七彩、红色等主题餐厅和精品民宿，形成集文化艺术、特色食宿、休闲康养、红色体验等于一体的乡村艺术主题小镇。

连泉田园水镇以"农""食""艺"为核心，扩大连泉村、石岗村的无公害蔬菜、荷花种植、虾蟹养殖等绿色生态农业规模，提升改造连泉村古井、牛王庙、骑楼等节点，做强莲产业深加工，打造虾稻共生产业园、可食绿色农园等农旅融合产品，打造休闲水街、稻香民宿、生态营地等休闲度假产品，形成一座绿色友好、环境宜人的田园乡居小镇。

王金庄石头部落小镇依托王金庄村特有的石头建筑文化、旱作梯田、民俗文化、红色文化和花椒产业等特色资源，打造一街九巷历史街区、井关休闲街区、井沟岭椒香谷、桃花岭驴乐谷、南岭养生谷等项目，形成集太行民俗体验、生态康养、文化休闲等功能于一体的王金庄石头部落小镇。

固原民俗古镇以固新村和原曲村为核心，联动清泉寺、静音寺，保护古街、古巷、古建、古树等历史遗迹，再现明清时期商贾林立的古镇风貌，创新利用固新高台、"小落子"、"动驾"等传统民俗和原曲谚语、歇后语等民间文学，选取遗址遗迹较为集聚、空间尺度较为完整的文化空间，打造民俗文化体验、艺术文化创意等产品，形成集古镇观光、民俗体验等功能于一体的固原民俗古镇。

刘家寨家风小镇以刘家寨古山寨为旅游吸引核，联动周边乡村田园资源，围绕建筑艺术和书画雕刻艺术，重点建设敦本国学院、明德书屋、致知民宿、格物广场等项目，打造由刘家祠堂、进士第、将军第和典型民居构成的文化研学产品，形成集文化体验、国学教育等功能于一体的文武家风小镇。

槐丰体育小镇以槐丰村为载体，联动周边团结湖小三峡、人头山等山水资源，开展攀岩、岩降、悬崖秋千、户外自行车等山地运动和竹漂、水上飞车、水上跑车、皮划艇等水上运动，改造村庄南部民居为特色街区和主题民宿，利用村庄北部有条件建设区设置自然拓展基地和帐篷营地，共同形成集体育运动、户外拓展、田园度假等功能于一体的槐丰体育小镇。

花驼军旅小镇以中国传统村落花驼村为载体，科学保护和利用现有枪械厂、地雷厂、军工食堂等一二九师兵工厂红色遗址，创新建设兵工博物馆和体验馆，盘活闲置民居，设计军事科技互动体验产品，打造集军工文化研学、军事拓展训练、军旅特色休闲等功能于一体的华北军旅小镇。

三　河北太行红河谷旅游区创新发展的经验借鉴

（一）打造复合产品体系

立足新消费、新需求、新体验，整合利用特色资源与品牌，坚持国家高度、区域优势、特色支撑，创新旅游产品体系，提升旅游产品的文化价值、绿色创新和科技水平，带动太行红河谷旅游业高质量发展。一是综合评价项目的规模、性质、潜力和成熟度等多项指标，形成红色研学、绿色艺术、文化活化、康养度假四大龙头项目。二是依托太行红河谷规划区内资源禀赋高、发展潜力强、市场吸引力大的旅游资源、旅游景区（点），形成九大精品景区。三是利用太行红河谷文化内涵和生态环境本底优势，加强生态资源的保护性利用，着重培育文化体验、滨水休闲、乡村旅游、工业遗址观光、体育运动、康养度假六类旅游产品。

（二）打造文化创意产品

围绕"特色优质化、主题创意化、产品科技化"，创新设计以文创、农创、康养、艺术和非遗为主题的太行红礼，包括"红河谷—将军福礼"冰箱贴、明信片等红色革命文化创意产品；"知青记忆"红色文化创意产品；太行区文联系列旅游纪念品；"红色赤岸"军需创意产品；古玩、玉器、瓷器、字画、奇石、木雕等民俗创意产品；女娲伴手礼；以冰葡萄为主题的礼品伴手礼；"桃夭"文创产品；女娲补天等中草药版画系列旅游产品；剪纸艺术、折纸艺术以及3D免切割立体纸雕等纸文化创意产品；庄子岭红叶大峡谷创想好物、限定红叶美食、红叶美妆等。

（三）推进城乡融合发展

太行红河谷在生态承载力上，尤其是在水资源环境承载能力上，立足于水资源约束，转变用水方式，实施最严格的水资源保护利用制度。在用地承载力上，结合国土空间规划，推进"多规合一"，将特色小镇用地与城镇建设用地开发相统一。太行红河谷通过土地计划指标统筹支持红河谷特色小镇建设，规范推进城乡建设用地增减挂钩强化特色小镇用地保障。在人口承载力上，努力补齐短板，建设宜居宜业宜游的新型生态化社区。在产业承载力上，坚持以产兴镇，因地制宜地发展绿色生态农业、文化创意、大健康、教育研学、体育等特色主导产业。

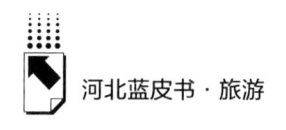

四 河北太行红河谷旅游区创新发展的作用启示

(一)高点定位谋划,打造文化旅游新高地

坚持世界眼光,对标国际标准,结合地方现实,科学运用国际先进的绿色生态理念,学习国际上活化动态的保护模式加强文物保护,建设符合国际标准的餐饮住宿设施、交通标识系统等公共服务设施。突出目标导向和问题导向,建设具有市场竞争力的文化旅游新高地。

(二)采用市场运作,实施不同类型开发模式

充分利用社会资本,采取政府主导、市场化运作的开发方式,进一步提升产业层次和丰富旅游新业态。根据区域旅游项目中不同类型、基础和主体,明确不同开发模式:一是政府主导开发模式,政府做好旅游基础设施建设,同时做好山体绿化和水系打造,提供良好的投资条件;二是企业主导模式,通过资源整合,企业争取以优质大项目引来大型投资运营公司,成立平台公司,政府引导、企业主导,统筹开发,一体化运营;三是"企业/合作社+农户"模式,统一规划、统一标识、统一标准,以切实保障农民利益为前提,鼓励社会资本参与旅游开发经营,鼓励村民利用闲置宅基地、农房等资源作为资本入股,发展休闲业态项目。

(三)创新体制机制,促进旅游可持续发展

一是组建由市级层面领导牵头的太行红河谷管委会,下设旅游投资集团,形成党政统筹、部门分工负责、市场化运作的旅游综合管理机制,做到所有权、管理权、经营权三权分离,即资源所有权所属部门职能规范化,景区经营权所属部门职能市场化,旅游行政部门职能服务化。

二是建立旅游产业发展招商目录,评估和梳理出各个项目的土地情况、主题定位、投资规模、打包资源等,完善各个项目策划方案便于招商

落地。采取"招商+会展"的运作模式,针对不同类型企业,举办旅游招商及营销推介会。同时建立旅游招商预评估机制,编制"评分表",从社会资本的实力、综合效益、项目规划、环境影响等多个维度对招商项目进行评估。

（四）完善配套设施,构建公共服务体系

一是建立完善的公共文化服务体系。为继承发展优秀传统文化,加强革命文物保护利用,弘扬红色精神,在社区、乡镇建设综合文化服务中心,提供红色文化产品和服务。建设特色文化集聚区和文化活动场所,弘扬社会主义核心价值观,推动公共文化服务与文化产业融合发展。

二是构建优质的旅游公共服务设施。按照国家标准构建三级旅游集散服务体系,即一级旅游集散中心、二级旅游服务中心和三级旅游咨询点。持续推进旅游"厕所革命",加大重点景区、特色小镇、美丽乡村以及交通集散点、高速服务区等旅游厕所建设改造力度。统一规划设计旅游标识系统,完善内部交通沿线及重要节点的旅游交通导览系统,加强重点景区、特色小镇、美丽乡村内部旅游标识系统的标准化和特色化建设。建立健全高效、开放、安全的智慧旅游平台,实现旅游智慧管理、旅游智慧服务、旅游智慧营销。

（五）实施创新营销,提升旅游品牌形象

一是实施创新事件营销。依托各类展会、论坛、节庆、赛事、推介等活动,加强形象宣传推广。积极采用铁路列车冠名、飞机彩绘喷涂等多种方式,吸引国内外游客关注。

二是做好强化深度营销。邀请专家智库参与制作主题宣传片和大型纪录片,组织专题歌舞剧和文学作品撰写。借势电影、音乐、动漫作品及多种形式的高流量IP,借助开放版权授权方式与知名品牌开展合作,推出联名商品。

三是重点加强全网营销。联动传统媒体、整合新媒体,创新传播载体,开设官方账号。深入做好新兴媒体营销。主推一个微博账号、一个微信公众号、一个抖音账号、一家旅游电商等"四合一"建设，创新"微电影""短视频""微音乐""网络直播""节事+微营销"等新型宣传推广方式，创造线上粉丝经济。

参考文献

石培华等：《文旅融合科技赋能全域旅游发展的三亚样本》，《中国旅游报》2019年8月29日。

佘志娟：《太行红河谷文化旅游经济带揭开"面纱"一角》，《邯郸日报》2020年10月30日。

翟永真：《乡村文化旅游景观设计中的地域文化研究》，硕士学位论文，西安建筑科技大学，2015。

黄珍：《贵州土城红色文化旅游创新区发展研究》，硕士学位论文，贵州大学，2016。

张祥、胡静编著《2018中国旅游业发展报告》，中国旅游出版社，2018。

黄彦宾、王佳璐：《基于涉县红色资源谈红色校本课程的开发》，《中学教学参考》2020年第18期。

吴宜夏：《太行红河谷文化旅游经济带将塑造河北红色旅游和生态休闲旅游新标杆》，《河北日报》2021年5月20日。

《传承红色基因　创新绿色发展》，《中国文化报》2021年9月21日。

《八路军一二九师纪念馆：清漳河畔别样红》，《河北旅游》2018年第5期。

《创5A："新星"在路上》，《河北旅游》2018年第5期。

《中国旅游景区资讯通览2017~2018》，中国旅游出版社，2018。

上海投资咨询公司主编《上海投资蓝皮书（2020年度）》，上海财经大学出版社，2020。

陈燕编《旅游经济学》（第2版），武汉理工大学出版社，2017。

《河北省人民政府关于印发〈河北省旅游高质量发展规划（2018—2025年）〉的通知》，《河北省人民政府公报》2018年第11期。

《河北省太行红河谷文化旅游经济带总体规划（送审稿）》，《邯郸市人民政府》2020年12月。

《红河谷：镶嵌于太行山中的壮美画卷》，《邯郸晚报》2021年4月22日。

《赤水湾处诉红妆稻花香里说丰年》，《邯郸日报》2021年9月3日。

冯晓广、何晓芳：《河北涉县高效推进太行红河谷文化旅游经济带建设——着意山水向未来》，网易新闻，2021年5月26日，https：//3g.163.com/local/article/GAUJ9ERM04159BLS.html。

《涉县太行红河谷文化旅游经济带建设高效推进中》，腾讯网，2021年5月31日，https：//new.qq.com/omn/20210531/20210531A0CLK300.html。

社会科学文献出版社

皮 书
智库成果出版与传播平台

❖ 皮书定义 ❖

皮书是对中国与世界发展状况和热点问题进行年度监测,以专业的角度、专家的视野和实证研究方法,针对某一领域或区域现状与发展态势展开分析和预测,具备前沿性、原创性、实证性、连续性、时效性等特点的公开出版物,由一系列权威研究报告组成。

❖ 皮书作者 ❖

皮书系列报告作者以国内外一流研究机构、知名高校等重点智库的研究人员为主,多为相关领域一流专家学者,他们的观点代表了当下学界对中国与世界的现实和未来最高水平的解读与分析。截至2021年底,皮书研创机构逾千家,报告作者累计超过10万人。

❖ 皮书荣誉 ❖

皮书作为中国社会科学院基础理论研究与应用对策研究融合发展的代表性成果,不仅是哲学社会科学工作者服务中国特色社会主义现代化建设的重要成果,更是助力中国特色新型智库建设、构建中国特色哲学社会科学"三大体系"的重要平台。皮书系列先后被列入"十二五""十三五""十四五"时期国家重点出版物出版专项规划项目;2013~2022年,重点皮书列入中国社会科学院国家哲学社会科学创新工程项目。

皮书网

（网址：www.pishu.cn）

发布皮书研创资讯，传播皮书精彩内容
引领皮书出版潮流，打造皮书服务平台

栏目设置

◆ **关于皮书**
何谓皮书、皮书分类、皮书大事记、
皮书荣誉、皮书出版第一人、皮书编辑部

◆ **最新资讯**
通知公告、新闻动态、媒体聚焦、
网站专题、视频直播、下载专区

◆ **皮书研创**
皮书规范、皮书选题、皮书出版、
皮书研究、研创团队

◆ **皮书评奖评价**
指标体系、皮书评价、皮书评奖

◆ **皮书研究院理事会**
理事会章程、理事单位、个人理事、高级
研究员、理事会秘书处、入会指南

所获荣誉

◆ 2008年、2011年、2014年，皮书网均在全国新闻出版业网站荣誉评选中获得"最具商业价值网站"称号；

◆ 2012年，获得"出版业网站百强"称号。

网库合一

2014年，皮书网与皮书数据库端口合一，实现资源共享，搭建智库成果融合创新平台。

皮书网　"皮书说"微信公众号　皮书微博

权威报告·连续出版·独家资源

皮书数据库

ANNUAL REPORT(YEARBOOK) DATABASE

分析解读当下中国发展变迁的高端智库平台

所获荣誉

- 2020年，入选全国新闻出版深度融合发展创新案例
- 2019年，入选国家新闻出版署数字出版精品遴选推荐计划
- 2016年，入选"十三五"国家重点电子出版物出版规划骨干工程
- 2013年，荣获"中国出版政府奖·网络出版物奖"提名奖
- 连续多年荣获中国数字出版博览会"数字出版·优秀品牌"奖

皮书数据库　　"社科数托邦"微信公众号

成为会员

登录网址www.pishu.com.cn访问皮书数据库网站或下载皮书数据库APP，通过手机号码验证或邮箱验证即可成为皮书数据库会员。

会员福利

- 已注册用户购书后可免费获赠100元皮书数据库充值卡。刮开充值卡涂层获取充值密码，登录并进入"会员中心"—"在线充值"—"充值卡充值"，充值成功即可购买和查看数据库内容。
- 会员福利最终解释权归社会科学文献出版社所有。

卡号：542349759222
密码：

数据库服务热线：400-008-6695
数据库服务QQ：2475522410
数据库服务邮箱：database@ssap.cn
图书销售热线：010-59367070/7028
图书服务QQ：1265056568
图书服务邮箱：duzhe@ssap.cn

S 基本子库
SUB DATABASE

中国社会发展数据库（下设 12 个专题子库）

紧扣人口、政治、外交、法律、教育、医疗卫生、资源环境等 12 个社会发展领域的前沿和热点，全面整合专业著作、智库报告、学术资讯、调研数据等类型资源，帮助用户追踪中国社会发展动态、研究社会发展战略与政策、了解社会热点问题、分析社会发展趋势。

中国经济发展数据库（下设 12 专题子库）

内容涵盖宏观经济、产业经济、工业经济、农业经济、财政金融、房地产经济、城市经济、商业贸易等 12 个重点经济领域，为把握经济运行态势、洞察经济发展规律、研判经济发展趋势、进行经济调控决策提供参考和依据。

中国行业发展数据库（下设 17 个专题子库）

以中国国民经济行业分类为依据，覆盖金融业、旅游业、交通运输业、能源矿产业、制造业等 100 多个行业，跟踪分析国民经济相关行业市场运行状况和政策导向，汇集行业发展前沿资讯，为投资、从业及各种经济决策提供理论支撑和实践指导。

中国区域发展数据库（下设 4 个专题子库）

对中国特定区域内的经济、社会、文化等领域现状与发展情况进行深度分析和预测，涉及省级行政区、城市群、城市、农村等不同维度，研究层级至县及县以下行政区，为学者研究地方经济社会宏观态势、经验模式、发展案例提供支撑，为地方政府决策提供参考。

中国文化传媒数据库（下设 18 个专题子库）

内容覆盖文化产业、新闻传播、电影娱乐、文学艺术、群众文化、图书情报等 18 个重点研究领域，聚焦文化传媒领域发展前沿、热点话题、行业实践，服务用户的教学科研、文化投资、企业规划等需要。

世界经济与国际关系数据库（下设 6 个专题子库）

整合世界经济、国际政治、世界文化与科技、全球性问题、国际组织与国际法、区域研究 6 大领域研究成果，对世界经济形势、国际形势进行连续性深度分析，对年度热点问题进行专题解读，为研判全球发展趋势提供事实和数据支持。

法律声明

"皮书系列"（含蓝皮书、绿皮书、黄皮书）之品牌由社会科学文献出版社最早使用并持续至今，现已被中国图书行业所熟知。"皮书系列"的相关商标已在国家商标管理部门商标局注册，包括但不限于LOGO（ ）、皮书、Pishu、经济蓝皮书、社会蓝皮书等。"皮书系列"图书的注册商标专用权及封面设计、版式设计的著作权均为社会科学文献出版社所有。未经社会科学文献出版社书面授权许可，任何使用与"皮书系列"图书注册商标、封面设计、版式设计相同或者近似的文字、图形或其组合的行为均系侵权行为。

经作者授权，本书的专有出版权及信息网络传播权等为社会科学文献出版社享有。未经社会科学文献出版社书面授权许可，任何就本书内容的复制、发行或以数字形式进行网络传播的行为均系侵权行为。

社会科学文献出版社将通过法律途径追究上述侵权行为的法律责任，维护自身合法权益。

欢迎社会各界人士对侵犯社会科学文献出版社上述权利的侵权行为进行举报。电话：010-59367121，电子邮箱：fawubu@ssap.cn。

社会科学文献出版社